浙江越秀外国语学院出版基金资助项目

武斌 著

消息写作原理

Principles of News Writing

南方日报出版社
NANFANG DAILY PRESS
中国·广州

图书在版编目（CIP）数据

消息写作原理 / 武斌著. -- 广州 : 南方日报出版社，2020.5
ISBN 978-7-5491-2122-9

Ⅰ. ①消… Ⅱ. ①武… Ⅲ. ①消息－新闻写作 Ⅳ. ①G212.2

中国版本图书馆 CIP 数据核字(2019)第 284536 号

XIAOXI XIEZUO YUANLI
消息写作原理

著　　者：武　斌
出版发行：南方日报出版社
地　　址：广州市广州大道中 289 号
出 版 人：周山丹
责任编辑：刘志一　李　沁
封面设计：劳华义
责任技编：王　兰
责任校对：魏智宏
经　　销：全国新华书店
印　　刷：广州市怡升印刷有限公司
开　　本：787mm×1092mm　1/16
印　　张：22.25
字　　数：370 千字
版　　次：2020 年 5 月第 1 版
印　　次：2020 年 5 月第 1 次印刷
定　　价：68.00 元

投稿热线：（020）87360640　**读者热线**：（020）87363865

前言

Preface

新闻这个词有广义和狭义之分。广义的“新闻”指涵盖所有报道形式的新闻体裁，即消息、特稿等。狭义的“新闻”指的就是消息。人们日常称呼的“新闻”或“新闻报道”一般指该词的狭义用法，即消息。消息是传播信息的优势文本，它以新、快、短、活见长，最能体现新闻文化时新、真实、简洁、通俗、客观、公正的特征。消息因为短小，在传统媒体报纸的版面上所占空间面积小，被人戏称为“豆腐块”。“外行人也许会认为，仅仅报道事实，没有琐碎的细枝末节，这可能很容易，也很平淡。但实际上，消息的写作技巧很难掌握。”①

消息是新闻媒体的主打产品，有人统计过，在西方四大通讯社每天发出的报道中，消息的比例占80%到85%。我国新闻界一直以来有一种焦虑的声音在呐喊“让消息回归主角地位”。消息写作也是新闻人职业素养的体现。一个媒体人的职业起点是消息写作。消息写作对培养我们公正客观的理性思想、清晰的逻辑思维、简明扼要的语言表达有莫大的帮助。可以说，消息写作是记者新闻素养中的核心能力。我们熟悉的一些著名作家，如欧内斯

① 萨利赫．新闻写作的艺术［M］．陶娟译．北京：中国人民大学出版社，2017：209.

特·米勒尔·海明威、加夫列尔·加西亚·马尔克斯、马里奥·巴尔加斯·略萨、白罗斯非虚构作家斯维特兰娜·阿列克谢耶维奇等都是从记者起家的。这些诺贝尔文学奖获得者在做记者时，最初的写作都是从消息起步的。我们知道，欧内斯特·米勒尔·海明威以“电报体”文风见长，这明显是受到了消息写作的影响。“因此，新闻成为培育众多作家的孵化器就不足为奇了。”①

对于非职业新闻人而言，消息写作同样重要。在新媒体时代，消息素养已经成为公民素养的组成部分。自媒体的流行使人人都成了传播者，互联网技术的赋权使人们都成了公民记者，微博、微信、QQ说说等社交媒体成为当下人们传播信息、交流沟通的公共空间。曾经作为职业新闻人必备的消息写作素养如今也应成为每个公民的素养。

回顾自己做新闻、教新闻20余年的经历，笔者深深感受到，要写好一篇简短的消息并不容易。写作者必须具备过硬的新闻修养，有清晰的逻辑思维能力和倚马可待的写作技能，能够快速从纷繁的事实材料中发现新闻价值、找到焦点、抓住重点，能够以简明、朴实的文风准确、清晰地报道事实。

平时浏览各种媒体，笔者发现不专业的消息写作比比皆是。例如：标题不准确，有的句法不通，有的煽情刺激，有的扭曲事实；导语冗长，有的避实就虚，有的平淡啰嗦，有的堆砌事实，没有吸引力；篇幅过长，文字不顺畅。空话、套话、废话多，可读性差；消息要素不全，消息事实不准确、不完整，误导受众；消息背景应用不佳。要么缺失，要么多余，要么烦琐；不符合纯新闻的写作规范。作者在消息中掺杂个人情感和观点，文风煽情、刺激……实际上，消息写作应该借鉴数学语言符号那样简洁明了、精确清晰的特点，最大限度地锐化焦点，最大限度地浓缩言语，主题突出，简明扼要，文字清新，拒绝渲染、冗长和枯燥的文风。

在互联网上，写作不专业的消息每天纷至沓来，令人一方面为这个时代接收信息便利、互动便捷而欣喜，另一方面对这些连事实都说不清楚，真相如雾里看花的消息感到失望和焦虑。令我感到震惊的是，过去是都市报消息写作质量不佳，如今连一些高规格的大媒体的消息也变得粗糙了。不忘初心，方得始终。消息是人类社会最先诞生的传播讯息的新闻文体，它满足了

---

① 萨利赫．新闻写作的艺术［M］．陶娟译．北京：中国人民大学出版社，2017：209.

人类对世界的好奇和探寻，它见证了新闻业从蹒跚踉跄到阔步前行的光荣与梦想，它记录、传播了人类社会的和平、战争、善良、丑恶、高贵、卑微、和谐、杀戮……它是人类文明史的真实记录。在今天高度发达的信息时代，我们每个人学会写消息，记录社会的变迁，见证世界的变化，传播事实的真相就是在书写新时代的历史。让我们行动起来吧！掌握消息的写作技能，我们才能做一个成功的信息传播者。

在目前的图书市场上，有关消息写作的专著稀缺，这是本人写作这本书的动机。为了引起读者对本书的兴趣，本书力求把原理与应用相融合，突出知识性、可读性与应用性，让读者用最少的时间快速掌握消息的写作精髓。

美国记者苏珊·奥尔良认为“成功的作者必须抱有对写作的热情”①。她还说“只有秉承高度的承诺和真正的渴望，写作才会成功”②。她追问，你爱语言吗？你好奇心强吗？你有点儿控制狂吗？你觉得世界和世界里的人是一个奇迹吗？她忠告人们要热爱写作，因为“爱从来不傻”③。

武斌

2018年10月12日

① 克雷默，考尔．哈佛非虚构写作课：怎样讲好一个故事［M］．王宇光，等译．北京：中国文史出版社，2015：343-346．

② 同上。

③ 同上。

目录

Contents

01

第一章

新媒体时代的消息认知

新闻是人们了解世界的窗口。……对于已经和正在城市化的国家来说，新闻就像一种替代物，它替代了旧时走街串巷向公众通告消息的人，其功能就是告诉我们想知道、需要知道以及应该知道的新闻。

——［美］盖伊·塔奇曼

在互联网和移动互联网传播的新时代，人人每天都会接收源源不断的消息，同时，人人都可以通过社交媒体每天发送各种各样的消息。可以说，消息写作的能力从来没有比现在更为重要。

第一节　表达公众心声

消息写作的优势是用最简洁的语言传播最重要的事实信息。作为一个当代公民，如果不懂得消息应用的技能，在关键时刻就会陷于无力表达的困境，即便有自媒体也不知如何发声，即使发声也会因为信息提炼做不到言简意赅而被淹没在信息海洋中无人问津。2017年8月的最后一个晚上，陕西绥德县女子马茸茸，从分娩中心的待产室走到备用手术室，从5楼跳下，结束了自己即将27周岁的生命，就要出生的腹中胎儿随她而去。马茸茸是第一次生孩子，她跳楼前被临产痛苦折磨了约10个小时。马茸茸苦苦哀求剖宫产而不得，选择了轻生。是家属拒绝剖宫产，还是医院没有提供剖宫产的选项？榆林市第一医院事发后立即通过微博两次发布消息称，他们一再建议剖宫产但产妇家属多次拒绝。一尸两命引起了网民的同情和关注，起初大家通过医院的微博消息对产妇家属表达了愤怒，指责和谩骂之声不绝于耳。媒体跟进报道称，产妇家属称医院没说实话，因马茸茸疼痛难忍家属同意剖宫产，但医院说可以顺产。受众了解到产妇家属的说法后，舆论立即反转，网民又开始攻击医院的不人道。

试想，如果跳楼产妇的家属也能够在第一时间利用微博、微信等自媒体发布消息，“用事实说话”，公众舆论从一开始就不会先倒向医院，然后又倒向家属。在这起事件中，话语权不对称，真相不清晰，导致网民的焦虑和舆情的反转。

人人都有“麦克风”的新媒体时代，怎么发声、如何发声，技能很重要。在人们习惯了碎片化传播的当下，用准确、简洁、通俗、具体的语言叙述事实才能直抵人心，才能用好新媒体这个“麦克风”维护自身的权益。2015年10月5日，凤凰卫视驻东京记者李淼独家报道：一位中国老人在日本京都祇园旅游时与一位日本女性驾驶的汽车相碰，没受伤，最后索要10万日元（约5300元人民币）。此事通过互联网再传播引起了中国网民的高度关注，人们纷纷从刻板印象出发来发表评论，谴责这位中国老人在日本碰瓷——“丢脸丢到国外去了”，日本网民也借机发布言论数落中国人的素质低下，此事闹得沸沸扬扬。李淼在消息结束时发表了自己的观点：“走出国门，第一，要遵纪守法，第二，要入乡随俗，遵守当地的规矩和习惯。因为，你不只代表你一个人，而是代表了国家的形象。”事情发生两天之后，也就是10月6日，受到网络暴力语言攻击的这位厦门老人的女儿杨女士通过微博图文并茂地传播了事实的真相：他们从日本返回厦门后，到医院拍片，又做了CT（电子计算机断层扫描），结果显示老人右侧股骨颈骨折。涉事旅行社领队也发声做证，坚决否认碰瓷，并展示了老人受伤的证据。10月7日下午，凤凰卫视驻日记者李淼在微博发布消息称，京都祇园南侧地区协议会6日深夜发布《道歉与更正》，承认最初的日文通知有“不符事实之处”。真相终于大白，原来这位中国老人被抹黑了。这起事件与上述榆林产妇跳楼的舆论反转比较，显然杨女士的新闻素养要高很多，面对网络舆论的不公正，她回应及时，叙事简明，事发一天后就扭转了舆论的走向。

以上事实对比说明，在新媒体时代，懂得客观公正地传播事实真相，你才能在互联网时代用好自己的话语表达权。

第二节 展示官方公信力

2017年11月26日，宁波江北发生一起爆炸案。11月26日14点57分，江北官方微博发出一则243字的情况通报，从头到尾有220字写的是各级领导如何重视这件事，都是空话，只有结尾23字才提到有16名轻伤员在医院救治。这种缺乏人文关怀的信息发布引发了网络舆论的不满。与此相似的是，就在宁波江北爆炸案发生前，河南省某市一公司发生火灾，该市官方微信对此第一时间发布消息通报。有细心的网友发现，在这篇263字的通报中，有165字都在介绍"各级领导重视"，一一罗列了各级领导的官阶、姓名，"非常细致"。而对公众更关心的事故原因和伤亡等情况，仅有"暂无人员伤亡，事件原因正在调查"寥寥14字。

类似情形并非个案。2015年，北方某地发生一起库房火灾，在585字的官方通报中，仅介绍各级官员姓名、头衔就用了285字，对事故原因、伤亡情况等通报着墨甚少，最后介绍伤亡的消防员时，只有一组简单的数字。《法制晚报》对此评论："官方通报中过多'领导重视'的背后，折射出根深蒂固的'官本位'意识。在传播方式、信息渠道多元的今天，这种信息发布看似展示了领导干部履职尽责的形象，实际上是在透支政府的影响力和公信力。"

情况通报的写作实际上就是消息写作，官方在发生事故后第一时间真实、及时地传播事实信息，满足受众的知情权和监督权是应尽的责任和义务。作为公民社会的政府管理者应该具备消息写作素养，掌握消息传播的规律和特点，在突发事件发生时，能够快速把真相公开透明地向公众传播，是政府公务人员危机管理的基本技巧。只有这样做才能遏制谣言和流言的传播扩散，避免公众对政府的信任危机。领导干部应该明白：发生天灾人祸下达指示和表达关切是自己应尽的职责，不值得大书特书。第一时间公开事实真相，关心人的生命安危才是最重要的，这才是人本主义的体现。官方舆论在事故情况通报中也应尊重新闻规律，客观报道事实。即便是基层的通讯员写这种消息，也应该以满足受众知情权为己任，明确新闻主题，准确、清晰地传播事实信息。

第三节　体现记者职业素养

消息写作是记者做新闻的基本功，是新闻职业能力的起点。很难想象，一个记者不会写消息该有多么尴尬。2017年11月18日，北京市大兴区西红门镇新建村发生火灾，新华社的消息如下：

北京大兴西红门镇新建村发生火灾　19人死亡8人受伤

2017年11月19日　07：36

新华社北京11月19日电（记者涂铭、孔祥鑫）18日18时许，北京市大兴区西红门镇新建村发生火灾。

18日18时15分，北京市119指挥中心接到报警，大兴区西红门镇新建村新康东路8号发生火灾，消防部门立即调派14个中队34部消防车赶赴现场开展灭火工作。21时许，明火被扑灭。火灾共造成19人死亡，8人受伤。受伤人员正在接受救治。

火灾发生后，北京市委书记蔡奇，北京市委副书记、代市长陈吉宁立即赶赴现场指挥抢救处置。蔡奇要求，全力做好现场搜救和伤者救治，做好善后工作，由市里牵头成立调查组，查明事故原因，严肃追究责任。要举一反三，立即在全市进行大排查，一村一村、一院一院地毯式摸排，不放过任何安全隐患。要进一步关闭村镇工业大院，清除违法经营。每个区每个单位都要负起主体责任，确保安全生产和公共安全。

目前，事故原因在进一步调查中。涉嫌人员已被采取强制措施。

审视该消息会发现，其结构有缺陷。它的导语虽然简洁，只有一句话，但是这句话没有把最新鲜的时间和最重要的事实结果告诉受众，即缺失了距离报道发表最近的时间点和死伤人数。还有，消息应一事一报，主题集中，该消息如果把火灾和北京市领导关于减灾防灾的相关指示分开做成两篇消息传播效果更好，主题更为集中。此外，消息中对新建村新康东路8号的新闻背景缺乏交代。修改如下：

北京大兴西红门镇新建村发生火灾　19人死亡8人受伤

18日21时许，北京市大兴区西红门镇新建村发生的火灾明火被扑灭。火灾共造成19人死亡，8人受伤。

18日18时15分，北京市119指挥中心接到报警，大兴区西红门镇新建村新康东路8号发生火灾。消防部门立即调派14个中队34部消防车赶赴现场开展灭火工作。

目前，受伤人员正在接受救治。

涉嫌人员已被采取强制措施。

事故原因在进一步调查中。

可以将原消息中第三自然段的内容另写一篇：

蔡奇要求：立即在全市进行火灾隐患大排查

18日，针对北京市大兴区西红门镇新建村发生火灾致19人死亡，8人受伤的事故，北京市委书记蔡奇要求：立即在全市进行火灾隐患大排查。

火灾发生后，北京市委书记蔡奇，北京市委副书记、代市长陈吉宁立即赶赴现场指挥抢救处置。蔡奇要求，全力做好现场搜救和伤者救治，做好善后工作，由市里牵头成立调查组，查明事故原因，严肃追究责任。

蔡奇指示，要举一反三，立即在全市进行大排查，一村一村、一院一院地毯式摸排，不放过任何安全隐患。

蔡奇说，要进一步关闭村镇工业大院，清除违法经营。

蔡奇要求，每个区每个单位都要负起主体责任，确保安全生产和公共安全。

把原消息中的第三自然段分离出来单独发消息，两条消息各有侧重，这样显得主题集中，叙事清晰。消息写作应一事一报。相比新华社的消息，《北京日报》的同题消息写得就更差了，标题和导语中都没有出现伤亡人数这个最为受众关心的事实结果，全文379字，表扬领导的有225字，而叙述事故的只有154字。

第四节　消息写作范式

好的消息是怎样的？主题集中、一事一报、消息要素清晰完整、结构严谨稳定、语言准确简洁通俗、信源清楚准确、过渡自然、角度巧妙、文风客观公正、提供消息背景、可读性好。人民网2014年8月10日消息《俄罗斯派舰船和飞机驱赶美军核潜艇》写作就比较规范：

俄罗斯派舰船和飞机驱赶美军核潜艇

2014年8月10日 07：52　来源：人民网

人民网8月9日电　俄罗斯海军参谋部9日透露，该国北方舰队7日在巴伦支海“赶走了一艘入侵俄领海的美国核潜艇”。

俄方称，当天俄军出动数艘水面和水下舰艇，在伊尔-38反潜飞机配合下将美军“弗吉尼亚”级核潜艇赶出俄罗斯领海，整个过程持续了27分钟。

美军称，“无法证实俄方的说法”，也无法对上述事件进行评论。不过，根据以往的说法分析，上述说法等于证实本次事件的存在。

在乌克兰危机爆发后，美国和俄罗斯关系一直非常紧张。本次潜艇风波也是双方关系的真实写照。

该简讯仅有209字，它体现了消息这种文体在突发事件报道中的优势：传播信息，简洁迅捷，满足受众的知情权。该消息写作惜字如金，采用了跳笔结构，四个段落中，两个是一句话一个段落，另两个是两句话，节奏明快，与该消息的内容匹配。消息的来源交代上准确、清晰。结尾提供了受众需要的消息背景知识，使信息传播没有阅读迷雾指数，通俗易懂，易读性好。消息背景的解释功能突出了新闻价值、衬托了报道主题。该消息使用了两句简洁的引语，突出了消息的真实性。其信息来源代表两国军方，具有权威性。此外，该消息还有一个突出的优点，即应用了平衡报道的技巧。记者将双方对这一事件的回应都展示给受众，显得客观、公正、平衡。结尾“本次潜艇风波也是双方关系的真实写照”删除更好，这句话是记者对事实的判断。消息应报道事实，把结论留给受众。

消息要“短”，首先是信息传播的需求。倒金字塔结构之所以被世界新闻界普遍接受，成为消息写作中最常用的模式，主要原因就在于其结构简洁的优势比较突出。对于媒体，可以在有限的版面或时间内容纳更多的信息；对于记者而言，篇幅短有助于练就快速构思、倚马可待的写作技巧。对于受众，可以花很少的时间接收大量的信息，适应当下社会生活的节奏。其实，消息越短越需要记者精心构思，善于删繁就简，具备高超的写作技巧。

第五节　消息写作技法

消息是媒体应用量最大的新闻体裁，它以时效性好、篇幅短小、传播信息速度快、适合报道事件而成为媒介传播的“宠儿”。别小看一篇区区几百字的消息，不懂得其写作的规律，要想写好并不容易。云南网2017年4月3日消息《云南元谋县14人煮食草乌炖肉中毒　致2人死亡》所暴露出来的问题值得我们注意：

云南元谋县14人煮食草乌炖肉中毒　致2人死亡

2017年4月3日　云南网

云南网讯（记者　彭锡）4月2日，记者从楚雄元谋县委宣传部获悉，4月1日下午，元谋县黄瓜园镇牛街村冯少华家人和亲属14人在就餐时，煮食草乌炖肉，导致14人中毒，其中有2名中毒者经抢救无效死亡。

事故发生后，元谋县第一时间成立事件处置工作领导小组，启动应急预案，全力对患者进行救治。省州党政领导做出要求，要求全力救治中毒者，并安排有关部门和医务人员前往元谋指导救治及善后工作。同时，再次在全县范围内发出通知，要杜绝食用毒性中药食材，防止类似中毒事件的发生。

截至4月2日18时40分，12名患者已全部脱离生命危险，继续留院观察治疗。2名死者善后工作正在开展。

这条消息在写作上有什么问题呢？按照消息的结构，我们先从标题说起。该消息的原标题是《楚雄元谋县发生一起食草乌中毒事件致2人死亡》，这个标题是针对当地受众传播的，说“楚雄元谋县”没问题。搜狐网编辑将其改为“云南元谋县”是针对全国受众，所以用“云南”取代了“楚雄”。学过中国历史的人都知道“元谋猿人”，所以，元谋县具有显著性的新闻价值。再看句式表达，原标题交代了事件最重要的事实“2人死亡”，但不够简洁，也不够准确（没有交代14人中毒），所以，比较而言，搜狐网编辑的修改更专业。如果苛求，该标题其实还可以更简洁些，即将“致”删除。

该消息写作的导语也有瑕疵。可将“黄瓜园镇牛街村”从导语移植到主体部分（即导语之后第二自然段），同时将“冯少华家人和亲属”也移植到主体部分中去。这是为什么呢？按照新闻的写作范式，消息的导语要简洁，尤其是这种事件消息（动态消息）的导语更要直截了当，只要提炼出最具有吸引力、最重要的事实结果，用简单句快节奏地叙述就足够了，不要拖泥带水。

导语简洁的技巧是，将地点和人物这两个消息元素进行极简化处理，即直说大范围的地名“元谋县”，对于非名人可不用提及其具体姓名。

一般而言，消息多采用倒金字塔结构，其优点是简洁明了，叙事节奏快，传播效率高，其特点是从导语到结尾对材料（段落）的排列是降序形式，即重要性递减原则，从导语的最重要事实到结尾的最不重要事实依次递减。

主体部分的容纳空间最大，因此，不要一次把所有消息要素堆砌在导语里，那样导语就显得臃肿了。学会在导语里对事实进行取舍，筛选最重要的事实，用最精练的文字，用主—谓—宾结构的简单句叙述，余下的事实信息放到主体里去补充展开。于是，导语变成了这样：

4月2日，记者从楚雄元谋县委宣传部获悉，元谋县14人因煮食草乌炖肉中毒，其中2人死亡。

“记者从楚雄元谋县委宣传部获悉”是权威的消息来源（信源），这是消息真实性的标志，不能省略。它还有助于记者和媒体保护自己的声誉和权益。

为什么把“4月1日下午”删除了？因为这个时间不新鲜了，相比较，“4月2日”才是最新鲜的时间。消息的由头（起点）应该用最新鲜的“时间点”。

我们接下来再看看其主体部分的写作存在什么问题。这个段落占用的文字最多，主要是说当地政府和医疗单位采取了哪些抢救措施。不少人写类似的突发事件消息都会这样写，形成了一种模式，即将当地领导如何下达指示作为重点，有的还会将这样的内容放进导语里。其实这是一种宣传思维。出了天灾人祸，地方政府的领导高度关注是履行职责。按照新闻价值，反常的事才是新闻。对领导正常的活动进行渲染，反而是记者的表现“不正常”

了，记者应该将消息中当事人的生死安危作为消息的要素。主体应该采用小段落展开：

4月1日下午，元谋县黄瓜园镇牛街村冯少华家人和亲属共14人在就餐时，煮食草乌炖肉中毒。（补充导语中省略的具体地点和非名人姓名及详细的其他信息）

截至4月2日18时40分，12名患者已全部脱离生命危险，目前正留院观察治疗，2名严重中毒者抢救无效死亡，死者善后工作正在开展。（补充导语中省略的最新的精确时间及详细的当事人现状的信息）

事故发生后，元谋县第一时间成立事件处置工作领导小组，启动应急预案，全力对患者进行救治。省州党政领导做出要求，要求全力救治中毒者，并安排有关部门和医务人员前往元谋指导救治及善后工作。

当地政府再次在全县范围内发出通知，要杜绝食用毒性中药食材，防止类似中毒事件的发生。（补充当地政府和医疗单位的抢救和善后措施。采用小段落，节奏快，读起来轻松）

读到这里，消息是否就该结束了呢？还需要自问：草乌是什么植物？为何毒性这么大？如果作为记者的你知道这个知识，就该问第二个问题：我写的消息面向的所有受众也知道它吗？这样一问，问题就来了。也许记者自己不知道，更多的受众可能也不知道，尤其是对于那些没有这种植物的地方，那里的受众看到这条消息就更迷惑不解了。

消息传播要通俗易懂，不能让受众陷入迷惑不解的困扰之中。因此，记者需要给这条消息加一点关于“草乌”的说明。这个“说明”是必要的，它有一个专业的名字，叫“消息背景”，它是帮助受众理解这篇消息的一段“说明文”。所以，把它放在结尾是合适的，它是本篇消息中最不重要的内容。于是，我增加了一个结尾：

据资料显示，草乌也叫鸭头、药羊蒿、鸡头草。传统中药将其用于风寒湿痹，关节疼痛，心腹冷痛，寒疝作痛及麻醉止痛。但草乌含有乌头碱等有毒成分，中毒时会出现麻痹、心律失常、低血压、呼吸困难等症状。

草乌有“断肠草”之称，口服乌头碱几毫克即可致命，不宜擅自服用。

到这里结尾，这篇消息就比较完整了。导语先说了最重要的事实，主体对导语中简化的重要事实进行了展开（出事地点、姓名等具体信息，当事人中毒前后的具体情况）和补充（当地的救援与善后措施），结尾延伸了导语中提到的“草乌”的相关知识。原稿中还有一句话：

再次在全县范围内发出通知……

这个信息你怎么看？想想看。“再次”意味着当地之前出过这类事。不妨在互联网搜索引擎里查阅一下相关的报道。互联网时代，新闻人要善于利用互联网搜寻有价值的消息线索、查阅相关的资料。

通过查阅网上的消息得知，在2016年11月9日的一篇消息中，就提及云南当地人在秋冬季有煮食草乌进补的习惯。据云南省疾控中心披露，2016年这一年，截止到11月初，云南就已经发生食用草乌中毒事件20余起，导致4人死亡。

这个“旧闻”有没有必要在“消息”中引用？其实，很有必要。因为它有助于引起受众对“慎服草乌”的重视，有助于消息的劝服效果，让人们从消息中汲取教训，引起重视：这不是个例，不要心存侥幸，去年就发生过多起类似的悲剧事件。于是，这条消息再次延伸了，新的结尾是：

据云南省疾控中心披露，仅2016年这一年，截止到当年11月初，云南就已经发生食用草乌中毒事件20余起，导致4人死亡。

这句话作为结尾对于消息传播的效果就更好了，它是用“旧事实”来解释“新事实”主题的重要性，突出了主题，有振聋发聩的效果。

由此可见，被人们戏称为“豆腐块”的消息不好写。要成为一个行家里手，你得有精益求精的新闻职业素养，有过硬的文笔。

通过这样一番解读，你是否对消息写作有了一个全盘的认知呢？为了让你能够全面地领悟一篇合格的短消息的写作精髓，我把修改好的消息完整地呈现如下：

云南元谋县14人煮食草乌炖肉中毒　2人死亡

4月2日，记者从楚雄元谋县委宣传部获悉，元谋县14人因煮食草乌炖肉中毒，其中2人死亡。

4月1日下午，元谋县黄瓜园镇牛街村冯少华家人和亲属共14人在就餐时，煮食草乌炖肉中毒。截至4月2日18时40分，12名患者已全部脱离生命危险，目前正留院观察治疗。2名严重中毒者抢救无效死亡，死者善后工作正在进行中。

事故发生后，元谋县第一时间成立事件处置工作领导小组，启动应急预案，全力对患者进行救治。省州党政领导做出要求，要求全力救治中毒者，并安排有关部门和医务人员前往元谋指导救治及善后工作。

当地政府再次在全县范围内发出通知，要杜绝食用毒性中药食材，防止类似中毒事件的发生。

据资料显示，草乌也叫鸭头、药羊蒿、鸡头草，传统中药将其用于风寒湿痹，关节疼痛，心腹冷痛，寒疝作痛及麻醉止痛。但草乌含有乌头碱等有毒成分，中毒时会出现麻痹、心律失常、低血压、呼吸困难等症状。

草乌有“断肠草”之称，口服乌头碱几毫克即可致命，不宜擅自服用。据云南省疾控中心披露，仅2016年这一年，截止到当年11月初，云南就已经发生食用草乌中毒事件20余起，导致4人死亡。

用最短的篇幅、最少的文字叙述一件事并凸显其主题和意义并不是一件简单的事。

有人误以为能写几千字或上万字的报道才是有水平的记者。事实证明，轻视短小的消息，不花心思去琢磨其叙述的主题、呈现的结构、写作的技巧和表现的语言，你可以做到“快”，但难以做到“好”。

珍惜你笔下的每一个字。文字是有生命的，汉字是中华文化几千年绵延不绝的媒介符号，是中华民族的共同文化遗产，我们应用心写好每一个字、每一句话。

第六节　采访决定消息写作

好消息是怎么来的？是靠记者的妙笔生花？大谬矣。外行常常以为消息是靠好文笔写出来的，实际上，消息依靠采访。没有专业的采访，没有翔实的第一手材料，没有对第二手、第三手材料的验证，记者是无法完成消息写作的。所谓七分采访，三分写作正是这个道理。消息的核心本质是真实，不经过采访，对材料的真实性不能确定，你写出来的就有可能是虚假消息。真实意味着公信力。

胡适说，“有一分证据说一分话”，我们写的消息应字字有依据，句句有出处。新闻的六要素Who（何人）、When（何时）、Where（何地）、What（何事）、Why（为何）、How（过程）是通过记者的采访获得的。每一个要素都要准确、客观、完整，没有差错和遗漏。消息是客观真实的报道。让我们来对比阅读两篇同主题的新闻作品：

昔日伐木建功　今朝栽树“还债”

江总书记说：“马永顺了不起！”

1994年11月17日　工人日报　刘继章

一位82岁高龄的离休工人，在大半辈子的伐木生涯中，为国家采伐原木3.6万多棵，成为闻名全国的劳动模范，14次受到毛泽东、周恩来等老一辈革命家的接见。离休后，他带领全家历经20多个春秋的风风雨雨，又在荒坡上种下了3万多棵树木，了却了多年的夙愿，还上了一笔他心中的“欠债”。他，就是黑龙江省伊春市铁力林业局的老工人马永顺。

今年10月28日，在伊春市暨铁力林业局召开的向马永顺学习动员大会上，宜春市委副书记魏秉仁宣布，“在这里，我受省委书记岳岐峰委托，郑重转达江泽民总书记对马永顺同志的亲切问候。”话音一落，会场上爆发出经久不息的掌声，与会的上千名林业局职工为他们的老模范感到由衷的自豪，更为马永顺造福后代、献身林业的精神深深感动。

马永顺是新中国的第一代林业工人，曾靠弯把子锯在一个冬天采伐木材1200立方米，1人完成6人的工作量，创下全国手工伐木产量最高纪录。

时至今日，马永顺还忘不了1959年全国群英会上周总理对他说的一番话："林业工人不但要多生产木材，还要多栽树。"总理的教诲印在了他的心底。从那时起，栽"还债"树成了他念念不忘的心事。离休后，马永顺开始实施他的"还债"计划，带领全家人抓荒坡踏荒岗，栽下一颗颗幼树苗，年年不间断，整整22个年头，共栽下3万多棵树，还完了全部"欠债"。

今年9月，黑龙江省委书记岳岐峰、代省长田凤山在北京向江泽民总书记汇报工作时讲到全国劳模马永顺离休后，带领全家植树造林，向大山"还债"的感人事迹。江总书记听后赞扬说："马永顺了不起！"并请岳岐峰转达他对马永顺的亲切问候。

听到江总书记问候自己的消息，马永顺非常激动，表示感谢总书记的关怀，只要身子骨不散，还要上山栽树，为青山常在、造福子孙再献余热。

昔日伐木劳模　如今环保英雄

1998年10月30日　参考消息

［**路透社中国铁力10月25日电**］（**记者　马特·波廷杰**）在散发着清新空气的山林里，黑龙江省具有传奇色彩的昔日伐木工、现年85岁的马永顺放开嗓子喊道："倒了！"不过，这次他并不是真的在提醒人们躲避一棵已被截断，即将倒下的大树，而是在为记者演示当年劳动的情景。今天让马永顺闻名遐迩的是种树，而不是伐木。

作为新中国第一代伐木工人，现为年龄最大的在世劳模的马永顺一生曾砍倒3.65万棵树。但在他伐木生涯的中途，他也开始种树。他认为种树是一种爱国行为。

在中国政府已经认识到环境恶化是造成今年夏天特大洪水的根源的时候，宣传马永顺的事迹显得尤为重要。

在过去半个世纪，中国伐木工业已经使中国的原始森林减少到专家所说的"濒临灭绝的边缘"。中国世纪末的这场特大洪水敲响了要重视环保的警钟。

中国政府正在为放下斧头的伐木工人创立新的就业渠道。一些伐木工已被政府部门聘为兼职的植树者。

为了提高他们种树的积极性，中国宣传部门已将马永顺树为保护森林的模范。朱镕基总理号召人们向他学习。

马永顺在他家附近的树林里接受了记者的采访。他一边轻轻地抚摸着那些他亲手栽下的树木，一边对记者讲述他是怎样从伐木工变成植树者的。

他说："在1959年庆祝建国十周年的时候，周恩来总理接见了我。他对我说，我们不仅要栽树，还要植树，要让大山总是绿的。我记住了他的话。"

当年周总理接见他的照片现在挂在他的家中。他说，从那以后，他已种了3.5万多棵树。即使在他1982年退休以后，他也没有停止种树。他说："在我死前，我还要种1000棵树。"他认为他是在向森林还债。

上述两篇同主题的报道孰优孰劣呢？有比较才有鉴别。《工人日报》的消息获得了第五届中国新闻奖消息二等奖，全文700字。路透社记者的特稿610字。从字数上看，两篇作品差不多，但从写作的技巧上比，高下有别。

从时效性来看，后者胜过前者。前者写的是半个月前的"消息"，由头是时任国家领导人江泽民赞扬了马永顺；后者注重了时机性，由头是1998年中国长江流域发生的重大洪水灾害，中国政府意识到环境保护的紧迫性和危机性，出台对原始森林的"禁伐令"，报道具有时新性和针对性，突出了新闻价值。

从写作角度而言，前者突出的是新闻价值的"显著性"，重点是凸显国家领导人表扬马永顺所显示的政治意义，未直接点明环保主题，作者的立意是宣传本位意识；后者凸显的是"重要性"，契合国际视野下的环保热这个宏大主题，作者的立意是客观地报道事实，讲一个好故事，这是受众本位意识。

从主题来看，前者用了大量篇幅介绍国家领导人和地方领导如何重视马永顺的先进事迹，借他们之口突出了马永顺从伐木到种树这种"了不起"的非凡人生，马永顺作为主人公反而显得成了配角；而后者浓墨重彩地聚焦马永顺从伐木劳模变为环保英雄的传奇故事，始终以马永顺为主角，围绕他组织材料，中国领导人对他的关心仅仅作为新闻背景一笔带过，主题单纯集中，重点突出。

从写作的结构上看，通过导语的比较可以看出，前者没有新鲜由头，采用了总结概括式文字，都是背景资料，比较长，文字如同先进人物总结材料，不鲜活，吸引力不足；后者采用了场景描写，呈现了画面感，短且活，十分形象、生动，体现了软新闻的属性，有吸引力。

主体部分对比，前者均为背景资料，主体第一段结尾有不当的主观观点表述，三个段落只有一个段落直接写马永顺，其他均为领导对马永顺的赞扬，三句直接引语都是领导的；路透社记者写了七个段落，大部分为背景材料，也有现在的场景描写，有三句直接引语，其中两句为马永顺的。前者各级领导在每一个段落中都有出现，马永顺的形象仅仅是数据和资料；路透社记者深入现场采访，让马永顺模拟当初砍树的场景，生动鲜活，直接引语均为马永顺的，简洁地提到了周恩来和朱镕基对马永顺的认可，可读性强，文风活泼，富有趣味性和人情味。结尾对比，差距也是明显的，前者用的是间接引语，真实性和可信度有一定打折，没有人情味，信息量小，比较空洞；后者的结尾信息量大，具体、准确，有人情味，令人难以忘怀。

从写作者的专业素养看，前者字数多出90个字，仅五个段落；后者有八个段落，层次更为分明，阅读更为轻松。前者段落大，后者段落小，后者易读性好。虽然后者少了90个字，但从信息量上比较，后者占优。仅从一个数据对比就可以看出后者的新闻专业态度，前者称马永顺一生砍伐了3.6万多棵树，后来两次提到的种树数据是3万多棵；而路透社记者提供的砍树数据是3.65万棵，种树数据是3.5万棵。由此可见，路透社记者采访写作更为严谨、准确、具体。

从两篇报道的对比可以看出，国内记者没有面对面采访马永顺本人，通篇看不到场景，是通过第二手或第三手材料写的消息；而后者是特意赶到现场去采访主人公，花费了大量的时间和精力，通过采访的一整套流程如提问、聆听和观察获得了第一手材料，记者将现场耳闻目睹的故事通过精妙的结构和简洁的语言表现出来，自然有鲜活可视的效果，给受众带来了身临其境的阅读体验。俗话说，不怕不识货，就怕货比货。两篇报道放在一起对比，我们自然可以得出一个结论：采访质量决定了写作质量。前者更看重消息宣传的功能，而后者看重新闻价值。就全球传播的效果而言，后者占优。通过比较研究，我们能认识到一个朴素的真理：采访决定写作。

第七节　消息写作进阶之路

一般情况下，教学中需要使用消息案例来讲解，但是现在我感到头疼的是，找一条简洁、准确、清晰、规范的消息好难。因为现在在互联网上看到的消息普遍偏长，语言不简洁、不准确的消息比较多见，写作不专业、不规范的也挺多。看多了人们会误以为消息就是这样写的。

写作的起点是阅读，通过阅读人们获得了广泛的知识，开阔了视野，在不知不觉中获得了对于写作的感性知识，然后凭借感觉通过模仿完成写作。就像我们练习文学写作一样，如果不读中外名著，不读自己喜欢的作品，想要凭借自己的兴趣去写作，很难有成功的机会。要想写好消息，需要多阅读高质量的文本，以之为范例悉心揣摩，反复玩味，对照相关理论对其进行分析解读，把握住其中的要点。在写作之初，可以以这些经典的消息范例为蓝本，搞清楚它的原理，吃透它的特点，掌握它的规律，模仿它的结构、语言去写作。久而久之，会掌握此中三昧，然后成为实践的行家里手。

优质的报纸是我们学习消息写作的榜样。如全球知名度和美誉度较高的《纽约时报》《华尔街日报》《金融时报》《泰晤士报》等老品牌的严肃类大报，写作规范严谨，注重报道质量。国内的《参考消息》上的新闻是新华社从国外媒体筛选翻译的，其消息写作体现了记者的专业素养，可作为学习消息写作的范本。

此外，我们还须多阅读经典著作。这些书既能丰富我们的知识，提高我们的综合素养，也能对我们的消息写作带来帮助。让我们一起阅读乌拉圭记者、作家爱德华多·加莱亚诺的历史随笔《电影的诞生》：

1895年，卢米埃尔兄弟：路易和奥古特拍摄了一部很短的短片，展示了里昂一家工厂的工人们走出工厂的情景。

那部电影，电影史上的第一部电影，只有极少数的几个朋友看过，再没有其他人看过。

最终，12月28日，卢米埃尔兄弟把它献给公众，连同它（他）们拍摄的同样记录现实中稍纵即逝瞬间的九部短片。

在巴黎大咖啡馆的地下室里，完成了幻灯之子、生命之轮和其他视觉艺术组成的神奇表演的世界首演。

地下室挤满了人。35个人，一个座位卖一法郎。

乔治·梅里爱是其中的一位观众。他想买那台电影机，由于他们不卖给他，他别无他法，就自己发明了一台。①

这篇散文简短明快。它使用了白描语言，小段落，短句，没有修饰词，没有个人情感和观点。娓娓道来，举重若轻。这不正是消息语言的特点吗？多读一些名家的散文对于丰富我们的精神世界、启迪我们的思维、从中汲取写作的经验是极为有益的。美国《洛杉矶时报》网站2013年12月29日消息《阅读名著可增强感知力》借学者的研究显示：阅读名著对于人脑来说就像做有氧运动，可增强感知力。可见，阅读文学名著有助于提高我们的消息写作能力。实际上，经典文学作品对我们方方面面的影响都是难以低估的。如今人们每天花在网上的时间比较多，时间高度碎片化了，越是在这样一个人心浮躁的时代，我们越需要静下心来阅读书籍，从中汲取丰富的营养，提高自己的思考能力和文字表达能力。校园媒体和企业媒体的消息写作有相似的特点：篇幅长、不专业、语言空洞、枯燥乏味。这是某高校学生在中文教师指导下写的校园运动会消息：

跃出一道雨后彩虹

11日上午8时30分，在操场的一角聚集了大量观众的目光，原来是正在进行激烈的男子跳高比赛，现在火热的气氛丝毫不输赛道上的百米比赛。

只见一名运动员加速跑向横杠，纵身一跳，优雅的身姿像展翅的海燕，又仿佛凌空直上的雄鹰，完美背越式跳过横杠，落在厚厚的垫子上。随着横杠高度的上升，难度随之加大，也有一些运动选手因过于紧张而与决赛失之交臂。最终，来自成教的黄通星同学凭借180厘米的好成绩不仅赢得冠军，更打破学院的记录。而来自经贸系的周炯伟以及工程系的贺叶分别获得了第二名和第三名的好成绩。

跳高运动员向我们展示着不断挑战极限的体育精神。愿他们在以后的

① 加莱亚诺. 时日之子［M］. 路燕萍，译. 北京：作家出版社，2015：57–58.

比赛中再创佳绩。

从标题到正文，上述消息都偏重于抒发作者个人的情感，有描写但不具体不准确，想象的语言多。另外，它没有尊重新闻规律，不符合消息的结构和范式，偏重于文学表达，结尾表达了观点，标题是病句。笔者的修改是：

180厘米！成教院黄通星赢得跳高冠军　打破学院记录

在11日上午结束的男子跳高决赛中，来自成教院的黄通星同学以180厘米的成绩赢得冠军，打破学院的记录。此外，经贸系的周炯伟和工程系的贺叶分获第二、第三名。

上述消息是笔者在地上捡到的，当时上面还有鞋印。如同我们搜集好消息的案例一样，类似这样的有缺陷的消息也值得作为资料收藏。平时我们看消息，碰到类似的案例可以剖析其有哪些不足，这样的思考和练习有助于我们从理性认识上洞悉好消息的特点和规律，能够提醒我们不要重蹈覆辙，成为好消息写作的践行者。

在大量阅读好作品的同时，多练笔也是必不可少的。我们知道，掌握语言写作能力要读写结合。写什么呢？利用自媒体报道身边发生的事，写日记、写散文、写评论文章等都可以，养成天天写点文字的习惯，最终你就能练就准确生动的叙事能力，倚马可待。在互联网时代，新闻传播渠道发生了巨大变化，新媒体平台优势取代了传统媒体，对于有志于从事新闻传播事业的人，过硬的文笔仍旧必不可少，这是新闻人的专业技能。写作能力需要持之以恒地练习，非一朝一夕之功。美国普利策小说奖得主、前路易斯安那大学创意写作教授罗伯特·奥伦·巴特勒在出版第一部小说前，曾经写过12部戏剧、44篇短篇小说、5部长篇小说，有几百万字，但都没能发表。他锲而不舍，1981年，他担任一家财经报刊的主编，每天都要从长岛乘一个半小时的通勤火车去曼哈顿上班。那时，手提电脑还没有诞生，他就把稿纸搁在腿上写小说，先后在火车上完成了四部小说[①]。

① 王寅．写小说以前，他是美军情报官［EB/OL］http：//www.infzm.com/content/119348，2016-09-02 17：19：50.

如今，移动互联网将我们的时间更加碎片化了，每天的时间似乎都不够用，如何有效利用时间，如何集中注意力提高专业必备的知识技能成为考验我们的一道关口。要想提高文笔，就得每天抽出时间，对日常观察到的现象、问题，对每天自己的感悟、体会、思考用文字记录下来。当然，也可以像巴特勒那样练习写作小说、戏剧。总之，只有坚持写作，每天写数百字、数千字，才能玉汝于成，为未来走向新闻职业生涯奠定良好的文字功底。

学新闻专业的学生都清楚在“新闻采访与写作”课程考试中会使用一种题型，就是将数千字或上万字的特稿改写成消息。新闻传播专业的学子考研和考博也会碰到这样的题型。它可以考查学生对两种不同文体特点的理解和判断能力，还有对消息的构思和写作能力。我们知道，消息长于写事，特稿长于写人；消息长于及时迅速地传播信息，特稿长于对故事情节和细节的挖掘；消息用叙述手法，语言简洁、不用修饰词、一事一报、不带记者个人情感观点、用第三人称体现客观性，把最精彩的事实放在开头，篇幅短小，特稿常用叙述和描写，其语言注重细节描写，使用对话和引语，精彩的段落在临近结尾的时候出现，有人情味，篇幅较长……

对于想提高消息写作技能的人来说，从网上选取一些好的特稿练习将其改写成消息，是提高消息写作素养的一个有效的方法。比如我在课堂上让学生查阅2005年中国青年报记者包丽敏写的特稿《从小康跌入到赤贫》，该特稿是一个人情味故事，长达7000字。笔者将其修改成消息，其信息含量可以压缩成435字：

一人换肾，全家从小康跌入赤贫

27岁的中学教师马铸铭现在一个月的工资只有800多元，但他说“我一定不能让我妈因为没钱吃不上药而死掉”。

马铸铭一家四口是内蒙古赤峰市阿鲁科尔沁旗县人，1996年以前这个家庭的年收入有36000元左右。那时，全国城镇人均可支配年收入不足5000元。1997年前后，马铸铭的母亲王翠霞得了尿毒症。

1998年春节前，王翠霞到北京治疗换肾，到2004年她先后换了两次肾。加上医药费，总计自费40多万元。由于马国林兼职的企业和工作的货运公司都垮了，全家人的月收入跌回了1000多元。为给王翠霞治病把家里的房子也抵押给了银行。

王翠霞的工作单位阿鲁科尔沁旗公路养护段一分钱医药费也不能报，由国家财政全额拨款只够单位发工资。基本医疗保险制度还远没有确立，这家单位未参加任何社会医疗保险。

在北京治疗期间，夫妻俩曾跪在街头乞讨。2004年4月底，马国林患胃癌去世。

王翠霞现在每个月仍然需要花费三四千元吃药。她去年参加了基本医疗保险，现在每个月可以报销药费1500元左右。但另外的2000多元，还得自筹。

卫生部的统计数字显示，全国城镇贫困户中，有三成是因病致贫。

由特稿改写而成的消息从文风、语言、结构等方面都发生了明显的变化。特稿的报道告诉受众，这个家庭从小康跌到赤贫有三个原因：第一，女主人公患了尿毒症，换了两次肾，自费40多万元；第二，当年没有医保，导致她没有报销一分钱；第三，企业倒闭导致男主人公马国林在王翠霞第一次换肾时收入锐减；第四，王翠霞看病企业不可能发放全额工资。第三和第四两项相加，全家人的总收入从生病前的每月3816元左右下降到1000元左右。即便按照这个家庭的年总收入计算，花费40多万元看病相当于全家11年的总收入。即便单位报销医疗费，也不可能全额报销，大部分开销还是自己支付。由此可以得出结论，这个家庭从小康跌入到赤贫是多种外力因素导致的，祸不单行，但最为关键的原因还是女主人公患了尿毒症，换了两次肾。

可见，消息写作能培养人发现问题、分析问题和解决问题的逻辑思维能力。它还能够训练我们从复杂的事物中迅速判断核心要素的能力，有助于锻炼我们的快速思维能力和简明扼要的语言表达能力。把复杂的事用最简洁的语言和最合适的结构，清晰、准确地叙述出来，让所有人一听就懂、一看就明白，自然流畅，好读易读，这正是消息写作带给我们的收获。

02 第二章

消息的特点、价值判断与线索

一则新闻不仅仅是一桩发生过的事情，而且是重要、重大且新鲜的事件。经验丰富的记者训练有素，具备极强的新闻辨识能力。

——［美］迈克·华莱士，贝丝·诺伯尔

有一位刚刚离开校园到媒体做实习记者的学生问我，她的一个同学要去非洲教汉语，这是否值得报道？我告诉她，没有价值。她说，校报报道了。我告诉她，校报可以报道，对于校园里的同学而言，这件事有接近性，也新鲜，大家会感兴趣。但对于社会公众而言，这件事就没有什么价值了，因为他才刚刚踏上旅途，还没有做出任何不平凡的业绩。消息不是有闻必录，而是要经过记者对事件的价值作出综合判断的，媒体公开报道的事实与公众的期待相吻合才能成为最有价值的消息。换言之，媒体传播的事实是根据受众对信息的需求和兴趣建构的，不是任何事实都值得报道的。

第一节　消息的特点

消息有这样几个显著的特点：1. 新鲜；2. 多数人感兴趣；3. 公开报道。我们来看人民网2017年12月8日截至上午7点15分的24小时热文排行榜：

1. 佘文乐娇妻婚后首回应：谢谢这最美好的惊喜
2. 甘霖、张恩迪、吕彩霞当选致公党中央副主席
3. 吉林市纪委常委刘国瑞涉嫌严重违纪接受组织审查
4. 省部级干部学习贯彻习近平新时代中国特色社会主义思想和党的十九大精神研讨班在京举办
5. 肖若腾：年轻是最大资本　2018要放下荣誉重新出发
6. 国家卫计委回应新农合个人缴费每年都在上涨
7. 炉石传说2017绿野大作战高胜率卡组汇总
8. 中国民主促进会第十二次全国代表大会闭幕
9.“黑手”伸向国家扶贫帮困专项资金

10. 龙雪津任广西广播电视大学副校长

在这个排行榜中，高居榜首的是娱乐消息，第5条是体育消息（体操世锦赛男子全能冠军肖若腾），第7条是关于电子游戏的消息，其余7条均为时政消息，上榜数量最多。由此我们会发现什么是受众关心的事：时政消息是受众最为关心的，如官员任免、官员腐败、政党活动、缴费合理性等，这些事影响力大，牵涉面广，价值重要；其次是娱乐与名人消息。由此我们可以得出一个结论：受众比较关心的消息是与时新、重要、显著和趣味关联的事件。第10条上榜与广西网民的点击率高有关联，说明受众关心的事还与自己地理距离近有关联，即接近性。

人民网是官方媒体，其排行榜没有数据说明。我们看看市场化媒体搜狐网2017年12月8日截至上午7点15分的24小时热文排行榜（有数据支撑）：

1. 在境外接受有偿性服务，他是被通报第一人　460万 阅读
2. 朝中社称朝鲜半岛爆发战争已是既成事实 中方回应　371万 阅读
3. 辽宁又一大型企业宣布破产，负债超10亿元　250万 阅读
4. 马云首度回应：我见赵薇加起来不到十次，为什么有人总把我们放一起　216万 阅读
5. 刚刚，密切关注朝鲜的俄罗斯爆一重大消息，真实情况超出想象……　212万 阅读
6. 9岁男孩输液不幸猝死，打的是“喜炎平”中药注射液！　208万 阅读
7. 莎普爱思曾多次向浙江平湖科技局官员行贿，多名官员已领刑　196万 阅读
8. 中国的税到底有多高？任泽平125万月薪将近一半要交税　169万 阅读
9. 江西一女生绿化带中险遭男子侵害 后面发生的事让人拍手称快　120万 阅读
10. 人大副校长：房产税等改革将持续推出，炒房时代已过去　113万 阅读

第1条消息与性和腐败关联，其中任何一个元素都会引人好奇；第2条与

中国国家利益相关；第3条牵涉到集体的利益，数据事实引人注目；第4条是名人消息；第5条与中国国家利益关联；第6条事关人的健康权益；第7条是官员腐败事件；第8条是网红经济学家任泽平的事，名人消息；第9条是戏剧性的事件，引发受众关注兴趣；第10条是与公众利益关联的房产税改革的事件。由此可见，受众关心的事件要素有时新、重要、显著、接近、趣味。

我们浏览互联网时，不时会发现一些不是消息的“消息”。怎么回事呢？我们一起来阅读下面这篇消息：

小伙将烟头扔进废纸篓引发火灾

2013年4月25日 16：15　安徽网

安徽网讯（记者　郭龙）今天下午2点，租住在合肥市潜山路嘉和苑南区的一名小伙在上厕所时抽烟，并随手将烟头扔进废纸篓，随后去上班。但这个烟头并未熄灭，渐渐点燃废纸，并引燃废纸篓，冒出浓烟，当时他的女朋友正在家午睡，没能第一时间发现。直到塑料制品越烧越多，焦煳味引起邻居注意，过来敲门，才开始灭火。

一阵忙乱后，火被扑灭，幸好尚未蔓延开来。

这篇消息标题挺吸引人：火灾。看到这个标题，你会想到什么？首先是损失，人或物。读完消息才发现，有惊无险，什么损失都没有，结果就是一个不值钱的塑料废纸篓被烧坏了。它只有时新性，但没有其他新闻价值，所以，它不值得报道。反常的事，多数人感兴趣的事才是消息。其人物要素（who）均无名无姓、消息来源不清晰、结构也不科学。称呼对方为“小伙”太随意，带有主观情感。

我们再来“欣赏”龙虎网2012年9月12日消息《醉酒海归女车顶遥控驾车》：

醉酒海归女车顶遥控驾车

2012年9月12日 09：22

龙虎网讯　近日，一名海归爆乳女调戏交警被放行，在网上引起争议。从画面上看，这名海归G杯女打扮十分暴露，像极了最近网络爆红的红钢城暴露女。海归爆乳G杯女和男友二人晚上十一点左右在街上被交警截住。因为交警发现一辆缓慢行驶的轿车十分可疑，叫停该车以后发现车内空无一人。交警在附近发现G杯女二人，但是两人声称自己虽然喝酒，但是没有开车，只是在遥控汽车前行。最后G杯女和男友质问交警：酒后遥控汽车，触犯了哪一条法规。交警词穷只好放掉G杯女和男友。

上周日晚上11点钟左右，交警在路口巡检，发现有一辆汽车在慢车道缓慢行驶，交警紧急叫停该车，却发现车内空无一人。巡警们迅速排查周围，寻找车主，发现在人行道上有一对情侣，形迹可疑马上上前盘问。原来这对情侣都已经喝醉，发现交警巡查，就妄图躲避交警检查。交警对两人进行例行的酒精测试，发现两人严重超标，要求进行酒精检查。结果两人极不配合，声称自己喝酒了，但是没有开车，不能构成醉驾。

南京龙虎网的这篇消息是根据网络视频写的，无法断定真假，没有准确清晰的消息来源。该消息的标题就充满了悬疑。记者真够神奇的，看视频就能断定对方“醉酒”，是“海归女”。消息中写得明明白白，当事人是在人行道遥控汽车，标题中竟然宣称当事人在“车顶”遥控汽车，矛盾百出。它没有清晰的事实，要素不完整不全面，过程和结果都模糊不清，没有消息来源，没有新闻价值。该消息渲染“爆乳”“G杯女”，极度刺激煽情，没有格调，文风低俗，是借尸还魂的“黄色新闻”。该消息在结构上仅有两个段落，不符合消息写作的规范。

2017年11月1日有媒体报道《杭州一高校老师变身汉服控　每天着汉服授课》，说的就是一个女教师个人的着装爱好，没有冲突性、没有戏剧性，没有因此而遇到任何反常的、离奇的、荒诞的事，这样的事没有价值。《青年时报》2013年4月15日特稿《土地与老师的碰撞　浙大城院的“农民伯伯”》长达2809字，其主题是，浙江大学城市学院北校区的篮球场边，有一块15亩见方的土地被该学校的老师改造成了菜地，一些教师下课后会种种菜。这件事普通寻常，仅仅是个别人的业余爱好，同样没有新闻价值。

威尔士有句俗语：“坏消息踏着木屐响彻四处，好消息穿着长袜蹑足而行。”[①]这句话提醒我们如何判断新闻价值：具备时新性、重要性、接近性、显著性、趣味性（反常、离奇、对抗性、冲突性、戏剧性、人情味）等不同凡响的事才是公众关心的事实。正常、平淡、平庸、无奇的现象不是新闻。美国CBS《60分钟》特派记者斯科特·佩利对新闻话题的选择有五层过滤体系：“这一件事重要吗——这件事是不是会成为电视头条？这件事对我们的观众来讲是否真的有意义——真的了不得吗？我们是在揭露不公正的现象吗——其中是否糅杂了血汗或泪水？这是有关人类奋斗的伟大事迹吗？这是会给电视台带来荣誉和名望的新闻吗？一则新闻并不需要符合以上每一条，但假如符合了其中三条，便已能成为精彩的新闻了。”[②]与公众利益休戚与共、与多数人的关切有联系，这样的选题才是有价值的选题。

第二节　消息的价值判断

作为重要的新闻体裁，判断消息是否值得报道需要遵循新闻价值，它是记者判断事实是否值得报道的尺度。通常将新闻价值分为：1．时新——①时间新鲜：如刚发生、正在发生的事、预定要发生的事；②内容新鲜：过去发生但未公开报道的事；2．重要——关于国计民生的事实信息，与人们的生产生活息息相关；3．显著——公众性人物、不同寻常的平凡人；著名的事物或事实；4．接近——被报道的事实与受众在地理、心理、职业、性别、爱好、年龄等有相同经验会引发共鸣；5．趣味——反常、奇异、荒诞、罕见、有趣、有冲突性、戏剧性和人情味的事，包括性、动物的故事等。时新叠加其他新闻价值的事实才值得报道。

网民对2018年11月22日新浪最受关注的消息排行榜是（每个新闻标题后的数字是评论数量）：

1．儿子赖床不肯工作 父亲放火烧床危及十余户居民　109,653（时

---

① 华莱士，诺伯尔．光与热：新一代媒体人不可不知的新闻法则［M］．华超超，许坤，译．北京：中国人民大学出版社，2017：35.

② 华莱士，诺伯尔．光与热：新一代媒体人不可不知的新闻法则［M］．华超超，许坤，译．北京：中国人民大学出版社，2017：36.

新、显著）

2. 店主见义勇为制止猥亵被罚200 警方发布完整视频　42,163（时新、趣味）

3. 视频：香港的哥怒怼港毒：这里就是中国！　36,172（时新、重要）

4. 视频：轿车失控炮弹般飞来 男子神反应抱住女友滚一边　21,698（时新、趣味）

5. 香港词作人林夕插嘴中国台湾省选举 岛内炸锅了　11,829（时新、显著、重要）

再来看新浪浙江频道2018年11月22日阅读量排名前5的上榜消息：

1. 杭州男子曾拥有麒麟臂和8块腹肌 却喘得像个80岁老人（时新、趣味、接近）

2. 浙查获假安全套50万 主要流向宾馆超市便利店情趣店（时新、重要、接近）

3. 杭州期末考试时间基本定了 中小学1月29日放寒假（时新、重要、接近）

4. 杭州有个水泥墩被称为百慕大 许多车子在这里起飞（时新、显著、接近）

5. 被远光灯照得辣眼睛 杭州小伙冲入对向车道逼停对方（时新、趣味、接近）

新浪浙江频道是面向浙江省受众的，因此，该频道选择的消息侧重于时新、接近和趣味等新闻价值，目的是突出传播效果，提高点击率。

在新媒体时代，新闻价值产生的传播效果可以通过受众的点击阅读精确地用数字呈现。

不知你是否注意到，新媒体在发布消息时，都将时间精确到了某月某日几点几分，消息的时新价值得到了强化。此外，消息的接近价值因互联网将人类连接在了一个“地球村”里而变得更为突出了，比如2017年4月9日下午5

点40分，一班由芝加哥飞往肯塔基州最大城市路易斯威尔、编号为UA3411的美国航空公司国内航班，因超额订票而将不愿意下机的美籍越南裔乘客陶大卫（David Dao）强行拖走。有乘客拍下片段并上传至互联网。因陶大卫在飞机上自称是华裔，此事引发了全球华人的网络声讨，也引起了黑头发黄皮肤的亚裔的不满。美联航股票在2017年4月11日价格一度下跌高达4.3%，半小时内市值蒸发9.6亿美元。随着短视频的流行，趣味性新闻价值也得到彰显。

不知你注意到没有，互联网上与“性”相关的话题总是会得到更多关注，这种满足人类原始欲望的趣味价值成为互联网企业掘金的手段。与奢侈品、名贵消费品有关的事件也具有显著性的新闻价值，俊男靓女因为“颜值高”也成了消息报道的热点人物。如2018年11月24日，四川省绵阳市公安局发布的《关于检举以犯罪嫌疑人卢兴波为首的“酒托”诈骗犯罪团伙在逃人员的通告》中，一个名叫“卿晨璟靓”的女性犯罪嫌疑人，因高颜值照片意外走红，网友的热议引发媒体跟进报道。

第三节　发现报道线索

有句俗话说：“巧妇难为无米之炊。”对于记者而言，发现报道线索才能申报选题，策划报道方法，完成采访和写作。那么，线索从何而来呢？

1. 互联网

在当下自媒体时代，发生突发事件，身在现场的公民记者第一时间就能够利用手机进行直播、发送图片和文字等碎片化信息。媒体记者从互联网上找线索已经成为每天的功课。微博、微信、人气旺的贴吧、论坛等都可能存在报道线索。记者天天都会在电脑、手机双屏前浏览信息。

如今面对突发事件，记者第一时间通过互联网搜集整理碎片化信息，做好验证把关，可以更高效地传播信息，事半功倍。2017年国内媒体第一时间报道了表演艺术家严顺开去世的消息，消息来源是其生前工作的单位——上海滑稽剧团发布的微博。

2. 观察

观察能力是记者需要刻意训练的职业能力。在消息采访中，观察与提问、聆听一样重要。提到观察，我们自然会想到眼睛。在汉语中，关于眼睛的成语不胜枚举，如目不转睛、美目盼兮、双瞳剪水、明眸善睐、蛇眉鼠眼、火眼金睛等等。刘鹗在《老残游记》中有一个片段描写王小玉的眼睛：“王小玉方抬起头来，向台下一盼，那双眼睛，如秋水，如寒星，如宝珠，如白水银里养着两丸黑水银，左右一顾一看，连那坐在远远墙角子里的人，都觉得王小玉看见我了；那坐得近的，更不必说。就这一眼，满园子里便鸦雀无声，比皇帝出来还要静悄得多呢，连一根针掉在地下都听得见响！”这个片段描写了主人公小玉在舞台上亮相时，她的眼睛顾盼生辉，具有摄人心魄的神采。

记者的眼睛应该更亮，善于在消息现场发现值得报道的事实。海外网2018年12月2日消息《与澳总理见面怕认错？默克尔不停翻手里“小抄”》就体现了记者的现场观察很仔细：“当地时间1日，德国总理默克尔在阿根廷会见了澳大利亚总理斯科特·莫里森。有媒体发现，默克尔在会前手里拿着‘小抄’，上面还有莫里森的照片。”该消息就是记者用眼睛发现的，通过细致入微的观察，对观察目标的举止进行聚焦、记录，一篇鲜活的、有现场感的消息就完成了。观察能力对于记者采访非常重要，因为受访者眼睛中透露的信息是难以掩饰的，记者若能及时捕捉对方的眼神细节变化，便可以比较准确地猜测到对方的心理活动，通过提问探究就可能会有新鲜的、深度的发现。

3. 思维

新华社记者南振中通过对位于吉林省吉林市境内的松花江上的丰富水电站的汇报材料进行深入阅读分析，将新中国成立45年来各条战线取得的巨大成就进行排列比较，写出了报道《“新中国第一”的更迭》新闻特稿。新华社军事记者贾永从青藏公路、川藏公路相交组成的大写意——“人”字，激发联想，写出了报道《壮美的人证》，反映了筑路工人、共产党员和解放军指战员为修筑“天路”做出的奉献与牺牲。优秀记者思维活跃，能够从惯性思维中自我解放，打破刻板成见的束缚。

从20世纪90年代开始，武汉东湖因污染而散发恶臭，当地媒体担心“不利于社会稳定”，知道真相但不敢报道。到了2000年，当地媒体开始频繁报道东湖“环境变好，污染消除”的正面新闻，最有利的证据就是每年冬天有成群的候鸟在这里栖息。当年11月底，记者黎勇再次经过东湖时，看到成群的红嘴鸥在湖面上翩翩飞翔，追逐嬉闹，仍然闻到湖水散发着阵阵臭气，他对当地媒体反复报道的“候鸟到来是因为湖水变清”的新闻产生了质疑。通过现场走访调查和向武汉大学教授胡鸿兴询问，他终于发现了真相：水质污染导致藻类迅速繁殖、菌虫密布，为红嘴鸥越冬提供了充足的食物，这才是每年冬天成千上万的红嘴鸥来东湖过冬的原因。如果任其发展，污染的食物会导致红嘴鸥代谢失调，有种群灭绝的危险，这将是一场生态灾难。于是，在一片赞美东湖水质变好的舆论环境中，他写出了独家报道《选择东湖越冬，原是看中污染（引题）红嘴鸥可能“断子绝孙”（主标题）》。

该报道启发我们，记者要突破思维定势的茧房首先要有独立思考的能力。在生活中，人云亦云是一种常见的现象，这符合传播学理论中沉默的螺旋（The Spiral of Silence）假说——大多数个人会力图避免由于单独持有某些态度和信念而产生的孤立。记者面对只有一种声音被放大的舆论场时应刻意保持警惕和理性，努力摆脱“沉默的螺旋”陷阱。凡事从逆向思维、多向思维的角度进行思考，带着质疑的态度逆风飞扬，去现场验证，去找信源核实，才能够见微知著，从不起眼的细枝末节中洞察其背后独特的意义和价值。避免视而不见听而不闻的“审美疲劳”，避免随波逐流跟着其他媒体起哄的非理性思维，拥有“超视距”的新闻发现能力。

法国思想家笛卡儿说：“人只不过是一株芦苇，本质上是最脆弱的东西，但他是一株会思考的芦苇。……所以我们所有的尊严都在于思考……通过思考，我们理解世界。”记者艾丰说：“记者是一支思考的笔。”作家徐迟也说过：“文章要站得起来，它的脊梁骨应当是思想性。”记者的思想与平时的读书学习有密切的关联，也与独立思考的习惯密切相关。一般人看问题倾向于单向思维，这是一种简单思维，容易被复杂的现象所误导，记者应该具备逆向思维、联想思维等多向思维的能力，能够透过事物的表面现象发现其隐藏的本质问题，这有利于从众人忽视的事件中发现独家消息。

4. 借力

通过其他媒体的消息获得灵感，找到报道线索，这是记者发现报道线索的一个捷径。同样一件事，你写消息抢到了“第一落点”，我可以根据你的消息为线索跟进采访写特稿；你写的消息有遗漏信息，我就拾遗补阙；你的消息中有的事实不准确，我可以就此更正报道；你从正面报道，我就从侧面报道；你做面对面采访报道，我就做体验式采访报道；你采访了核心事实，我可以采访与之关联的外围信息或边缘信息；你报道了主要内容，我可以挖一挖边角料，搞一点幕后消息或“花边消息”；你做的消息形式单一，我可以做有新意的融合消息。其次，还可以从内容上做接力报道：你抢到了“第一落点”，我可以跟进事态的延续变化在第二步跟上你的节奏；你写的报道在角度和主题方面不够深，我可补充事实，做深度报道；你报道了新鲜的事，我可以以此为由头，挖一下它的背景，以新带旧，做新闻背后的新闻。

还可以通过其他媒体的报道展开联想，看看本地有没有与之关联的事，比如2017年北京“红黄蓝”幼儿园虐童事件形成网络热点舆情，外地的记者可以查一下本地有没有这家连锁幼儿园的“分店”，借舆论热点去实地采访一下，会发现有价值的事实；另一方面，看到外地发生了“聂树斌式冤案”，立即了解一下本地有没有类似的问题。若有，以“聂树斌冤案”为由头报道本地的“聂树斌”一样会引来受众的关注；若没有，也是好消息线索，对本地的司法机关如何做到执法公正的典型经验进行报道。

最后，对于其他媒体报道的有价值的消息，可以作为信源改写，还可以搜集多家媒体的同题报道进行综合改写，汇天下精华，这种“二度写作”可以在信息量与报道质量上超过原创。当然，必须尊重原报道版权，交代消息来源。总之，通过其他媒体的报道发现消息线索便捷高效。根据蝴蝶效应原理，一个热点事件一旦被报道出来，其余波会扩展开来，记者只要善于动脑子，便可以从其他媒体报道中发现新闻线索，从中挖掘到属于自己的珍宝。这也是记者做新闻的乐趣所在。

5. 爆料

在传统媒体时代，记者都会有一个小通讯录，里面记满了新闻来源的联系电话和地址等，线索依靠作为新闻来源的爆料人提供消息。如今，记者离不开互联网了，手机微信朋友圈、QQ好友、微博粉丝等代替了之前的通讯录。在网络海量信息中，记者能够淘到大量的新闻线索。我们在互联网自媒体上可以发现不少民众曝光自己遭遇或听闻的社会问题，平凡人物的故事值得关注，有的爆料具有重要新闻价值。对于敏感的事件，人们因为慎重不会发表在自媒体里。所以，现在写好新闻，我们依然要像在传统媒体时代那样善于在现实生活中结交朋友，现场采访是扩大线下线上朋友圈的有力途径。

美国趣味科学网站2017年12月6日刊登的消息《三百年前中国出现的血色天空得到了解释》，该消息称："1770年9月10日，中国、朝鲜和日本的天空变成了一种可怕的红色。这些鲜亮的红色极光持续了9个夜晚。如今，阅读东亚宫廷日记和其他历史文献的研究人员重新发现了这个奇怪现象，并提出了一种可能的原因：一场可以同史上最强磁暴——1859年的所谓'卡林顿事件'——相比拟的巨大磁暴。"该消息是记者从权威的消息来源——大阪大学的历史学家和天文学家早川久志处获得的。记者经常花时间与消息来源聊天，联络感情，对方不经意之间透露出来的信息也许就是有价值的报道线索。下面这篇消息就是笔者在当记者时获得新闻来源刘泽友先生的爆料采写完成的：

石河子市人民法院判决一起持续三年的医患纠纷案

石河子大学医学院一医院被判向原告支付近14万元赔偿

时间：2000年12月22日　播出：新疆台《生活大世界》

【本台记者武斌、吕林波报道】昨天（12月21日）石河子市人民法院依法判决了一起医患纠纷案。被告石河子大学医学院第一附属医院被判决向原告刘泽友支付近十四万元的经济赔偿。

原告刘泽友的女儿刘斌敏生前系石河子八一棉纺厂中学初三学生。1997年9月26日，刘斌敏在学校组织的拾棉花劳动中，因经血过多，被送往石河子大学医学院第一附属医院就治。在医院治疗三个多月后，17岁的刘斌敏死亡。刘斌敏的父母认为这是一起严重的医疗事故，但是院方和兵团两级医疗事故鉴定委员会都认定患者死于"急性再生障碍性贫血"，属于正常死亡。

今年4月18号，石河子市人民法院委托国家司法部司法鉴定科学技术研究所对刘斌敏的死因进行法医学鉴定。根据司法部鉴定意见书，石河子市人民法院认定：被告方在对患者刘斌敏的治疗过程中，确实存在延误诊断、错误诊断导致错误医疗方案的医疗行为，其过错是明显的，应当承担相应的民事责任。

在移动互联网时代，通过社交媒体建立一个无远弗届的朋友圈有助于记者拥有源源不断的新闻线索。

6. 会议

会议消息多是人们看电视新闻和阅读党报时感触比较深的，有些受众可能对此反感，主要原因在于一些会议消息程式化、套路化，没有提供有用有益的信息，受众觉得会议与自己没有关系。实际上，会议汇集了政府官员和各行各业的精英，应该是信息的富矿。如果媒体策划有方，记者有新闻敏感性，对会议消息的议程报道简短一点，删除官话、套话，语言接地气，提供与民生相关的“干货”，突出消息的信息功能，就能使消息有效传播，提高到达率。长期以来，我们的媒体是从宣传的角度报道会议消息的，缺失受众本位意识，这就导致只要中规中矩地从会议上的发言材料中摘录领导讲话的要点报道出来就行了，诸如在“强调”“要求”“指出”后面大段摘录发言之类的表述，还有用大量的篇幅和文字罗列出席会议就座于主席台上的所有领导干部的姓名、职务，没有将套话和空话转化为准确、清晰的消息语言，只求不出错就万事大吉，会议消息当然就令受众感到索然无味了。有的记者到了会场领了资料袋就聚精会神地研究领导讲话，划重点，摘录要点写消息，然后找负责会议宣传的人审核签字就算完成了任务，形成了应付差事的职业倦怠和懒散作风，把会议消息变成了例行公事。要善于在“静态”会议中察觉“动态”：做报告的人、听会的人有无不寻常言行？是否有“越轨”举动？任何变化着的细微之处都值得细究。还有，对比以往、细心观察、熟悉背景、逆向思维……在新闻角度和主题上多费思量，总有不一样的新发现。

如果记者在参加会议报道时没有好奇心，没有报道激情，即使消息发生在眼皮底下也会视而不见，听而不闻。如中共十七大结束当天，新一届中共中央政治局常委与中外媒体记者见面。因比预定时间晚了些，胡锦涛代表常委们向在场的记者道歉，这个细节体现了胡锦涛的以人为本执政理念，是过去类似场合没有出现过的。宁夏日报摄影记者王健敏感地意识到这是新闻，他快速写出文字稿《总书记一声“对不起”暖人心田》。当时，到场的中外媒体有200多家，只有王健抓住了这条新闻。在宁夏好新闻评选中，有评委说，王健在重大历史事件报道中独辟蹊径，抓了一条“大鱼”，是在重大时政新闻上的大胆突破和创新①。

2015年3月15日上午十二届全国人大三次会议在人民大会堂举行记者会，国务院总理李克强在记者会宣布结束之际，香港卫视秦枫抢先追问缅甸北部政府军与反政府军爆发军事冲突导致中国边民伤亡的问题，李克强回应称，“你问了一个让我痛心的事，在中缅边界中国居民生命和财产受到损失，向遇难者家属表示哀悼和深切慰问。中国政府已经向缅甸提出交涉，中方坚决保护中国人民生命和财产安全。”参加采访的中外记者近900名，只有秦枫提问了这个刚刚发生的、对国内受众具有重要性和接近性的问题。

7. 文献

记者是社会活动家，天天要与消息来源联系，搜集消息线索，结识人脉，扩大朋友圈。多数消息是“跑”出来的，但也有消息是通过阅读相关领域的文献资料获得的线索，如阅读论文、书籍、史志、档案、族谱、家谱等。做新闻要能跑，也要能静下来阅读研究各类文献资料，广泛阅读使记者受益无穷。

尤其是“跑口”记者，即被分配报道某一个领域的记者，要熟悉该口子的专业知识，就需要了解相关的专家、专著、论文等，关注报道领域的资讯、资料，及时阅读研究，最终成为专家型记者。英国《每日电讯报》网站2017年12月7日消息《科学家找到同性恋基因　下丘脑某些部位比普通人大出34%》就是记者通过阅读美国《科学报告》期刊发现的线索。通过阅读国外媒体的报道我们会发现，西方媒体对科技报道比较及时，也比较重视，有专门的版面，相比之下，我国内地的媒体科技报道比较薄弱，这或许与内地媒体人科技素养不足有关联。我们阅读《参考消息》第七版“科技前沿”会发现，国外记者善于从阅读专业期刊或资料中获取消息线索，适时、及时、即时报道最新的科研成果。

8. 体验

记者是一个特殊职业，没有上班和下班之分。只要有新闻的地方，就应该有记者；只要发生了新闻，记者就应该在赶往现场的路上。懒人做不了记者，缺乏韧性的人做不了好记者。在日常生活中，记者就像一艘担负着战略

① 李东梅，王健. 不忘初心，方得始终［J］. 青年记者，2016，548（12）：32.

巡航任务的核潜艇，时时保持着“战斗值班”状态，记者碰到任何新鲜事都要带着好奇心抵近观察一番，迅速判断它有没有新闻价值，是不是值得采访报道，做有心人，不分上班下班，天天保持“我在现场”的状态，不错过任何值得报道的线索。2002年，笔者被派往新疆喀什担任驻站记者近一年。有一次，有几个朋友来旅游，我陪同他们参观了名闻遐迩的香妃墓，发现了问题，于是写了下面这篇报道：

记者来信　《扩展旅游项目不应滥竽充数》

时间：2002年7月16日　记者：武斌　来源：新疆台《新闻联播》

本台特派记者武斌近日给编辑部来信呼吁：扩展旅游项目不应滥竽充数。

来信说，7月16号，记者陪同一个旅游团队参观喀什香妃墓时，每人29元的门票包含了四个景点，即香妃墓、古代文物展、香妃果园和民居民俗风情展。参观结束后，游客认为，除香妃墓的14元门票物有所值以外，其余3个新增景点各花5元门票不值得一看。

新增设的古代文物展室里陈列的文物太少，没有相关资料，也没有人讲解，看过之后没有什么印象。今年增设的所谓香妃果园创意不错，但名不副实。宣传单上说，进门之后可以尽情享用水果，欣赏民族歌舞。游客进门才发现，果园像个农家院子，树上的果子都没有成熟，游客们得到的不过是每人一块不甚新鲜的西瓜，而所谓的民族歌舞不过是一个双人舞和一个独舞，表演水平很业余。最后一个民居民俗风情展厅拉着窗帘，挂着门帘，进去之后发现它的面积不过40多平方米，除了民族风格的室内装饰，几小碟质量不好的干果，没有令人留恋的东西，门口招徕游客的少年甚至连手鼓也敲得不成调。

一位姓周的游客告诉记者：依托著名的香妃墓开发、延伸旅游项目并没有过错，但是这种开发决不能以追逐利润为目的，应该丰富和提升主景点的文化内涵，给游客以实实在在的精神享受。

假如记者只把新闻工作当成一份差事，没有责任感与使命感，只求完成当月的工作量就万事大吉，那么这个人肯定不会有作为，不是一个合格的记者。

03
第三章

消息的基本特征：真实与新鲜

辨别真相的责任更多地落在了我们每个人的肩上。我们正成为自己的编辑，自己的把关人和自己的新闻聚合器。

——［美］比尔·科瓦奇，汤姆·罗森斯蒂尔美国电影《聚焦》获得了2016年奥斯卡“最佳影片”奖，它改编自一段真实的故事。2001年到2002年间，《波士顿环球报》“聚焦”栏目的6名编辑、记者克服重重阻力追查天主教牧师性骚扰儿童的事件。电影《聚焦》的制片人妮可·洛克林在接受《南方周末》记者采访时认为：“社交媒体并不是新闻报道，那是人们分享的平台。在社交媒体上，每个人对每件事都可以发表看法，但并不代表每个人所说的都是真相。”妮可·洛克林还说：“我觉得因为有了社交媒体和网络就不需要记者的想法是很可怕的。没有记者，你如何知道事件的真相？我有工作，有孩子，没有时间去自己调查真相。我们需要记者，因为我们需要真相。”①

第一节　真实是消息的生命

真实是新闻的生命，是新闻的本质特征。2017年12月1日，美国广播公司（ABC）放出重磅消息称，曾在特朗普政府中担任总统国家安全事务助理的迈克尔·弗林将指证特朗普于大选期间指使其与俄罗斯方面接触。此消息一出，美股美元双双下跌。不过，事后ABC发出声明表示报道有误，在当选为总统后，特朗普才下达了上述指令。据《纽约时报》2017年12月3日消息，负责该报道的ABC首席调查记者罗斯（Brain Ross）遭停职停薪4周。ABC周六（2日）发表更正声明称：“我们非常遗憾，并为我们昨天犯下的严重错误致歉。”“这篇由罗斯在特别报道中所播报的新闻，未通过符合我们编辑标准的全面的审查。”在ABC公布声明之后的几个小时，特朗普发推赞扬ABC

① 王菲宇．“你以为性侵幼童的牧师会被绳之以法？”专访奥斯卡最佳影片《聚焦》制作人妮可·洛克林［J］．南方周末．2016-04-28（E25）．

对罗斯进行停职停薪的处罚。他称该消息为“骇人听闻的错误和不诚实”，是无止境的有关于俄罗斯问题的政治迫害。特朗普还称更多的网络新闻机构和报纸应该这样处罚他们的“假新闻”。美国ABC的假新闻其实与媒体的意识形态有关，因为代表精英阶层利益的美国媒体更希望希拉里·克林顿上台执政，所以才会出现对特朗普捕风捉影的假新闻，这与媒体对事实的选择性相信有直接关联。假消息为什么屡禁不止？原因多种多样。

1. 媒体偏见歪曲真相

2007年3月5日北京“两会”期间，《新京报》报道了一条趣闻《李肇星帮记者揉冻僵的脸　外交家风采折服记者》，该消息称：“当时，一个记者提问时说话结结巴巴。他解释说，天儿冷脸冻僵了。李外长马上微笑着伸出手抚摸了两下他的脸。这一亲切举动引起记者们的赞叹声。”从该消息配发的新闻照片看，李肇星抚摸的是一位男记者的脸。不料，新加坡的联合早报网站同年3月9日同题的消息却变成了《摸女记者小脸　李肇星美名扬》。

京华时报摄影记者张斌拍摄的照片显示，李肇星摸的是男记者的脸

新加坡联合早报网引自台湾《联合报》的消息有意扭曲细节，丑化李肇星的形象，其职业操守令人不齿。我们对比《京华时报》的消息照片，不难发现，李肇星抚摸的是一位男记者的脸，李肇星左手当时正拿着一本杂志。台湾《联合报》的消息没有配照片，用词暧昧，如“伸出双手摸了女记者的脸颊”“帮女记者揉脸”。台湾《联合报》有意歪曲真相炮制假消息，新加坡联合早报网对该假新闻不核实、不验证，事后这两家媒体都没有公开道歉，违反新闻职业道德。

《联合报》创立者王惕吾先生曾经在《我与新闻事业》一书中写道：“读者在报上读到的，应该是事实，纯纯正正的事实。如果报道有错误，宁可是记者职责上的疏忽，而不是记者道德与工作伦理上的过失。”[①]对比王

① 沈征郎. 实用新闻编采写作［M］. 台北：联经出版事业公司，1997：4.

惕吾先生的这段话，联合报制造假消息的记者、编辑不感到羞愧吗？按照新闻业的伦理规范，媒体报道了假消息应该公开道歉并承担责任，就像本节开头美国ABC的做法那样。中国新闻学的开山祖徐宝璜先生在他撰写的中国第一本新闻学专著《新闻学纲要》（1919年12月由北京大学新闻学研究会出版）中就这样说过："新闻事业，为神圣事业，新闻记者，对于社会，负有重大之责任。彼以颠倒是非，博官猎贿，或专以致富为目的而办新闻纸者，乃新闻事业之罪人也。"①新闻媒体只有坚持真实性的原则，才能为社会大众所认可，拥有公信力。

2. 利欲熏心虚构消息

要避免新闻失实，记者的职业道德素养很重要，必须有一颗为公众服务，做公众代言人的责任感和使命感。每一次报道都应做慎重细致的采访，搞清楚事件的来龙去脉，站在客观的立场，报道事实，维护新闻的公平和正义。如此，记者才能成为社会进步的推动者，无愧于"社会的良心"。

2009年5月15日，吉林《新文化报》以《钱被风刮跑以后》的标题炮制了一篇假新闻：5月12日，长春，天气晴，西北风4到5级。小杨的2.8万元购房款被风给"盯"上了，其中8000元钱瞬间被风卷跑。遍地百元大钞引来10多人哄抢，5200元被人捡走。看完这1132字的消息你会发现，它连基本要素都不清晰，如主人公没有名字、没有提供目击证人、没有精确的地点……

俗话说：真金不怕火炼。如果记者（通讯员）写的报道信源交代不清，把关人应提出疑问并核实，以免消息失实或有意造假。消息来源是衡量消息真实性的尺子。

3. 捕风捉影无中生有

按照新闻采写职业精神，消息报道应该以追求事实真相为目的，力求客观、公正、平衡、中立，不带有记者的情感和观点。新闻真实需要记者从采访中获得第一手材料，对于亲历者、目击者提供的第二手材料要进行验证，对于知情者提供的第三手材料更要质疑并验证。对于没有核实的材料，记者要始终"不相信"。为体现真实、公正，记者应该在消息中提供准确、清晰的消息来源，这些明晰的材料出处有助于媒体和公众溯源查证，杜绝记者编

---

① 徐宝璜．新闻学纲要［M］．上海：上海书店出版社，2011：6.

造消息。故意制造假消息是记者职业道德的耻辱。

《成都晚报》2008年10月7日在第17版刊登了主体内容为“李厚霖与李佳薇九月末在北京结婚”的爆炸性消息，因为当事人双方都是名人，新闻价值具有显著性，于是颇具吸睛效果。当事人双方很快否认了，这是一篇彻头彻尾的假消息。我专门查找了这篇消息，问题就出在“记者从有关渠道获悉”上，这个“有关渠道”是什么渠道？记者没说。既然这篇假消息的来源是新加坡媒体的报道，记者就应该注明是从新加坡的哪个媒体转载的，出错后可以减轻自己的责任，以证不是自己故意造假。此外，对这样的消息很容易核实，打个电话问一下当事人不就清楚了？

4．煽情想象虚幻事实

消息被称为“纯新闻”，指的是消息要恪守客观性原理，记者只呈现事实，不掺杂个人情感和观点，用第三人称，用叙述手法，用消极修辞，不用积极修辞。广西《当代生活报》2012年3月2日新闻《明山上演“人蛇情未了” 获救蟒蛇多次返回》长达1868字，使用了第一人称，采用拟人化的手法讲述了发生在武鸣县两江镇201国道大明山路口一名农夫吴正标救助一条受伤蟒蛇的故事，情节荒诞不经，分不清是小说还是新闻。我们来看其中一个片段：

> 我多想告诉老吴我得的是什么病，我多想告诉他，我为他所做的一切而感动，可我实在做不到……
>
> 昨天，我努力爬出了笼子外面。其实，我是想证明给老吴看，让他看到我还有力气，不要他太为我担心。可是，我真的太累了，真的爬不动了。老吴又把我搬到了笼子里，他们父子俩轮流给我喂温开水，还给我盖上了棉被。
>
> 真暖啊！多暖的一个家啊！
>
> 至此，我还有什么奢求的？
>
> 如果找不到治我病的良方，如果我不幸就此离去，老吴，你也不必太难过，天堂里，我会记得你的好！好人一路平安！

腾讯网新闻频道转载了这条消息，珠海市网友Dima波（2012年3月3日10：33：44）留言：“很敬佩老吴，还有他的家人和儿媳妇！可是怎么可以用蛇的口吻来写故事呢，它只是出于一种动物的本能，作者赋予它思考的能力也未免太主观了吧，建议新闻报道要尊重客观事实，绝不可妄自猜测蛇的思想活动。”支持这条留言的有56人。我同意这位网友的观点，对其新闻素养表示赞赏。心理活动是人类才具备的，说白了，该消息是记者自己的心理活动，这样描写蛇的“内心世界”显得荒诞离奇，分明是神话故事。不要说写蛇的“心理活动”了，即便是写人物报道，对人物的心理活动的描写也必须是采用当事人的叙述，最好使用直接引语。更荒唐可笑的是，记者竟然使用了蛇的“直接引语”：“真暖啊，要是在野外也有这样的条件多好啊！”在消息报道中使用直接引语能突出消息的真实性、活跃文风，彰显人物的情感个性等，但基本要求是必须完全真实，是当事人的原汁原味的话，不得臆造。蛇怎么能说话？令人不可思议。此外，这篇报道没有清楚地交代消息来源，这也是消息写作的大忌。

这样的报道有违新闻报道客观真实的法则，不值得提倡。“希望得到真实信息，这是人类的基本欲求。因为新闻是人们了解和思考自己身处世界的主要依据，所以有用和可靠成为最受重视的素质。……真实会带来安全感，因为安全感来自知晓。真实是新闻的本质。”①

5. 虚拟事实误导受众

《现代快报》2008年10月9日发表的1288字消息《南京医学家尝试提取DNA“复活”千年女尸》，标题很吸引人，但看完导语才知道，这项尝试一年前就已经失败了。也就是说，真相是不存在“复活”千年女尸的可能性。如果记者在科研人员尝试提取古尸DNA失败的当时发一篇300字左右的短消息还行，事情过去一年了，本身这件停留在构想上的一次科学实验就没有多大新闻价值，再浓墨重彩地渲染，且用虚假的标题和故意含混的导语误导受众，让人误以为这件事正在发生且成功了。

按照美国学者盖伊·塔奇曼的观点，新闻是建构的现实，“新闻应该关注那些可被认知的事件。因为社会态度和职业规范对新闻工作者产生社会化的影响，所以新闻工作者必然会采访、选择并传播那些被认为是具有趣味性或重要性的事件。新闻工作者的这一功能使得新闻报道能够反映社会，而新

① 科瓦奇，罗森斯蒂尔．新闻的十大基本原则［M］．刘海龙，连晓东，译．北京：北京大学出版社，2014：43．

闻给社会提供了一面镜子，从中反映出社会所关注和感兴趣的东西。”①盖伊·塔奇曼的话启示我们，新闻是记者建构的现实，是“被认可”的真实的现实。做新闻要关注传播效果的社会意义，“用新闻影响今天”（李大同），对公众有用、有益。故弄玄虚、装腔作势的消息是在愚弄和欺骗受众，伤害媒体公信力。

6．求证不足混淆真假

对于记者而言，不偏听偏信，始终带着质疑的眼光观察现实，探求真相是职业素养。要保证消息写作真实首先得把好采访这一关。在采访中，对于亲历者、目击者提供的第二手材料和知情者提供的第三手材料，记者不能带着偏见和成见轻信，必须通过独立的信源进行核实验证，采访其他消息来源经过求证后，才能在交叉证据中做出准确的事实判断，杜绝虚假消息。对于专业问题应采访权威专家才有说服力。

红网2006年3月6日《湖南78岁老太怀孕了？当事人自信老来得子》就是一篇道听途说、不加验证的消息。该新闻记者采访十分粗放，当事人的名字叫周玉梅，却被写成了朱玉梅。可见该记者的新闻素养严重不足。按照科学的解释，多数女性过了50岁就会绝经，妇女绝经后是不可能怀孕的，78岁的妇女竟然能怀孕，这不是天方夜谭吗？由此可见记者缺乏知识修养，影响了对事实的判断。即便不懂这方面的常识，在互联网上查一下不就明白了？翻阅医学书籍也可以得出正确的判断。记者对消息采访写作专业技巧十分生疏，面对专业性强的问题，自己拿不准，应该采访权威的妇产科专家对此现象做一个验证，提供科学的解释，遗憾的是，湖南这家媒体竟然采访了一个镇卫生院的医护人员就下结论：这名妇女“怀孕的可能性极大”。记者对其姓名身份都没有准确清晰的介绍，这种模糊不清的信源就更令人难以置信了。究竟记者是否采访过“镇卫生院的医护人员”，只有记者自己知道。

记者不经过权威的认定，也不做全面深入采访，任凭当事人自己说什么就是什么，听风就是雨，貌似客观，其实是偏听偏信，制造兜售虚假消息。潇湘晨报记者为了弄清真相，邀请长沙市妇幼保健院VIP国际妇产中心主任丁虹来到周玉梅家，用医学仪器和一系列设备为周玉梅进行了检查。经过检

① 塔奇曼．做新闻［M］．麻争旗，刘笑盈，徐扬，译．北京：华夏出版社，2008：173.

测，丁虹肯定地说，周玉梅腹部鼓胀处是寸余厚的脂肪层，她只是变胖了，没有怀孕，“老人应该是吃了某种含有激素的食物，才使身体重现年轻女子的某些迹象”。听医生这么一说，老夫妻恍然大悟。原来，去年9月，他们的小女儿买来一些鹿茸片孝敬他们，周当时吃了很多，后来慢慢就越来越爱吃肉，尤其是肥肉。丁虹表示，导致老人“怀孕”的原因找到了，应该就是鹿茸片。鹿茸能刺激食欲，老人吃肉吃得多，脂肪积淀在腹部，导致腹部鼓胀，走路时就能感觉到肠胃蠕动，自己就误以为怀了孕。真相大白，这条虚假的消息才“寿终正寝”。

该消息启示我们：记者的知识素养和专业素养对于辨别真相是多么重要。记者应该成为一个终身学习的人。“颇具讽刺意味的是，今天投入到寻找真实这一努力中的力量在很多方面要比过去更多，因为今天可获得的信息太多了。可以将其称为信息时代的获知悖论（paradox of learning）。当信息供过于求，即输入的信息过多时，获得知识不是变得更简单，而是更困难。一个人必须处理更多信息才能把事情弄明白。我们得到的知识可能更深、更好，但是它也可能会更加专业化。”①

7. 有闻必录真相缺失

“新闻报道不仅赋予自然事件以公共事件的存在方式，而且还赋予其特征，因为新闻报道通过对事件特殊细节和‘特色’的选择性披露，帮助公众形成了关于事件的定义。新闻给新闻消费者提供选择性的细节。”②2011年12月12日，网上疯传的一段视频称江西一热衷麻将的女子车祸中成了植物人，家属喊“三缺一”将其唤醒。对于这样一件离奇的事，记者要核实求证。在高科技条件下，图像造假并不是难事。传统媒体可将其视为消息线索，最好是派记者到现场去采访求证，而且还要多方核实，要采访专家对这件事做出的科学解释，搞清真伪。城市信报的记者竟然采用了看网上单一信源的视频代替采访的做法写了一篇消息《麻将女车祸中成植物人　家属喊“三缺一”唤醒她》，其消息来源是当事人的妹妹。一般而言，记者在现场耳闻目睹获

① 科瓦齐，罗森斯蒂尔. 新闻的十大基本原则［M］. 刘海龙，连晓东，译. 北京：北京大学出版社，2014：57.

② 塔奇曼. 做新闻［M］. 麻争旗，刘笑盈，徐扬，译. 北京：华夏出版社，2008：179.

得的材料最可信，最不可靠的是匿名的消息来源。记者对第二手、第三手信源提供信息的真实性要求证核实。

涉及专业领域的问题应采访相关的专家。作为负责任的媒体，不应该如此草率，如果当事人的妹妹说话言过其实，记者和媒体都要为丧失公信力而承担责任。即使当事人的妹妹说的是真的，按照消息写作客观性的操作规范，也应该补充采访相关当事人和专家，如女士的丈夫、其他了解此事的亲属、专家等，目的在于坐实消息的真实性与准确性，让受众相信，取得良好的传播效果。消息来源在很大程度上决定着消息的真实性和准确性，事关传媒声誉。职业新闻记者协会（SPJ）关于"新闻来源"的规范是："任何可能的时候，都要指明新闻来源。公众应该有尽可能多的信息来判断新闻来源的可靠性。在承诺新闻来源匿名之前，永远要质问一下新闻来源的动机。要对为换取新闻而做出的承诺中各种可能的情况都做出清楚的说明，一旦承诺，则保守诺言。"

8. 浮皮潦草消息失真

新闻工作需要高度的责任心，粗心大意，作风浮皮潦草出现失误，会严重损害信息发布者的公众形象和社会公信力。陕西榆林公安2013年10月18日微博发消息称："10月18日，延安市洛川县一废弃房内发现一无名女尸，年龄约四十岁，上身穿深红色绒料长裙，下着肉色丝袜，脚穿黑色高跟鞋，头发稍黄带白色雕花发卡，脖子戴白色珍珠项链一条，左手戴一白色手镯。陕北口音，自称榆林吴堡人。"

类似的失实消息不胜枚举，如还有媒体将中外国家领导人姓名弄错的事故等，凡此种种都提醒每一个人：要严谨负责地对待自己写下的每一个字，公之于众之前，必须审查核实，确保准确无误。

9. 锦上添花夸大事实

宣传思维会导致记者锦上添花，却也使新闻背离真相。新华网2016年5月16日刊发一组图片《新婚之夜抄党章　南昌铁路局这对夫妻引热议》，其文字消息称："南昌西供电车间助理工程师李云鹏、检修车间助工陈宣池新婚之夜，铺开纸张，工整地抄下党章，给新婚之夜留下美好记忆。"该消息迅速引发网友围观热议，成为网络舆论热点。笔者细心观察发现，在四张图片中，前三张新娘涂抹了红指甲，到第四张两双手都没有涂红指甲了，不知是谁的手，由此可以判断该图片新闻有摆拍造假的嫌疑。

《内江晚报》2017年1月10日刊发记者唐泽学写的消息《盖新被穿新衣，31户困难居民温暖过冬》，导语是：

“这新被子好暖和，晚上盖着一定很舒服！”日前，市中区三八街46号居民赵全贵从社区网格员手中接过被子后满意地说。

第二自然段主体部分却与导语自相矛盾：

据了解，今年62岁的赵全贵是一名哑巴，一直未成家，生活比较困难。前不久，市中区城东街道箭道街社区网格员入户走访时，发现赵全贵床上的被子有点单薄，网格员看在眼里，记在心上。

上述消息从2017年1月17日起被网友截图并热传微博和朋友圈，引发网友关于“哑巴群众开口说话”的争议。中国青年网官方微博评论质问：“哑巴群众也能开口说话？到底是稿件有误还是新闻造假？”2017年1月18日内江晚报社发表致歉声明。

据当地媒体解释，该消息并非虚假报道，哑巴赵全贵是用笔写字表达内心情感的。报道配发的图片说明送被子这件事是事实。出现这样的乌龙消息对媒体公信力是莫大的伤害，失去了信誉，说真话都会遭到怀疑。真实性是底线，不可逾越。

第二节　新鲜是消息的竞争力

西方新闻界常说，“今天的新闻是金子，昨天的新闻是银子，前天的新闻是垃圾”，“新闻只有24小时的生命”。消息是“文化快餐”，新鲜才可口，新鲜才有营养，受众才喜欢。在网络传播时代，人人都可以用手机在自媒体上发表消息，“快”比以往任何时代都显得更为重要。消息的主要功能是传播信息，真实与新鲜是其两大本质特征。

1. 时间新鲜

在事件发生的时间和报道的时间之间找到最近的“时间点”，如“现在”“此刻”“刚刚”“今天”“昨天”“几月几号”等等，最好不用“最近”“近日”“日前”“前不久”“不久前”“一段时间以来”“本月初”“今年第一季度”“今年以来”等等不精确的“时间段”。对于重大消息，如宇宙飞船发射、运载火箭发射、特重大事故等要精确到“某月某日几点几分几秒”。在新媒体时代，时新更是事件消息的突出特点。宁抢快一分，绝不迟滞一秒。在人人都是传播者的自媒体风行的当下，谁报道事件消息最快，谁就拥有了话语权。慢半拍就是在扼杀消息的生命。在信息溢出的时代，速度意味着新鲜，新鲜赢得受众。消息的时间新鲜体现在突发事件报道上。突发事件指的是天灾人祸，往往造成人员伤亡，对人们的心理带来冲击，引人关注，具有时新性和重要性的新闻价值，第一时间报道有助于安抚民心，稳定社会，使灾民得到及时救助，减少生命损失。美国加利福尼亚州2014年3月发生4.4级地震，《洛杉矶时报》的地震新闻自动生成系统在收到美国地质勘探局发出的地震信息后，将数据输入事先准备好的模板，仅用了3分钟就“写好”一篇消息发表在该报的网站上。

2. 题材新鲜

消息的新鲜还指题材新鲜。有的事件发生的时候因为各种原因没有及时报道，但由于题材不为人所知，记者在事后获悉了事实真相，发现其内容对于受众而言仍是想知道而不知道的事实，仍然值得报道。如《法制晚报》2017年12月6日消息《媒体披露给田亮压分的领导　原来是大名鼎鼎的她》，该消息称：“12月3日，最高检内刊《方圆》杂志刊发了一篇名为《中国体坛高层触目惊心的腐败》的文章。文章揭露了中国体坛众多贪腐乱象与‘潜规则’，其中关于田亮和领导‘交恶’的内容十分惹眼。记者通过梳理发现，这位与田亮不和的领导，正是今年11月刚刚出任中国游泳协会主席的周继红。”这篇消息报道的内容是12年前的“陈年往事”，但由于涉及人们不知道的体坛“腐败”，当事人又都是中国体育界大名鼎鼎的公众人物，因此仍有报道价值，受众对此类过去没有报道的旧事依然有阅读的兴趣。值得注意的是，这样的报道最好找一个新鲜的由头，要么由近及远，要么以新带旧，如本文的时间由头是“12月3日，最高检内刊《方圆》杂志刊发了一篇名为

《中国体坛高层触目惊心的腐败》的文章”，这个时间就比较新鲜，是新近发生的，用它来引出旧事体现了消息求“新”的写作技巧。

1976年7月28日唐山大地震造成重大人员伤亡，但我们当时没有报道死伤人数。到了1979年，新华社消息《唐山大地震死亡人数24万2千多人》才公开了伤亡人数。从时效性上看这是典型的迟报消息，因为距离事发时间已经过去3年了。当然，这不是媒体的过错，而是基于当时特定的政治环境。现在重温这条消息，了解其幕后的信息披露过程，仍然要佩服记者的敬业精神，他是通过反复劝说得到中国地震学会秘书长的同意才发稿的。

唐山大地震死亡人数24万2千多人

新华社大连（**1979年**）**11月22日电**（**记者　全晓书**）在1976年7月28日发生的唐山大地震中，总共死亡24万2千多人，重伤16万4千多人。这两个数字是唐山、天津、北京地区在那次地震中死伤人数的累计。这是11月17日至22日在这里举行的中国地震学会成立大会上宣布的。

唐山地震的震级为7.8级，震中烈度为11度。地震发生的地点是人口密集的工业区，发生的时间是3点42分56秒（北京时间），正当人们沉睡的时候。地震部门事先未能发出预报。由于这些原因，它所造成的损失是很严重的。

该消息写作上不够专业：其一，由头不新鲜；其二，结尾最后一句话是记者个人的意见；其三，伤亡人数不精确。按照消息写作的规范，宜写成下面这样：

中国地震学会成立大会今日透露唐山大地震伤亡数字

死亡人数24万2千多人　重伤16万4千多人

新华社大连（**1979年**）**11月22日电**　记者从今天闭幕的中国地震学会成立大会上获悉，在1976年7月28日发生的唐山大地震总共死亡24万2千多人，重伤16万4千多人。

这两个数字是唐山、天津、北京地区在那次地震中死伤人数的累计。

中国地震学会透露，唐山地震的震级为7.8级，震中烈度为11度。地震发生的地点是人口密集的工业区，发生的时间是3点42分56秒（北京时间），正是人们沉睡的时候。

地震部门事先未能发出预报。

导语开头以“记者从今天闭幕的中国地震学会成立大会上获悉”就把该消息的时效性凸显出来了：“今天”对受众而言是最新鲜的报道时间点。记住，硬新闻导语要突出新闻时间要素和题材的新鲜，体现新闻价值。

04

第四章

消息报道的思想与角度

大多数人能想到、能做到，而你想不到、做不到，就当不了记者。大多数人能想到、能做到，而你也能想到、做到，可以当记者，但不一定是一个好记者。唯有大多数人想不到、做不到，而你能想到、做到，那么你就能当一个好记者。

——郭超人

我国已故著名剧作家曹禺有一次在对比自己接受国内媒体和国外媒体记者采访的一些感受时说："我在美国的那些日子，几乎天天要接待新闻记者来访，多的时候一天来五六批记者。他们的采访都要受到有关方面规定的时间限制，很严格，一般一次采访不得超过半小时到40分钟。这就使记者不可能什么都问，不可能搞'马拉松'式的谈话。给我印象比较深的是《纽约时报》一个记者的一次采访。他很有目的地只提了几个问题。过后，他在报纸上先后发表了三篇文章。文章里谈了许多我意想不到的事，而且事实没有出入，材料准确无误。不难看出，他在采访之前是做了许多研究工作，看了不少书籍和资料的。有的记者采写一个人物，往往寄全部希望于同采访对象做无休止的谈话，然后把谈话内容一股脑写进文章里去，等于是一篇谈话资料的堆积，我看这不是个好的方法。"曹禺所称赞的美国记者"做了许多研究工作"，实际上就是记者按照明确的报道思想做好了采访前的准备。曹禺先生说对方的报道"谈了许多我意想不到的事"，这也与美国记者的报道思想和报道角度有关系。

第一节　明确报道思想

1. 助益采访

采访决定写作，新闻报道的原则是客观真实，即所有的材料必须是通过记者采访核实获得的。每篇新闻都是记者根据报道思想对采访搜集的材料进行提炼建构的。所谓报道思想就是记者在获得新闻采访线索之后，凭借新闻敏感对新闻价值做出准确判断，确立选题，找准焦点。报道思想贯穿于记者采访前的准备及写作的整个过程之中。初学新闻采访写作的人会将新闻采访与写作分成两个领域，似乎采访是采访，写作是写作，这是误解。有学校的校刊竟然对学生记者这样布置任务：一人采访，另一人写作，这种将采访和写作分开的模式十分荒唐。其实，新闻采访是为新闻写作而进行的特殊的调查活动，明确了报道思想，思考清楚要写什么，记者才能在截稿时间压力下，用最少的时间完成高质量的采访。如果采访前对报道目的不明确，不知道要写什么，采访就会花费更多时间，记者心里没底，就会用海量的提问为自己壮胆，担心万一缺失了什么问题，回去没法写好报道。即便海捞了大量素材，因为报道思想不明确，没有找到焦点，记者同样不知道如何选取素材，如何组织素材，毕竟报道思想是建构新闻的灵魂，素材要围绕记者的报道思想来取舍。

笔者对此深有体会。记得刚当记者时，我被分到一家广播电台的农村节目组。第一次被派往当地的畜牧厅采访。领导布置的任务是联系畜牧厅办公室主任并从他那里获取最新鲜的畜牧业发展动态，包括典型人物、典型经验，然后确定报道选题。我忐忑不安地去了畜牧厅，听完我的来意，热心的办公室主任将一摞基层汇报的材料递给我。我逐页查看，然后摘录各地发展畜牧业的新动态、涌现的典型人物、汇集的典型经验，就这样整整摘抄了一个上午，把一本新采访本用掉了一半，觉得什么都重要，但不知道要采访什么，一上午都处于紧张和焦虑之中。中午我只好带着沮丧返回媒体，主任问我采访做得怎么样，我只好如实汇报，把摘录的笔记资料拿给他看，他翻了翻说，没有什么亮点。可能他觉得我是新手，没有采访经验，也不懂得农业新闻线口上的专业知识，因此没有批评我。第二次我被派往水利厅采访当时正在全地区实施的农村饮水工程建设方面的问题，领导同样没有给我布置具体的采访选题，只是要我去找办公室的人聊聊，向相关工程建设的负责人和技术人员了解一下情况，看有没有值得报道的线索，如果有，就确立主题，然后采访报道。

我从水利厅办公室获得了相关总结材料，翻了一遍，不知道如何确立主题，也就无法采访。接着，我找到了总工程师，他十分健谈，我不知道报道什么，也就不知道该问什么，好在这位老知识分子主动向我介绍情况。他把自己在一线的调查和体验娓娓道来，说得十分详尽，我只顾埋头记，不知道哪些重要，哪些不重要，故有闻必录。我记得他最后话锋一转，突然告诉我他在验收工程时发现了不少地方存在偷工减料、以次充好的现象，他对此深表忧虑，不仅给我讲了案例，还讲了他对防止这类问题的思考。按理说，这才是最好的选题，事情反常、新鲜、闻所未闻，牵涉到巨额投资被不法企业中饱私囊，对于当时正在进行的工程具有典型的反思价值，关系到国家、集体和农民的利益等，新闻价值重大。但我当时没有报道经验，对这条新闻价值重要的“活鱼”视而不见，眼睁睁地看着它“游”走了。我只是听老工程师介绍情况，自己专心记录，结果记录了几十页素材，零零散散的，哪一个作为报道主题都不完整、不全面、不深入，回去后把笔记看了又看，写出来的报道送上去就被审稿的主任“枪毙”了，关于水利工程中损公肥私的问题也被我忽略了，最终不了了之。

记者的报道思想并非一成不变，它还得经受采访实践的检验。因为记者采访前确立的报道思想毕竟建立在信息不完整的线索之上。有时，记者获得的线索被爆料人夸大了，甚至扭曲了，误导记者做出了错误的思考，这样得出的报道思想与事实不符，当记者在采访中发现这个问题时，就要灵活应变，不能刻舟求剑。笔者有一次从一家都市报获得的采访线索是某企业发明的一种治疗近视的保健口服液多次在国内获奖，但因为缺乏生产资金，厂子不得不关门了。我认为这件事值得报道，起初确立的报道思想是关注科研成果转化中遇到的阻力，通过报道真相，唤起职能部门的注意，有助于解决矛盾，造福社会。但是，通过全面深入的采访，我发现那家都市报的图片新闻并不准确，它仅仅采访了厂长一人，听信了一家之言，失之偏颇，与真相不符。实际上，该厂长独裁专制，将某领导批示获得的350万元经费用于买奖杯和获奖证书，还用于个人的享受，根本没有用于生产经营，所谓获得国内多项大奖的“高科技产品”是假的，这是导致企业关门的重要原因。于是，我改变了之前确立的报道主题，对该企业负责人营私舞弊、挥霍浪费公款的事实予以揭露。

2. 助力写作

明确报道思想最终的落脚点是为了提炼主题，写好报道。采访结束后，记者通过对采访获得的材料进行梳理做出判断：之前确立的报道思想中是否突出了新闻价值？是否需要修正？面对丰富的材料，记者首先要考虑清楚，按照消息一事一报的要求判断自己获得的材料究竟可以写几篇消息，不要简单地把所有材料堆积在一篇消息中。应量体裁衣，不浪费素材。时效性强、新闻价值重要的先写，次要的后写。找准消息的焦点，想清楚“写什么”再动笔。报道主题的确立是记者的报道思想从宏观到微观的过程，是记者精确把握消息传播效果脉搏的最终的穴位。一旦报道主题得到了确认，如何按照主题组织采访的材料就变得清晰了。接下来记者要思考的问题是怎么写，即采用哪种结构最佳？采用什么角度？导语如何构思？是否需要引语？消息写多长？思路清晰了，写作才能速度快，质量高。在消息写作中，六要素（何人、何时、何地、何事、何因、如何）最核心的要素是“何事”，整篇消息的其他要素都是围绕这个中心展开的，消息主题要聚焦于“何事”要素，将与之直接关联的事实准确、完整、清晰地呈现给受众。

在确定报道主题时，我们要始终遵循消息写作主题建构的要求：一事一报（一人一报），即消息的主题要集中，一篇消息一个主题。提炼主题有哪几个思考路径呢？

（1）根据受众的需求提炼有用的信息

消息最突出的功能就是传播事实信息快速、高效。既然如此，我们在提炼消息主题时，首先要考虑受众的需要是什么？是否将对受众有用的信息以简明扼要的方式传播出去了？中国新闻网2017年12月22日消息《浙江绍兴助力全域旅游 37处景区向全球游人免费开放》有864字，但却没有把受众需要知道的信息清晰、完整呈现出来，其中609字是多余的，都与主题无关。该消息的主题应该是向受众传播绍兴37处国有景区向全球游客免费开放的准确、清晰、完整的信息，遗憾的是，记者只将37个景点中的3个罗列出来，另外34个则踪影全无，这样写消息就失败了。对受众而言，最想知道的就是绍兴市政府将开放哪37个景点，把这37个景点的名称告诉受众，然后附带交代一下这将给受众省去多少门票钱就够了。消息传播的对象是受众，媒体应该以受众为本位，把受众的冷暖、安危、关切放在心上，以提供有用有益的信息为己任，真诚地为受众服务，只有这样，消息才能受到关注，才有良好的传播效果。

（2）从受众的兴趣点提炼事实

一群人私下里通过关系办了假记者证，其中有名人明星。受众会对什么人感兴趣？肯定是身份显赫的人，不会是大家都不认识的普通人。这就是所谓“名人效应”，名人的事大家自然会有好奇心，会感兴趣，会关注，这是社会的普遍心态。作为记者，碰到公众人物和普通人混杂在一起的事件，要慧眼识珠，把名人挑出来说事。“万绿丛中一点红”，名人碰到了丑事，那就是大消息。以中国新闻网2012年12月3日消息《“最牛记者”贵州茅台董事长袁仁国记者证被注销》为例，从标题上看，记者找到了该消息的焦点：大名鼎鼎的贵州茅台董事长袁仁国竟然混在记者的队伍里，这肯定是大消息，值得报道。但在内容写作上记者却模糊了这个焦点，眉毛胡子一把抓，先写比袁仁国“分量”轻得多的10个无名小卒，最后一段才提到袁仁国，这就太缺乏专业素养了。笔者的修改如下：

贵州茅台董事长袁仁国记者证被注销

据中国记者网消息，此前被网络曝光为中国“最牛记者”的贵州茅台董事长袁仁国被注销记者证。

中国记者网公告栏《关于〈消费日报〉持记者证人员名单的公示》称：“经初步核实，消费日报社通过报送虚假材料，违规为企业人员袁仁国申领新闻记者证，并连续多年违规为其办理年检手续。”

一个月前，有媒体报道，在记者的队伍里，竟然有一位知名企业的老总，他就是贵州茅台董事长袁仁国。为何这位大名鼎鼎的企业家持有记者证，其“供职单位”《消费日报》给予的解释是在很多年前，袁仁国作为特约记者给报社供稿。而网上流传的袁仁国记者证照片显示，袁仁国记者证发证时间是2009年，2010年、2011年和2012年都做了年检。

另据中国记者网公告：新闻出版总署已责令消费日报社注销了其他10名已经调离新闻采编岗位人员违规持有的新闻记者证，并对消费日报社立案调查，将根据调查结果依法做出相应处罚。

主题应集中曝光袁仁国通过《消费日报》非法拿到了记者证，聚焦于袁仁国一个人，将最后一个段落作为报道的焦点，其余的不知名的人物在结尾提一笔即可，或者单独将那10个人物的事写一条简讯。原文把他们罗列在消息里，冲淡了主题，使消息的焦点变虚。原稿另一个失误是没有导语，应该提炼的导语是——据中国记者网消息，此前被网络曝光为中国“最牛记者”的贵州茅台董事长袁仁国被注销记者证。此外，“最牛记者”为网络用语，按照消息客观性报道原则，慎用形容词和副词的最高级，标题宜修改为《贵州茅台董事长袁仁国记者证被注销》。该消息原作的失败提示我们：作为记者，要具备良好的专业素养，别错过了事实信息中的“焦点”。

（3）在消息报道中彰显人文关怀

消息应关心人、关怀人，体现人文关怀精神。人文关怀精神是一种以人为本的精神，强调张扬人的个性，追求人与自身、人与社会、人与自然的和谐，重视人的自由、平等、幸福、尊严、权利、生命价值和意义。记者提炼消息主题应以人为本。新华网2013年3月10日消息《上海黄浦江松江段已打捞死猪超过1200头》值得反思，记者未能把握该消息最受关注的要素：上海黄浦江上游地区连续不断的大量漂浮的死猪是否会污染水质？因为这一河段恰是上海市自来水的取水水源地，此时此刻，人的健康权和生命权高于一切，消息的主题应该集中在事关千万人饮水安全的知情权上，偏离了这个主题只能说记者缺乏人文关怀。

该消息的标题宜改为：上海水务局称1200多头漂浮死猪尚未影响饮用水质。以此为主题，从民生的视角聚焦这件事，消息的传播效果才好。按照笔者的想法，该消息应修改为：

上海水务局称1200多头漂浮死猪尚未影响饮用水质

上海市水务局供水处负责人10日晚表示，黄浦江松江段水域连日来发现的上千头漂浮死猪未对当地的自来水供应造成影响。

上海市水务局表示，松江当地的自来水水质“数据正常”，符合相关标准。

据上海市农委及松江区相关部门今天透露的信息，截至目前，已打捞的死猪数量超过了1200头。目前根据死猪的耳标等养殖信息来追溯，这些死猪来源于黄浦江的上游地区。

目前上海正加紧协调黄浦江上游周边地区，调查死猪来源，从源头上制止死猪不规范处置行为。

据松江区农委相关人士说，他们对打捞的死猪及时地进行了无害化集中处置。

死猪打捞地黄浦江上游正是上海市饮用水的取水水源所在地。

从3月5日开始，黄浦江松江段水域连续发现死猪漂浮现象。

新闻材料还是原来的，但变换一个角度，视野就不同了，主题体现了人本主义思想。

（4）对比选择最有价值的事实

记者在采访前要尽快明确报道主题，采访可按图索骥，顺藤摸瓜，节奏快，效率高，效果好。如果在采访中碰到多个消息线索，这时就需要根据社会关注度、事实本身的新闻价值进行一番比较，当机立断选择最有价值的事件刨根问底，核实清楚，然后集中主题对这件事进行报道。《辽沈晚报》2017年11月25日消息《婚前遭强暴婚后遭家暴　她抑郁了》记者写了两件事，对比这两件事发现，第一件事说的是女当事人婚前遭强奸，无奈跟男子结婚，但婚后30余年女方经常遭遇家暴不得不选择离婚获得法院同意，这样的事不寻常，题材新鲜，报道它对于社会有启示意义。第二件事是夫妻双方因为生活琐事发生纠纷，情感破裂后女方提出离婚获得法院支持，这件事是发生在普通人身上的寻常事，不新鲜，也不离奇，而且究竟女方是否有外遇也没有提供证据，所以根本就没有新闻价值。

经过对比我们就能判断哪件事具有新闻价值。记者应对第一件事的主题进行提炼，用20字之内的一句话概括这件事最重要的新闻价值：女子遭强奸与对方结婚，婚后遭家暴被迫离婚。这句话就是第一件事的主题，也是其合适的标题。该报道没有一个清晰准确的消息来源，应用双方当事人真实的姓，如李某和王某，都是化名，真实性不足。法院全称和法官的姓名应清晰呈现，最好再采访一位律师或研究婚姻情感的专家，用真名实姓，请他（她）对这桩破裂的婚姻做一个简单评价。这样该消息才在写作技术规范上显得有可信度。该消息不但在主题上出现了误判，其实它的结构也是错误的，消息从内容到形式是一个融合的整体，不能用“解说+案例”这种两张皮截然分开的写法，这样的结构不是以客观性为准则的纯新闻写作，显然是主客观结合的科学研究的思路。

（5）从芜杂的事实中抓取最有价值的信息

采访经贸洽谈、经济论坛、大型会议、重大演艺等活动时，记者可以通过对相关议程的了解提前策划报道思路与方法，通过对相关背景的熟悉确立报道主题，带着有准备的头脑去现场，在参加活动的过程中通过聆听和搜集相关信息，对之前确立的报道主题进行反思，如果与现场事实符合，即可采访报道；如果与现场有出入，或者现场的活动临时更改了或增添了主旨，记者应及时调整原来确定的报道主题，采用多向思维，比较归纳，从中找到最值得报道的事实，善于从芜杂的信息中迅速抓住最有意义的事实，去粗存精，去伪存真，理清头绪，明确报道主题，判断合适的报道形式。

《青年时报》2014年5月21日服务性消息《杭州女孩身高差2厘米错失当外交官机会》题文不符。看标题应该是写一个女孩因为身高不足错失当外交官的故事，但该报道仅仅将这件事当成了一个引子，全篇并未围绕她来展开故事，这样就使得该消息的标题和导语与消息的主体和结尾没有直接关联了。其实，活动的主要目的在于普及青少年生长的知识，也是报道的主题。活动中，演讲人为了使报告生动，随口举了一些例子或者做了现场咨询，记者需要分析这些信息是否比报告的主题更重要，是否可以抽出来补充采访单独报道。如果记者不分主次，一一记录报道，那岂不成了“有闻必录”？这是流水账，不是新闻。标题和导语是消息中最重要事实的呈现，整篇消息应围绕它们来展开叙事，标题实际上就是对消息最显要事实和新闻价值的提炼，就是消息的主题。如果消息没有围绕标题和导语展开，就是跑题了。

记者在思考报道主题时要对线索和选题进行权衡，根据其新闻价值准确判断采用何种报道形式合适。上述题材实际上没有时效性，也没有突出的新闻价值，报道围绕相关知识进行介绍，作一个科普报道，传播知识，体现媒体的公众服务性。其主题（也是标题）应该确定为：听儿科主任董勤告诉您孩子长个的知识。如此一来，报道的主题就集中了。面对纷纭复杂的信息流，记者应有过硬的消息素养，熟悉社会的关注热点，熟知国情民情，清楚受众想知道什么，关心什么，也了解作为公众代言人和社会良心的媒体应该向公众传播什么，能够清醒、准确地从信息超载的洪流中果断地把握住值得报道的事实，将其从信息流中打捞出来，集中予以报道。

（6）从众声喧哗中还原事实真相

面对舆情热点，记者应从众声喧哗中厘清矛盾的不同性质，分清主要矛盾和次要矛盾，有独立判断和思考的能力，不能被网络舆情牵着鼻子走，丧失了自我判断能力。

《燕赵都市报》2012年11月19日消息《于丹北大评昆曲遭观众哄台》标题以偏概全，内容冗长，有1243字。从网上一段视频看，仅仅个别人发出了“嘘声”，还有“下去吧”“你没资格代表我们”。该新闻的核心要素是公众人物于丹是否被骂了。只要围绕这个主题，客观平衡请当事人、主办方、专家回应评价即可。

3. 发现焦点

美国波恩特学院（Poynter Institute）写作讲师齐普·斯坎兰（Chip Scanlan）建议问五个问题帮助记者找到报道的焦点：1. 新闻是什么？告诉你的读者或观众什么是新的、是重要的。2. 故事是什么？这与“新闻是什么”不同。新闻是事件本身；故事是你报道这件事情所选取的角度。你选择讲一个什么故事？3. 形象是什么？指关于这个故事的照片或者影像中最令人难忘的形象。4. 怎样用六个词来叙述？将一整个故事压缩到六个词是帮助你找到焦点的好方法。虽然困难，但很有用。5. 那又如何？说明你的读者或观众为什么要在乎，这也能帮助你找到正确的焦点①。接下来，我们用齐普·斯坎兰的五个问题来验证“美国新墨西哥州一名遭雷击的幸存孕妇生下一个男孩”这件事是否值得报道，其焦点是什么：

▲新闻是什么？美国新墨西哥州一名孕妇遭袭击后，不仅幸运地活下来，还成功地生下小宝宝，取名戈登。

▲故事是什么？因遭雷击，这名婴儿头发是直立的。他的神经受损，无法爬行或坐下，也无法正常进食，只能通过管道喂食。

▲形象是什么？肯德拉·维拉努埃瓦与男友伊恩来到一棵树下避雨，不料却被闪电击中，双双昏迷。

▲怎样用六个词语来叙述？孕妇/闪电/袭击/孩子/头发/直立

▲那又如何？目前，小戈登仍在接受治疗，尚不知道何时能恢复正常进食或爬行。

---

① 华莱士，诺伯尔. 光与热：新一代媒体人不可不知的新闻法则［M］. 华超超，许坤，译. 北京：中国人民大学出版社，2017：95-96.

接下来，记者就可以报道新闻的六要素了：何人（Who）、何时（When）、何地（Where）、何事（What）、何故（Why）、怎样（How）。最终形成的新闻不仅报道了美国新墨西哥州孕妇肯德拉·维拉努埃瓦遭闪电袭击幸运地活下来，还成功地生下小宝宝戈登。新闻着重告诉大家，戈登的部分神经受损，导致其无法爬行或坐下，也无法正常进食，只能通过管道喂食。此外，他的头发从出生起到现在，一直维持直立状态。如果这次闪电导致了多人伤亡，该新闻的焦点就会不一样了，要把伤亡的人作为焦点，把他们的伤亡信息告诉大众，同时要告诉人们灾难发生的过程，灾难发生后人们是否得到了及时的救援，伤员的近况如何，事件的原因是什么等。每一个记者在采访中都会对事件的角度和主题进行思考，尽量避免与其他记者的关注焦点雷同，力争写出新意。因此，勤奋的记者是一个创新的思想者与践行者，他总是想方设法用最短的时间获得最准确、最全面、最完整的事实材料，选取合适的焦点迅速写出消息，第一时间发回编辑部，力拼时新性，力求以独家视角、独家主题报道一个事件。这是这项职业的乐趣之所在。

第二节　选择报道角度

我们在拍摄照片时，面对同一个拍摄对象，选择不同的角度，拍摄出来的效果截然不同。比如拍摄人物肖像，如果我们选择最能够体现其相貌特征的角度，效果就会令人满意；而有意选择其相貌的缺陷的角度就会让人感觉失望。消息同样如此，同样一件事，你选择的切入点或侧重点不一样，报道的传播效果也就会有明显的差别。选择报道角度其实就是将最能够体现一件事或一个人新闻价值的特点把握住，用具体的方法呈现出来。

巧妙、新颖的报道角度能使老题材焕发青春。环球网2017年10月27日发表香港时事评论员戴庆成《香港吃不上大陆大闸蟹证明中国崛起》的文章。众所周知，“中国崛起”并非一个新鲜话题，但是作者谈论这个重大问题时，是从2017年秋天香港市场上看不到内地阳澄湖大闸蟹引发的思考。作者采用了对比手法，他说：过去吃内地大闸蟹是许多香港嗜蟹人士一年一度的大事。每年一入秋，街市上的大闸蟹就卖得红火，店铺大闸蟹大做广告，餐厅酒家也设计花样百出的大闸蟹套餐。然而，2017年情势大变，许多香港蟹商、酒家都不再宣传，市面上也见不到过去随处可见的“阳澄湖大闸蟹”大招牌，甚至连名气没那么大的江苏太湖蟹、安徽牧牛湖蟹等也都不见踪影。原因是内港两地的卫生标准不一，港府去年发现供港的内地大闸蟹不符合香港的卫生标准，跟内地部门闹意见，双方谈到今年都没有达成共识。而深层次的原因是，近年内地吃大闸蟹的人越来越多，蟹商不愁销情，香港人吃不吃得到，内地商家也没有以前那么关心。

作者联想到过去内地的一些专门盯着香港市场的牛肉出口商如今也开始把眼睛瞄向内地消费者，驰名中外的高品质龙井茶也不再主打海外市场。相反，外国的著名商品成了内地消费者的“大路货”，如马来西亚出口的名牌产品“猫山王”榴莲因为受到中国消费者青睐，价格水涨船高，贵到新加坡人都叫苦吃不起的程度。随着中国国民富裕程度不断提高，国人出手日渐阔绰，这些年来很多珍贵的商品已开始转向内销而减少出口。中国以往“一流产品出口、二流产品内销”的情景将会加快改变，优质大闸蟹和龙井茶等减少海外供应，也迈进了一个常态化的时代。环球网这篇文章令人印象深刻、耳目一新，因为它谈论的“中国崛起”角度如此新颖、奇特，它从吃大闸蟹这么小的一件事联想到了中国人富裕起来标志着“中国崛起”的宏大叙事，见微知著，由小见大，让我们对于耳熟能详的“中国崛起”这个重大主题有了一个具体可感的、亲切细微的认知。这就是选择好报道角度的传播效果。

由此我们可以得出结论，消息选择的角度对于表现主题有着非常紧密的关联。实际上，记者对报道角度的思考从获得消息线索时就开始了，它贯穿采访前后到写作的整个过程。2012年10月14日，BBC（英国广播公司）记者写的《从乘坐火车硬座旅行体验中国剧变》就是记者明确了报道主题之后对新闻报道角度的策划，记者刻意选择底层百姓乘坐的硬座便宜老火车，从北京西站去武汉，体验中国底层百姓的生活。记者通过对比26年前的1986年，作为留学生第一次乘坐“硬座”旅行的感受，发现在新时代中国底层百姓乘坐的老火车硬件已经发生了很大变化，人们的精神面貌也与过去明显不同了，从而印证了26年来中国发生的剧变。这种用具体可感、贴近生活的小故事来反映大主题是比较常见的报道角度。

《星期日泰晤士报》（*The Sunday Times*）前竞选活动编辑伊凡斯（Harold Evans）在著作《新闻学的应用》中说：“新闻就是人，人说话、人做事。委员会、内阁、法庭，都是人，火灾、意外、计划决策也都是人。新闻之所以是新闻，是因为他跟人有关，对人有影响。”《每日快讯》（*Daily Express*）编辑克里斯坦森（Arthur Christansen）赞成伊凡斯的看法，他说：“永远永远永远都要透过人来写新闻。”新闻必须是人的故事，必须和人有关或是对人有某种影响。许多写消息稿的人都忽略了人的层面，你若深入去看，消息中永远都存在有“人的角度”，只要找到了“人的角度”，几乎所有新闻稿的震撼力都会增强①。伊凡斯和克里斯坦森的话值得我们在选择报道角度时深思。

的确，消息报道的主角是人，消息传播的对象也是人。作为万物之灵的社会中的人才是消息永远的“角度”，记者如何在消息中讲好人的故事，如何用令人意外的角度表现人，如何让人对你的故事产生兴趣并为之感动，这是职业新闻人在每一次报道中应反复思考的问题。同样一件事，因为报道角度不同，主题和传播效果都会不一样。

在报道消息时，采用什么样的角度能够表现新闻价值，能够唤起受众的关注与思考，能够取得最佳传播效果，这是记者在采访前、采访中和采访后着手写作需要思考的重要问题。

那么，我们该如何确立报道的主题？有哪些思考的路径呢？

1. 独辟蹊径

在消息事实信息纷繁丰富的时候，记者通过比较，确立最能够表现新闻价值的、最吸引人的事实信息，以此为切入点，做活报道。2013年7月10日在华盛顿召开的第五轮中美战略与经济对话框架下的中美经济对话，新任中国国务院副总理汪洋以夫妻关系妙喻中美关系，他称，中美不能离婚，因代价太大。

在这样严肃庄重的场合用这种轻松幽默的表达非常意外，带给了美国官员惊喜，体现出中国新一代领导干部的知识和能力的自信，表现了汪洋对喜欢幽默风趣演讲风格的美国文化的熟悉。这样的话语应用对于受众而言也是十分具有吸引力的。长期以来，时政消息严谨有余活泼不足，在重要议程中，我们的一些领导干部空话、大话、套话连篇，在民间舆论场缺乏魅力，

---

① 巴川．如何撰写新闻［M］．彭玲娴，译．台北：台视文化公司，2001：14-15.

程式化、套路化的冗长表达令人生厌。因此，汪洋这样的表述富有智慧和远见，记者不拘泥于议程设置的刻板日程，及时捕捉到这一极具吸引力的事实，从汪洋的新鲜话语表达这个角度切入，从大量的素材中将这一事实挑选出来，聚焦报道，这样的视角就会博得受众的欢迎。联合早报网2013年7月11日的上述消息《汪洋：中美不能离婚》可读性较大。

2. 反向发掘

一般记者在报道会议消息时会觉得难以做出新意，对会议消息缺乏兴致。问题来了，记者自己都提不起兴趣的事，能报道好吗？能让受众满意吗？所以，我们经常看到的会议消息是枯燥乏味的，是冗长无趣的。原因何在？记者没有下功夫跳出会议写会议，只是局限于会议的议程报道会议，眼睛只看着会场，思维停滞僵化，只会从厚厚的一摞会议材料中摘录片段凑成消息。美联社2003年8月30日消息《峰会的尴尬》微言大义，十分精彩：

峰会的尴尬

美联社约翰内斯堡8月30日电 尽管参加地球峰会的代表们在唇枪舌剑地争论保护地球迅速减少的资源的最好办法，但他们自己并没有率先垂范。

为期10天的地球峰会号称是有史以来规模最大的联合国会议。预料会议将产生300吨到400吨垃圾，到目前为止，只有其中的20%正在得到回收处理。

会议厅里摆放了盛放可回收物品的废物箱，但结果里面塞满的却是各种各样无法回收利用的废物。

数百个组织在峰会上散发了无数的小册子、新闻稿和宣传手册，希望引起与会者对他们各项事业的关注。会议组织者估计，整个会议将消耗掉500万页纸张。

峰会的代表们还在耗费其他资源。平均每个代表每天要用水200升，约翰内斯堡的用电量也因为这次会议而猛增。

该消息没有从会议组织方的角度报道联合国地球峰会如何“隆重”“庄严”“神圣”，而是从反面找到了具有反讽效果的事实——参加地球峰会的代表们在唇枪舌剑地争论保护地球迅速减少的资源的最好办法，但他们自己并没有率先垂范：预料会议将产生300吨到400吨垃圾，截止到记者发稿前，只有其中的20%正在得到回收处理；整个会议将消耗掉500万页纸张；平均每个代表每天要用水200升……这篇274字的短消息简洁至极，增一字则太长，减一字则太短，用精确的事实呈现了一幅与会议讨论主题截然相反的真相，颇具冲突性和戏剧性，令人拍案叫绝。记者的新闻敏感、新闻发现能力让人肃然起敬。

3. 侧面折射

从正面报道消息是一般记者通用的报道角度，直截了当，开门见山。面对一件重大的事件，如果每个媒体的报道角度都一样，就会令受众产生“审美疲劳”。为什么如今网络上信息这么多，而值得留恋的却不多？原因众多，其中一条就是信息的同质化远高于个性化。报道角度如同工业产品的标准化生产，都是同一个角度同一个主题，甚至连语言风格都是一样的，结构也是一样偏长，受众怎么会感兴趣？消息要求新求变，所谓“求新”就是消息要追求时间新鲜、题材新鲜，所谓“求变”就是消息报道的角度也要新鲜，尤其是针对不新鲜的报道题材、雷同的报道主题。

2013年乌克兰爆发危机，亲俄派的亚努科维奇被罢免总统职务之后，俄乌两国之间的冲突愈发尖锐。先是克里米亚举行全民公投，当地民众以压倒性多数投票脱离乌克兰，加入俄罗斯；后来乌克兰东部的顿涅茨克、卢甘斯克两地宣布独立，接受俄罗斯的“特殊照顾”，俄罗斯和乌克兰的地缘政治冲突日益加剧。全球媒体聚焦俄罗斯与乌克兰的冲突，都围绕着双方的正面冲突做文章。当然，这是需要的，毕竟双方的正面冲突是重大事件，不能回避，也无法绕开。但是，除了报道双方在政治、经济、军事、外交等方面的公开冲突，还有没有别具一格的新鲜角度报道双方冲突的后果和本质意义？

美国《华盛顿邮报》记者迈克尔·伯恩鲍姆2014年8月别出心裁地走进了莫斯科动物园。该俄罗斯最大动物园有6000多只动物，自冷战以来首次因为克里姆林宫对西方食品宣布了一项范围广泛的禁令，这些长期品尝西方食品的动物不得不改变饮食，这会对它们的肠胃造成影响。《莫斯科动物园遇“食品冷战”》是一篇视角独特的报道。这宛如一个寓言故事，透过对动物们的同情，我们反观自身，难道在动荡中的人生活得容易吗？动物的苦难不正是折射着人类的苦难吗？比起俄乌边境冲突中成千上万人在战火中死去，也许这篇报道更令我们感叹：它们至少还有一个和平安宁的家园！人的生存境遇比它们更为令人揪心。这篇报道以这样一个新奇的角度带给我们思考和感叹。

4. 人文关怀

有人说文学是“人学”，新闻学又何尝不是呢？新闻要以人为本，要关心人、爱护人，真诚为受众服务。当人们面临灾难、痛苦和不幸时，新闻应该呈现人文关怀精神，将人的艰辛与困苦告诉社会，引发人们的共同关注。从人情味的角度展开叙事是面对弱势群体的精神抚慰，也是新闻凝聚社会共识，减少社会疏离的价值所在。在纪念汶川地震三周年之际，国内和国际媒体集中报道了汶川灾后重建的成就。内地媒体将目光聚焦于灾区新貌：人们住上了别墅式的新房、灾民们深切感谢党和国家的关怀、灾区群众现在的幸福生活……没错，这都是事实，但总觉得只从一个角度报道今日汶川，浓墨重彩地渲染新环境、新生活，突出人们的幸福与喜悦，似乎少了点什么。香港《南华早报》2011年5月11日刊发的《汶川民众“心灵创伤”仍需抚慰》令人眼前一亮，它体现了人文关怀。

该报道写了三个平凡人：什邡市25岁的何春桃（音）在地震中失去了双腿，这对她的心理打击非常大，她只有在万不得已的情况下才会出门；映秀镇57岁的马路清扫工陈枝秀（音）失去了29岁的儿子，她与8岁的孙女相依为命，对未来感到迷茫；北川中学一千多名师生罹难，高二学生杨双（音）花了三年时间才开始找回内心的平静，她至今仍经常做噩梦。

消息报道要全面、客观，报道角度不应单一化，报道主题也应丰富多样，不宜只讲“一面理”。不可否认，国内媒体考虑的是宣传价值与新闻价值的融合，很多时候视角雷同，主题相似。这一类报道需不需要？当然需要。汶川地震灾区重建举世瞩目，成就斐然，理应报道。但众多媒体一窝蜂似地“宏大叙事”“单一叙事”，忽略了在热闹与喧哗的大背景中小人物内心深处的情感，忽略了地震幸存者难以平复的、隐隐作痛的心理创伤，是不是缺少了人文关怀？缺少了悲天悯人的情怀？

处于社会底层的平凡人是常常被大众媒介忽略的群体，称他们为“弱势群体”一点也不夸张，“马太效应”使他们几乎成为被忽略的大多数，无论社会的物质分配还是精神层面被关注的程度，他们所得到的都远远低于那些政治人物、商界巨贾、演艺明星、白领阶层，被冠以“边缘人”之称谓。正因为如此，他们的艰辛和痛苦、他们的悲喜与哀愁、他们的挣扎与奋斗……那些看似不起眼、容易被忽视的悲欢离合的故事才显得那样真实，他们的情怀如山野的清泉不掺杂质、清澈明净，他们与命运的抗争是那样的坚韧与无奈，正是这些平平凡凡的人物常常让我们泪流满面。对于地震中遭受惨重打击的人们，即使再好的物质条件，恐怕也难以平复他们内心被撕裂的创痛。那结痂的伤疤，不时会再次渗出殷红的鲜血。这篇报道选取了三个小人物的故事，他们是：25岁的何春桃、57岁的马路清扫工陈枝秀和高二学生杨双，她们代表着那些因地震至今仍饱尝痛苦的许许多多的平凡人。她们的内心一直在挣扎着，怀念过去作为一个健全者的日子，怀念阴阳两隔的亲人，怀念生离死别的同伴，在难以抹平的伤痛中坚强地活着。

美国新闻学家、“深度报道”概念的创立者尼尔·高普鲁说：“当你写一个马戏班子的矮子的时候，不必提他的周薪多少，而要告诉读者，在这一切为‘高’人而设的世界里他生活遇到的困难。不要写一个百万富翁如何挥金如土，而写他进餐前看到菜单上的价目时是否面有难色。不要写北极地带到处都是熊和鹿，而写那里的居民如何洗涤衣服。”这段话形象地告诉我们：记者应该体贴人、关心人，尤其要关注那些容易被忽略的小人物，把他们的冷暖与悲伤挂在心上。笔者认为：一个好记者要有人文关怀精神和悲天悯人的情怀，有了这种至洁至纯的人性之美，才能有大成就。

5. 以点带面

享誉国际新闻界的《华尔街日报》曾被赞为“世界第一财经日报”，其探索形成的报道文风被褒扬为“华尔街日报体”。它的报道形式是，以小人物的故事为开场白，引出报道背景，以点带面，点面结合，拉近报道与受众的距离，贴近百姓生活，增强报道的可读性。

中国寄希望于保障房承诺

2011年3月10日　参考消息

［**路透社北京3月7日电**］30岁的张欣媛（音）在北京一所名牌大学任教，她是中国日益壮大的中产阶级中的一员。但小张8万元的年收入并没有追上节节攀升的房价。

中产阶级以及收入更低的城镇普通居民对房价越来越不满，这就促使政府推出一系列保障房计划。但这些计划充满了不确定性。

张欣媛说："保障房计划让我有了一些买房的希望，但切实拿到房子的机会还是比较小，因为政府对什么样的人可以住保障房规定了非常严格的标准，而且手续非常复杂。"

保障性住房成为中国今年人大会议的热点议题。这表明中国民众与媒体对住房问题的不满已经很普遍了。

去年，中国官员承诺建造500多万套保障性住房。

中央政府将保障性住房看成一项"政治任务"，而且说那些无法完成建设目标的地方官员将被降职。但也有分析师怀疑政府是否有能力造出那么多保障房。开发商不愿为低于市场回报率的利润开工建房，黄金地块仍然被用于商业利润丰厚的项目。

从标题看，这篇报道不好写，感觉是"老虎吃天——无从下手"，因为题目太大，新闻价值具有重要性，标题宏观，即便是老记者，拿到这样的选题恐怕也会觉得棘手。对于水平有限的记者或编辑而言，处理这类报道可能会从材料中摘选素材，最后的稿件是用枯燥的数字和苍白的陈述堆砌而成的，味同嚼蜡，这样的报道在我们的媒体中屡见不鲜，写的人搜肠刮肚，觉得没劲；读者看了没兴趣，不想读。其传播效果可想而知。

路透社记者的写作首先角度好。报道写作的成功与立意高和角度新有直接关系，这两点做到了，作品就"居高声自远"。从主体来看，它是中国近年来百姓关注的热点话题，新闻价值重大。从角度选择来看，记者费尽心思，从小处着眼，以小见大。他从一个"点"切入，采取讲故事的手法，选择了30岁的张欣媛作为故事的主人公，这个人物具有典型性，因为按照她的收入，在中国算得上是中产阶级。中产阶级是公民社会的主体，是橄榄型"民富"社会的象征。故事告诉读者，连张欣媛这样年薪8万元的中产阶级都买不起房，更何况低收入的城镇百姓了！于是，政府出台了"保障房"措施，但消息故事中的主人公并未轻松，记者引用她的话倾诉心声：保障房并不容易拿到手。一句引语的使用既活跃了文风，又增添了可读性、可信性。

文似看山不喜平。寥寥几笔，记者就将中国中产阶级和低收入者买房的窘境呈现在受众眼前。接着，记者将故事主人公的烦恼引向更广阔的“面”，用消息背景告诉读者，张欣媛的苦闷不仅仅是她个人的，也是中国很多买不起房的民众普遍遭遇到的一个烦心事，尽管去年中国政府承诺建设500万套保障房，但问题并没有解决好，这不，在“两会”上这仍旧是一个热点问题。“点”使消息生动鲜活，富有趣味性和可读性，也具有“一滴水见太阳”的典型性；“面”使消息主题凸显出重要性的新闻价值；而“点面结合”产生了“1+1＞2”的聚合效应。

6. 见微知著

记者需要多向思维，对一件事正面报道不合适，就换个思路，从多角度去思考，常常会发现不一样的风景，最终点石成金，使新闻报道焕发生机与活力。新加坡《海峡时报》2011年3月29日报道《大熊猫的名字有何含义？很多》通过研究中国给日本、中国香港、中国台湾、亚特兰大、新加坡等地赠送的大熊猫取的名字，发现了一些规律：第一，这些大熊猫所起的名字朗朗上口，反映出它们极为可爱的特点；第二，作为中国最出色、最珍贵的和平大使，它们的名字也反映着中国释放的微妙的政治信息；第三，有些只是以某个人或名人的名字命名的。记者最后总结：不论大熊猫去哪，它们往往会有一个中国名字——或许是大家都承认大熊猫原产于中国。

这篇报道中的材料都是旧闻了，从正面写显然早已没有了新闻价值，但记者独辟蹊径，汇聚多个同类事件中的案例和背景，通过综合分析和考量熊猫名字中蕴含的符号，就找出了不一样的信息和新闻价值，于是，一篇角度新，有趣味的消息作品就诞生了。该报道反映出记者捕捉新闻线索的敏感，更反映出记者见微知著的新闻视角。透过人名看时代变迁；透过地名看社会发展；透过重要政治人物的讲话或国策中使用最频繁的词汇看政策方向……这些都是记者在没有重大政治事件或突发性新闻事件的“稿荒”时刻，为新闻线索发愁的时刻，通过观察和思考，或从旧闻中找新闻，或从看似寻常的现象中发现新闻，或从被多数新闻人忽略的问题中发现新闻，这是记者新闻敏感的体现。这时候的记者就像一个寻宝人，要有执着的信念、锐利的眼光、活跃的思维和丰富的工作经验，从一堆堆被人视为弃物或废料的素材中慧眼识金，找出有价值的宝藏，以独特的报道角度来挖掘事实背后的意义和价值。

消息要新，并非单指动态报道中的即时性。其实，在没有动态消息的时候，从资料或熟悉的现象中琢磨静态消息的意义和价值，为不新鲜的事件赋予新的角度，就会发现原本没有价值的事物中蕴含着无价之宝，正像是含有贵重金属的石头，表面上看它和普通的石头并无差别，但在识宝者的眼中，它不是无用的石头，只要达到一定的条件，丑石就会变成真金，消息的发现力与此同理。作为一个记者，有时苦于没有新闻线索，“众里寻他千百度”而不得，换一个角度也许就会有“蓦然回首，那人却在，灯火阑珊处”的惊喜。

7. 贴近受众

新闻价值的接近性（地理、心理等）是我们判断新闻的尺度之一，同时也是值得关注的报道角度之一。接近指的是受众与新闻的当事人或新闻事件在地理、职业、年龄、性别、心理及情感等方面有共同经验。在日常生活中，我们都有这样的经历，凡是与自己熟悉的人、生活过的环境等有关的事，自觉或不自觉地想关心，想了解，很容易产生亲近感，情不自禁地会感同身受，也喜欢与朋友分享。消息报道角度由此切入会获得同理心，容易产生共鸣。香港《明报》2005年10月8日消息《携带港澳物品　问候港澳市民“神六”上天不忘港澳》体现了新闻价值的接近性。为什么这篇报道要特别突出“神六”发射与港澳市民的联系呢？这样写报道的目的是什么？因为《明报》的受众主要是港澳地区居民，这篇报道之所以这样写，目的就是拉近新闻与读者的距离，觉得这件事与自己有关系，自然爱读爱看，借以提高新闻传播的有效到达率，让受众更在乎它，使新闻信息入脑入心。

同理，《南京晨报》2005年10月9日第二版《带你直冲神六飞天》专版共刊登了三篇新闻：1.《6名宇航员昨抵航天城——神六枕戈待发　航天城10日起全面戒严》；2.《南京上市公司为神六造设备——晨光造金属管装上神六》；3.《南京两家企业产品用于神六》。这个专版在所有新闻的报道角度上刻意突出了“神六”与南京的关系。《现代快报》2005年10月12日星期三第10版《神六飞天之旅》专版中特地刊登了对江苏籍宇航员费俊龙家人和老师的专访，占据了1/3多的版面，而另一位与费俊龙一同飞入太空的航天员，湖北籍的聂海胜篇幅就显得小一些。以上这些都是新闻价值接近性原理在报道中的运用。同《南京晨报》一样，《现代快报》主要面向江苏南京等地的受众。新闻视角刻意突出接近性能够引起江苏南京市人的普遍兴趣，在心理上增强人们对报道的关注程度。

8. 创新求变

消息以“新”为美，时间新鲜与内容新鲜是消息的本质属性，是消息美学的基础。此外，从追求传播效果考量，消息的“新”还有形式上的求新求变，比如报道角度、消息语言、标题导语等等。就消息的报道角度而言，“横看成岭侧成峰，远近高低各不同”，作为记者应想方设法探求新鲜的视角。美国记者写的《私家侦探召开首届国际侦探公司年会》堪称会议报道写作角度创新的典范。

私家侦探召开首届国际侦探公司年会

他们走起路来，皮鞋并不吱吱作响，他们也不用撇嘴角示意来代替说话，他们更无意照着什么人的下巴猛击一拳。

这十几个于昨晚在舍尔曼旅馆聚会的貌不出众的人，都是不折不扣的私家侦探。在那里，他们召开了战后首届国际侦探公司年会。

为首的是大名鼎鼎的纽约侦探雷埃·斯琴德勒。与会者中还有测谎器的发明者里奥纳德·吉勒，兰辛公司的乐·莫因·斯尼德博士，他曾任密歇根州警察局法医部主任；此外还有克拉克·赛勒，此人是洛杉矶的鉴别笔迹和文件的头号权威，曾参与林德堡之子被绑架一案的破案工作。

从表面上看，他们同电影中的侦探如阿兰·赖德、汉弗莱·博加特、迪克·鲍威尔之流完全不同。后者是英俊小生，而他们都是五六十岁的秃顶老头。

但是他们中至少有一位说了几句话，赞扬电影中的侦探。艾奥瓦州苏城的哈里·路易说：“这些家伙说话的口气蛮大，并且不断闯祸。但是，不管怎么说，他们把事情办了。”

会议消息对于我们来说再熟悉不过了，国内消息中会议报道比较频繁，记者从会议材料里摘录领导人讲话，将出席会议的领导人名单一一列出，领导职位按大小排序准确无误即可，于是我们看到、听到的会议消息从报道角度、消息语言上都差不多。正是由于这些原因，人们会产生误解：再重要的会议似乎也与普通人没有什么关系。雷同、乏味、无趣是一般人常有的感受。美国记者写的上述会议报道却令人耳目一新，它读起来如同一篇微型小说，令人一见倾心，阅读这样的会议报道是一种享受，记者对报道角度的求异创新精神值得点赞。

9. 逆向思维

记者应警惕刻板印象，如偏见、成见，它们会导致记者选择性地相信一面之词，对真相视而不见听而不闻。刻板印象会使记者出现思维的误区，非黑即白，非好即坏，这种极端思维是笼罩在新闻发现征途中的雾霾。在采访报道写作中，记者需要突破思维定势，采用逆向思维、全向思维等方法，不轻信、不盲信，不被表面的现象迷惑了双眼。德新社记者采写的《“爱的轰炸”：以伊民众网上示好》体现出逆向思维的优点，它助力记者发现了鲜为人知、令人意外的新闻事实：以色列和伊朗这两个敌对的国家民众私下里是如何看待对方的？事实令你意想不到：他们在互联网上并不像官方那样彼此针尖对麦芒，而是充满了友善和温情。

该新闻的角度新颖，导语精彩，主题新鲜，文风轻松活泼，体现出记者良好的新闻发现力。当两个国家的政治家相互攻击、国家的主流媒体也出现敌对宣传时，德新社记者却从网络上敏感地发现了独家的新闻——在虚拟空间里没有现实生活中那么浓郁的火药味，两国民众的交流互动体现出人性的善与爱，这足以启示我们：大千世界是多姿多彩的，只要你善于思考、善于观察、善于发现，总能找到意外的惊喜。消息的“新”需要记者用“心”发现。综上所述，记者对新闻的激情是追求个性化报道角度的前提，热爱新闻事业才能有精益求精的职业态度，才会有对每一次报道追求更快更好的自我要求。记者对新闻报道角度的创新追求其实反映出个人的职业精神。我们对消息报道角度的“新、奇、巧”的追求可以借用王安石的《登飞来峰》自勉：“飞来山上千寻塔，闻说鸡鸣见日升。不畏浮云遮望眼，只缘身在最高层。”对新闻报道主题与报道角度的孜孜以求是记者应有的职业态度。

05

第五章

关于采访

成功的采访随两个“P”而来——persistence（坚韧）与preparation（准备）。在劝说人们接受采访时，坚韧是必需的，而且当所提的一连串问题为采访对象所厌恶时，坚韧更是必不可少的。

——［美］梅尔文·门彻

在招聘记者广告中，通常都有这样两条要求：1. 细致、耐心和热情的工作态度，良好的沟通技巧和组织协调能力；2. 具有敬业精神、创新意识以及团队合作能力，能够适应工作压力。

第一节　全面认知采访

记者获得采访线索，凭借新闻敏感对其新闻价值做出准确判断，明确报道主题之后，就意味着采访已经开始。从这一刻起，你得迅速确定采访的范围、采访的人物以及顺序安排、采访的内容、采访的方法、采访的目的、采访所需时间、报道写作的体裁、报道的形式等一系列问题。每一次采访报道都是一次考验，记者找线索、报选题、提交报道策划方案、找到合适的采访对象、劝服对方接受采访、深入现场与形形色色的人打交道、经历意想不到的各种艰难险阻……迈过这每一道门槛都需要克服重重困难，战胜种种心理压力。

1. 人际沟通的艺术

2003年3月20日美国以伊拉克藏有大规模杀伤性武器并暗中支持恐怖分子为由，绕开联合国安理会，与英军组成联合部队对伊拉克实施了军事打击。在战争开始前，凤凰卫视驻华盛顿女记者隗静为报名跟随美军报道这次战争给五角大楼打了几次电话均未打通。不得已，她经朋友介绍，没有提前预约就来到了主管随军报名的关键人物、美国国防部公共事务处的陆军军官布莱尔少校的办公桌前。布莱尔少校以“比较忙”为借口，要她回去发电子邮件申请，想借此推脱。隗静不愿意放弃机会，她请求对方给她一分钟的时间说两句话：

“我听说，你们会限制反战国家的记者随军，是真的吗？”我问。

“谁说的？不对。我们在筛选过程中有许多不同的标准。”

“你知道吗？凤凰卫视是向13亿中国人广播的电视台。中国政府和许多中国人反对你们对伊拉克开战，是因为他们认为你们没有足够的理由和证据发起战争。但是，如果你们真的进入伊拉克，”我顿了一下，“如果在你们找到伊拉克的大规模杀伤性武器的时候，有我们的电视画面佐证，那不是很有说服力吗？”

“是。”他点点头。

“所以，帮我们找一个比较好的随军单位。”

“可是，我不能保证什么。”他又开始前前后后查看计算机上的那份长表格。

“我知道。我相信你会尽力。”

2月14日，情人节那天，我接到了获准随军采访的通知。①

良好的心理素质、语言能力、人脉关系和过人的沟通技巧在关键时刻发挥了作用，闾静赢得了这次宝贵的采访机会。

选题确定后，记者要电话联系受访者，商议、确定采访的时间和地点。记者在电话联系受访者时应设法劝服对方接受采访，因为采访是由记者和受访者共同建构的，关键的受访者无人能够取代，所以，记者要想尽一切办法劝服对方接受采访，在此过程中沟通交流的技巧显得非常重要。打通电话前，记者就得有稳定、平和、宽容的心态；打通电话后，记者要亲切、礼貌地自我介绍，告知对方自己所属的媒体，讲明采访的主题和目的，劝服对方接受采访。碰到热情配合的受访者，听完记者的陈述会立即答应，这对记者是一个积极的心理暗示，采访会比较顺利；碰到不够热情的，会对记者的采访犹豫不决，记者这时要耐心、和气地劝服对方，讲明采访的意义可能是说服对方的有效方法，如果对方以时间忙为借口，你就要劝解对方称：不会花太多时间。如果对方给出一个限定时间，如最多20分钟，就等于答应接受采访了，你不必为对方苛刻的要求而担心，见面之后用好问题让对方沉迷其

① 闾静．美军中的“凤凰”：闾静伊战随军日记［EB/OL］．http：//www.chinawriter.com.cn．2004-07-02．

中，他自然会忘却先前自己的时间限定；碰到应付型的受访者，记者要想办法劝说对方接受采访，比如从维护社会公平正义的价值观去化解对方的疑虑，适度的恭维等也是劝服对方的有效方法；碰到不愿意接受采访的人，记者应通过对其背景的了解，借助其信得过的朋友帮助劝说，或者通过心理、情感、地域、文化、经历等的交集与接近，与其拉近距离，用真诚和善意劝服对方。记者的知名度、媒体的影响力也是个别受访者考虑是否接受采访的因素。

贪官胡长清接受王志的采访就是一个例子，当时是在胡长清伏法前一天，他已经不再开口说话。当胡长清走近王志时问可不可以坐下，王志连忙起身说，“您请坐，给您添麻烦了”。他给胡长清递了一杯水，客气礼貌地告诉他，自己也是湖南人，紧接着王志以倾听者的身份劝说胡长清接受采访：“说与不说，我们得遵从你的意愿，得遵从你的同意，他说那我说什么，我能说什么，到现在我能说什么；我说，说什么你就姑且把我当成一个倾听者，他说什么题目，他以为我可能会让他讲忏悔啊，让他讲世界观呐，会让他讲自己的悔恨；我说我没有题目，我就是一个倾听者，我来协助你这次谈话，如果这次谈话对你有帮助，这就是我们大家所希望的事情，如果对你的命运没有改变，就仅仅作为一次谈话而已，如果你愿意，我愿意做你的听众，我来配合你，留下你的声音，留下你的思想，留下你临终前的想法和希望，就是这样我们没法改变更多的东西；但是我们可以做到这些。”这个说服过程只花了短短的几分钟，结果采访进行了三个小时①。

在采访过程中，从记者的着装到对受访人的称呼，从谈吐到行为举止，从眼神到面部表情，从问话的语气语调到身体语言等等每一个细节都应符合社交礼节。比如着装，记者可以根据受访者的职业、身份、采访的环境，确定自己应该穿什么样的服装最合适。记者的服装应与受访者对等。如果不知道穿什么好，就选择单位统一发放的职业装。对人的称呼应正式、规范、标准，更不要使用带有歧视性的称呼。

此外，采访还要避免对非教师职业的人称“老师”，这是自我矮化，记者把自己当成了对方的学生。用社交礼仪中规范的、中性的称呼是合适的，

---

① 王志：http：//media.news.sohu.com/82/77/news212157782. shtml［EB/OL］，2003-08-15.

如先生、女士或职称、职务。谈吐要文明、礼貌、简洁、准确、清晰、有亲和力。行为举止落落大方，彬彬有礼，不亢不卑，不随地吐痰，吸烟前征求对方意见，进对方家不经允许不要参观对方的卧室，要让对方感觉到愉快舒适。从接近对方的那一刻起，始终保持目光交流，眼神亲切友好，尊重对方。面部表情和蔼，交流气氛融洽。语气语调不疾不徐，亲善友好，表述有逻辑，措辞有分寸。身体语言符合社交礼仪，体现个人修养，采访时身体保持前倾30度的样子，平视对方，不要做过多的手势，不要跷二郎腿，双腿不要抖动等等。记者是社会活动家，人际沟通交流的能力决定着采访的成败。

2. 临场应变，突破障碍

有时候，实施采访并不顺利。不管现场出现了什么问题，记者都要克服焦虑心理，临场应变，突破困境，尽最大的努力完成采访报道任务。第四届中国金唱片奖2003年11月17日当晚19点15分在人民大会堂举行颁奖典礼，中央人民广播电台记者杨泽柱当天下了班顾不上吃饭，带上采访机就和另一名同事风风火火地赶往人民大会堂。他们在17点45分左右到达人民大会堂的东门。一位工作人员拿着花名册告诉在门口等待的记者：18点15分才能进入现场。杨泽柱和同事在寒风中焦急地等到18点15分，可他们又碰到了麻烦。人民大会堂工作人员要求凡是进去采访的记者必须在此前和会务组联系，姓名和工作单位列入花名册才能获得采访证。可杨泽柱除了一张请柬什么都没有，他磨破了嘴皮子也不管用，被门卫坚决挡在门外。杨泽柱打了几个电话，终于托人把他的名字加到了花名册上。这时已经耗掉了一个小时，但想不到的困难又来了，没有会务组的允许，他和同事根本没有办法靠近后台采访明星。他只好在前排找了一个位置坐下。幸运的是，颁奖嘉宾中国台湾歌星林志炫碰巧坐在他旁边，杨泽柱近水楼台采访了他，这趟首次采访才算没有白忙。

3. 置身受访者熟悉的环境

2001年五一前夕，笔者所在的广播新闻深度报道节目组安排了一组特别报道。笔者的任务是采访一名煤矿工人劳模。4月27日上午，我赶到了乌鲁木齐六道弯煤矿。宣传部的同志说，我们把劳模乌买尔江从矿井下叫上来吧。我觉得这样采访效果不好，提出到矿井下去。我换上了煤矿工人的全套装备，在开拓区工会主席吴汇文的陪同下，登上了专门运送设备和工人的升降挂笼。随着挂笼下降的隆隆声，光线越来越暗，瞬间就沉入了伸手不见五指的黑暗中，仿佛从白天一下子进入了茫茫黑夜。十一点半，挂笼从地面垂直降到了地下250米深处的煤矿主运输巷。

这是我生平第一次下煤井。我的心里忐忑不安。光线昏暗的运输巷凉风阵阵，潮气袭人，幽长而神秘，更是加重了我内心的惶恐。好在有吴汇文在前面带路，我才故作镇静地跟着他，就着头顶矿灯微弱的光线，一步一步向前走。巷道顶部每隔8米设有防爆荧光吊灯，但光线微弱。我们由南朝北，走了30分钟后，开始顺着陡峭的台阶向上攀登。突然，一阵沉闷的爆炸声吓得我惊慌失措。吴汇文说，这是乌买尔江掘进队在开凿通往煤层的巷道。当我们攀登到离地面170米深的地方时，终于到达了乌买尔江掘进队的工地。此时，我已经汗流浃背了。坐在冰凉的石块上，借着昏暗的灯光，我打开了录音机。队长乌买尔江腼腆地告诉我，他们每天要在坚硬的岩石面上开掘1.5米的采煤巷道，中午就吃几个凉馍馍，喝几口凉开水。晚上回到家，一口气能吃两盘拌面。从1978年开始，乌买尔江连续17年被评为先进生产者，还曾荣获过自治区劳动模范的荣誉称号。作为队长，他带的3个班组连续十多次被六道弯煤矿和乌鲁木齐矿业集团有限公司评为劳动先进班组及民族团结先进班组。

正在和工人一起干活的六道弯煤矿开拓区区长海涛告诉我，他们的任务就是打通通往煤层的巷道。乌买尔江这个队在整个开拓区战斗力最强，煤矿的硬工程和险工程都由他们来完成。工人们每天要用双手握着重达30公斤的风钻在岩石上打眼、放炮。经常是内衣被汗水浸透，外衣被岩石表面的水滴湿透。海涛告诉我，在施工中，总是会碰到岩石碎块或煤块意外掉落的险情，但是，乌买尔江和他的伙伴们胆大心细，从来没有发生过事故。在采访结束的时候，乌买尔江告诉我，在他23年的采煤经历中，干活太累的时候曾经有过放弃的念头，但是，渐渐地，他爱上了他的同伴，爱上了这份职业。由于长期的辛劳，乌买尔江患了膝盖骨骨质增生，晚上经常疼得睡不踏实，但是他一直坚持上班。结束采访后，回到阳光明媚的地面上，我的脸上布满了煤灰。联想着乌买尔江和他的伙伴们为了城市的光明和温暖，日复一日，年复一年待在200米深的地下兢兢业业地工作，我对他们多了一份理解和感动。正是因为这次采访，我深入到了煤矿工人挖煤的现场，与工人们零距离接触，我们的交流沟通没有障碍，一气呵成，自然流畅。报道鲜活生动，有现场感，传播效果好。

4. 挖掘完整故事

如今，每当我乘火车经过兰新铁路十三间房到哈密这一路段的时候，我总是凝视窗外，情不自禁地回忆起1998年自己在新疆人民广播电台当记者时的一次采访经历。

1998年7月14日下午6点多，我刚刚从乌鲁木齐市郊的一个奶牛场采访归来。还没顾得上喝一口水，就接到部门的指示：兰新铁路被洪水冲断，迅速搭乘乌鲁木齐铁路局的一列救援列车，赶往了墩到十三间房之间的水毁现场采访。我和记者高天龙来不及回家取东西，匆忙准备好录音机和磁带，从向阳坡乘出租车奔向乌鲁木齐火车南站。

在车上，我们找到铁路局领导，了解前方的大致情况。次日凌晨1点多，救援列车到达十三间房车站，同行的一位铁路局干部说，被滞留在哈密、柳树泉、了墩以及红层这四个车站的旅客都不得不搭乘公共汽车绕过水毁铁路，在这里集中后乘救援的列车去乌鲁木齐。直觉告诉我，这里是一个非常重要的采访现场。我和高天龙商量，我留在这里采访，他继续乘救援列车去前方的抗洪抢险的现场，最后，我们在哈密会合。虽然同行的其他记者都认为在这里下车采访没必要，但是我仍然坚持自己的想法。

当我跳下救援列车后，等到凌晨2点多，从前方红层车站转移过来的1200多名197次列车上的旅客分批到达十三间房车站，铁路局的领导干部和公安民警赶紧出去迎接。旅客井然有序地登上了开往乌鲁木齐的临时列车，每人都得到了免费的食品和瓶装水，我立即进行了录音采访。一直到凌晨的5点多，1200多名旅客才全部乘临时列车离开了十三间房。我跟着铁路局的领导深一脚、浅一脚地在黑暗中摸索着走，去找临时休息的一节硬卧车厢。

7月15日早晨8点多，我一醒来就赶紧写完一篇新闻稿，然后奔到十三间房车站调度室用电话发稿。不料，由于这是唯一的一部铁路专用救援电话，线路非常繁忙。我一直等到中午也没能把稿子发回去。我打听到现场有鄯善县的干部在参与救援行动。我决定去鄯善县发稿。下午5点多，我搭乘鄯善县税务局的轿车赶到了目的地。在县委书记的帮助下，我终于口头发回了第一篇稿件。随后，鄯善县政府办公室的同志帮我与车站联系，得知当天晚上的8

点和9点各有两列救援列车经过鄯善去十三间房。我迅速买了一套洗漱用品，乘鄯善县的一辆吉普车去赶火车。当天晚上11点多到达十三间房后，我一直采访到16日凌晨3点。

16日中午，我将写完的一篇通讯和相关的录音带委托给一列返回乌鲁木齐的列车车长带回去。到了下午5点45分，最后一列救援列车驶向乌鲁木齐。至此，经过50多个小时的救援，7600多名因洪水冲毁铁路而滞留的旅客全部从十三间房安全地被送走了。我在这里耳闻目睹了整个救援的详细过程，采访了大量感人的素材。当天下午，我搭乘哈密电视台的采访车赶到哈密，与高天龙会合了。高天龙告诉我，他在水害最严重的1461公里处呆了30多个小时，仅睡了4个小时、吃了两顿饭。他采访了抢修铁路的过程。随后，在16日早晨，他带了一瓶矿泉水，顶着烈日，沿着铁路，步行了6公里，走到了红层车站，一只皮鞋裂了口。在红层车站，他先后搭乘一辆铁路轨道工程车和一列撤往哈密方向的197次列车到达了柳树泉车站。然后，与人合搭一辆出租车赶到了哈密。在哈密，他采录了哈密铁路局的员工自发为被困旅客送水送饭的感人故事。

7月17日，兰新铁路恢复了通车。7月18日凌晨3点，我们乘坐曾经被洪水围困的197次列车返回乌鲁木齐。在车上，我们采访了列车长和乘务员，掌握了他们和旅客遭遇洪水时惊心动魄的经历。我们采制的3篇系列报道《冲不垮的生命线》荣获了“全国98抗洪抢险优秀报道”二等奖。当时，有不少资历比我们丰富的记者参与了这次报道，但是只有我们的作品获了奖。究其原因，主要是因为我们的采访最为全面深刻。这次采访给了我一个深刻的启示，它使我真真切切地认识到：好新闻是用双腿跑出来的。

5. 在孤寂中坚守职业精神

采访还会面临的心理问题是孤独。尤其是跨地域采访，单独作战时，短时间还好，半个月、一个月，甚至一年的外地驻站采访，记者要在短时间内熟悉当地的情况，适应陌生的环境，尽快安下心来投入采访报道，确实需要耐得住寂寞。如果当地的工作、生活环境艰苦，对记者的考验就更为艰巨。不管碰到什么样的受访者，记者都应保持谦逊、平和、沉着、冷静的心态，善于应对各种变化，化解意外的困难，千方百计完成报道任务。1998年10月到当年12月初，笔者孤身一人乘公共交通工具前往新疆天山以南、昆仑山系以北的南疆环塔里木盆地采访报道棉花生产情况，寻找典型人物和典型故事，采访近百人，行程近4000公里。在长达两个月的奔波跋涉过程中，我遇到了热情善良的受访者，也遇到了冷漠傲慢的官僚，凭借坚韧不拔的毅力完成了采访报道任务。

2002年4月5日到12月6日，笔者被媒体派往新疆喀什地区、和田地区和克孜勒苏柯尔克孜自治州三地驻站采访8个月。这三个地州的总面积有48.22万平方公里，占全新疆总面积的29.1%，经济发展水平在当时是新疆最落后的，荒漠化严重，人口集中在狭小的绿洲地带，离开人口密集区就是一望无际的荒山秃岭、大漠戈壁。当地人口主要是少数民族。我孤身一人在这样广袤而陌生的地域采访报道新闻，很少得到地方宣传部门和政府部门的帮助支持，出门采访只能自己找线索、解决交通工具和食宿问题，还面临着语言沟通、饮食习惯方面的困难，尤其是工作之余的精神寂寞和心理孤独。有的地方住宿条件差，记得有一次在一家宾馆，晚上口渴，笔者打开暖水壶瓶盖，一股恶臭扑鼻而来，不知哪一位住宿者恶作剧，把尿尿到了里面。在这次长达 8 个多月的外地驻站采访中，我平均每月发表报道17篇，超额完成了媒体下达的报道任务指标。

记者出门就要带着充分的思想准备，即使遇到阻碍，也要在迂回、曲折中抵达现场，不管碰到多少困难，也尽量不空手而回，这正是梁衡倡导的一种精神“出门跌一跤，也要抓把土”。1983年9月，时任《光明日报》记者梁衡接受任务从北京千里迢迢到新疆去采访，在乌鲁木齐的招待所住了10多天没人理睬，当地政府机关对他冷若冰霜。他不甘空手而归，自己去中科院新疆分院采访治沙的老科学家、深入石河子地区古尔班通古特大沙漠边缘寻觅军垦人的故事，就这样度过了孤独又忙碌的国庆节。之后，他从乌鲁木齐返京过兰州，等车票要5天时间，他利用这几天又到兰州地质研究所采访了一个先进集体，在从兰州到北京的列车上写完了报道。就这样，西北之行50天，梁衡一共完成了一篇评论，三篇消息，四篇通讯，四篇散文，两篇报告文学。后来这些作品集纳成册为《西北之行》。20年后，梁衡又将这次采访中搜集到的未用的资料写入了《林则徐在新疆》的散文名篇中①。

① 修宇，董岩. 跟梁衡学新闻系列之“出门跌一跤，也抓一把土”［J］. 新闻与写作，2006（6）.

6. 揭露真相不惧危险

理想主义精神是激励记者前行的强大动力。1998年央视《新闻调查》节目采访山西运城渗灌工程造假事件颇为不易。当年9月，《新闻调查》编导徐涛和策划刘山鹰赶赴运城做节目的前期调查。当地官员面对两个不速之客，如同演员一样，一会儿白脸一会儿红脸，企图吓退他们。9月11日，摄制组一行5人正式开始拍摄、采访。运城电视台的人就住在央视记者的对面进行监视。为了避开他们，央视摄制组凌晨四五点就出门，但是发现依然被跟踪：有的人“明跟”，有的车则“暗跟”，摄制组的一切行踪都在对方监控之下。有几次摄制组试图把“尾巴”甩掉，但几次努力终未奏效。一些当地基层官员气焰嚣张。采访中，一名农妇告诉记者：“渗灌池没放过水，从来没用过”。跟在摄制组后面的一名乡干部立即大声呵斥她：“谁胡说我就收拾谁！”敏锐的摄影师迅速将对准记者的镜头转向那名乡干部，记录下了这意味深长的一幕。调查中，记者发现，插在农田里的所谓“水管”其实是一根木头，木头上甚至已经长出了木耳。取得了确凿的证据后，摄制组回到了北京，运城的几个人跟踪记者来到中央电视台，不断在《新闻调查》办公室的走廊里窜来窜去。10月16日清晨，时任制片人的夏骏带着几名记者直奔北京首都机场。起飞前15分钟，夏骏才在候机厅一个偏僻的角落，说明了此行的目的：当晚CCTV1频道21时10分将播出《透视运城渗灌工程》，为了了解当地政府和百姓对该节目播出后的反应，评论部在节目播出当晚前往运城采访拍摄，并将制作成一期《焦点访谈》，两日后播出。之所以临起飞才说明，正是担心走漏风声会影响当晚《新闻调查》的正常播出。摄制组先飞抵河南省洛阳市，然后在洛阳市牡丹大酒店包租一辆面包车，从陆路进入运城境内，这才完成了“秘密”采访任务。

当然，做新闻就面临着各种考验，选择了新闻事业就意味着无所畏惧。2017年10月，马耳他知名调查记者达芙妮·卡鲁阿纳·加利齐亚被事先装在她所驾汽车上的炸弹炸死，3名嫌疑人受到指控。

7. 在平等交流中建构故事

新闻采访中，记者会面对形形色色、各行各业的采访对象，如何赢得采访对象的好感和信任决定着采访的成败和质量。技巧固然重要，但态度尤其重要，不管你面对什么身份的采访对象，平等待人是记者完整人格的显示，也是记者赢得采访对象的好感、与采访对象相互尊重的职业素养。美国CNN著名谈话节目主持人拉里·金在《非凡旅程——拉里·金自传》中有一个片段谈到了这个问题，他深有感触地说："我会带着同样的好奇心看待总统和水管工。我觉得这就是我的与众不同之处。我不会因为要采访的人是总统而花数小时伏案准备，想出数百个问题。这不是我的风格，也不是让我获得今天这些成绩的秘诀。有时候，在一个重要的访谈快开始时会有人对我说：'今天晚上你一定要拿出最好的表现。'那意思就是说我要格外加把劲儿了。他们这么说是因为他们想给我鼓劲儿，但却常常让我觉得不舒服。他们的意思是不是说，如果我采访的是一个水管工就不用格外加把劲儿了呢？当然，在采访总统的时候，我很清楚我是在采访总统，但是如果我对待总统的方式和对待其他人有分别的话，我就不是我了。"[①]拉里·金虽然仅有高中学历，但他热爱新闻事业，通过后天的自学和努力，成为"世界最富盛名的王牌主持人"。他所主持的《拉里·金现场秀》是美国有线电视网（CNN）收视率最高的节目。

王志在担任央视《面对面》节目记者兼主持人时，谈及采访的秘诀也认为，平等的态度是获得受访者好感和信任，愿意敞开心胸与记者交流的重要因素："作为一个记者来讲，可能更多的事情不是一个技巧的事情，而是一个态度的问题，态度决定一切，我要取得他的信任，我就要用真诚去打动他，才能做到这一点，否则这个基础是不存在的，所以我很坦然，如果他拒绝，那拒绝好了，我们还能做另外的节目，如果他觉得我有诚意，他觉得我是一个很好的，一个可以信赖的对象，他可以把我当作一个朋友，他可以把我当作一个记者，也可以把我当作一个亲人，也可以把我当作一个法官，他可以说他任何想说的话，这个就是我们的基础平等。"[②]

8. 在灾难报道中考验意志

2008年5月12日（星期一）14时28分04秒，四川汶川发生里氏8级地震，遭到严重破坏地区面积超过10万平方公里。这次地震共造成6,9227人死亡，

① 金，福斯曼．非凡旅程：拉里·金自传［M］．朱丽丽，吴海峰，王景婷，译．北京：中信出版社，2010：234．

② 王志：http：//media.news.sohu.com/82/77/news212157782．shtml［EB/OL］，2003-08-15．

3,74643人受伤，1,7923人失踪，是中华人民共和国成立以来破坏力最大的地震，也是唐山大地震后伤亡最严重的一次地震。对这次地震报道中国政府采取了信息全程及时公开、透明的开放政策，这也是新中国成立以来经历的巨灾中的第一次。对于中国媒体而言，也是第一次近距离、全方位地接触如此惨烈的灾难。南方都市报（以下简称南都）记者王微在地震发生后的第三天和两名男同事以及两名男司机打着手电，徒步走进地震重灾区北川。他们在小山一样的巨石中间穿行，看到大石后面压着的一具具尸体，心惊胆颤，仅在北川汽车站牌坊前后50米的范围内，就碰到了33具尸体。投入采访的前三天，他们每个人总共才睡5个多小时。

不少记者在地震灾区出现了创伤性应激障碍（PTSD），突然变得不认识自己了，不知道饿、不知道累、不知道悲伤、不知道高兴，只知道采访报道，不停地工作，仿佛只有工作才能平复内心的压抑。南都记者杨传敏从地震灾区返回媒体后，很长一段时间不看娱乐电影，拒绝娱乐活动，对自己生活舒适感到负罪。有一次他在网上看新闻时，看见泥石流冲击木板房的情景时，情绪失控了，心里总觉得内疚。这种不正常的地震心理创伤一直持续到2008年底。南都记者鲍小东一看到城市里的高楼大厦就会有很强的焦虑感，总是疑心要地震。南都记者秦鸿雁回家后要么躺下睡觉，要么坐着上网，不想说话，不想出门，不想吃饭，不想工作，一看到地震画面就会流眼泪。南都记者周皓结束地震报道后，独自去丽江呆了7天，在一个客栈里几乎足不出户。地震过去快一年后，他才渐渐恢复了内心的平静。

第二节　新闻访前准备

英国作家莎士比亚说："金字塔是用一块块的石头堆砌而成的。"如果我们把一次成功的新闻采访比喻成建造金字塔，那么，我们在采访前的充分准备恰似这座金字塔的第一块基石。"成功采访根基于充分的准备——准备好可能发生的任何事情。这来自于自信的心理状态：坚定的自信来自于事先的思考及研究。"[①]采访前的周密准备十分重要，查阅相关资料、相关报道、

---

① 亚当斯，希克斯．新闻采访：第一线采访手边书［M］．郭琼俐，曾慧琦，译．上海：上海三联书店，2004：25.

搜集相关背景知识、确立主题、撰写采访提纲、制定采访计划，提前探视现场、不忽视每一个与采访相关联的细节，服装款式、色彩与采访对象和环境相协调，对采访的难度和可能面临的考验心理上有准备，都会有助于采访的完成。如对可能拒绝采访的官员如何在现场创造“偶遇”的机会，在酒店的何处“碰到”对方，这都是有心人会提前思考的问题。

1. 设备准备

“工欲善其事，必先利其器”。手机、数码相机、录音笔、笔记本电脑，甚至无人机都已经成为记者工作的利器。采访前，要检查充电器、备用电池、充电宝等相关配件是否准备好。广播电视记者要检查录音笔、摄像机的配套用品是否准备充足。最容易出错的往往是电池电量不足，出发前要先充足电。足够的采访经费、采访本、黑色签字笔、记者证、名片、电话号码本、当地的人文资料等，该随身携带的一样也不能少。2011年4月27日，《南方都市报》“深度周刊”推出的重磅报道《“学习班”梦魇》揭露了江苏泗洪县对上访者、拆迁钉子户违法进行关押实施“酷刑”的黑幕。该报道记者占才强2008年去当地采访时给性格泼辣、无畏敢说的村民孙银霞留了一张名片，2010年6月1日接到了她的报料电话。

如果是做揭黑报道，记者不得不采用暗访形式（隐性采访），尤其需要做好采访前的一切准备，记者证、名片等证明自己真实身份的证件应用虚拟的假证明取代。要设置一个能够瞒得过对方的固定电话，找专人值班，统一口径，用虚假的单位名称麻痹对方。记者的手机号码存储、微信朋友圈、QQ联系人的相关备注信息都得做一番伪装。偷拍、偷录的电子设备要精密小巧，功能出色。出发前，周密的策划、完备的应对各种情况的措施、提前的演练、前后方的接应等等都得做好预案，从着装、饰物、言谈举止等都要符合调查采访的环境，确保万无一失。一个小小的疏忽就可能导致记者暴露自己，非但完不成采访任务，还有可能给自己带来生命危险。

2. 物品准备

新闻时刻会发生。有经验的记者就像枕戈待旦的士兵一样，时时刻刻做好投入战场的准备。他们会在自己的办公场所备有采访包，里面装好了采访用具、生活用品，细心的人还会提前准备好保质期长、便于携带的食品。这样，一旦有紧急采访任务，稍作准备，拎起行包就可以迅速赶往新闻现场，争抢第一时间，赢得采访先机。

在条件艰苦的荒郊野外，遇到困难时，周到的提前准备能帮助记者解决问题。比如到大漠戈壁或深山老林中去做探险报道或突发性事件报道，要考虑到没有通信信号的问题，要想完成报道，就得到电信部门去租借海事卫星电话。如果采访的自然条件十分恶劣，记者在出发前还应准备好常用药品、必要的食品，携带《救生手册》和GPS定位系统等救护设备，做足预防措施。对采访中可能面临的各种困难和考验做好心理上的准备，要有随机应变的能力。采访前做好周密的准备是记者采访流程中必需的环节，也是一个记者事业成功所必需的好习惯。作为机动记者，以采访突发事件为主，他必须时刻准备着，随时上路，随时奔向现场，在第一时间发回报道。

3. 资料准备

记者采访前要通过查阅采访对象的背景资料熟悉其情况，这有助于采访提问的成功。采访前做好功课，了解当事人的相关情况，有助于记者采访时的沟通，获得对方的好感和信任，为采访成功创造良好的开端。平时关注新闻、关心时事、广泛阅读和随手做笔记的积累都是在为采访做准备。采访之前，记者应提前查阅相关的资料、文献，了解当事人的性别、年龄、职业、学历、经历、特长、兴趣等，考虑好说服其接受采访的理由。收集阅读相关的报道，从中汲取采访报道的经验。事先查阅资料的好处很多，记者可以看看此前别人是怎么写的，哪些问题可以不必重复提问，直接引用别人已经问过的信息。正是因为查阅资料，记者才可以从容地列出访问提纲，对采访充满自信；也正是因为查阅了资料，记者提问的问题准确到位，一出场就赢得被采访者的好感和信任，为创造和谐的谈话氛围奠定了基础，使采访得以顺利进行。好的提问能够引起受访人对记者的好感，产生对话交流的欲望，记者提的第一个问题就可能决定了采访的成败。对于远离工作地点的新闻现场，记者事先还应该对当地的地理自然条件、气候、交通线路、通信、特殊的风土民情、宗教习俗等做一些了解，这些准备工作会直接关系到采访的顺利与否。一个小小的失误也许会给你的现场采访带来很大的麻烦。

如果缺乏准备，记者在采访提问时会陷入尴尬境地。英国人萨利·亚当斯和文弗·希克斯在《第一线采访手边书》中，提到了这样一个案例：白金斯特杂志的编辑比尔·布朗（Bill Brown）在回顾自己的一次采访时说："作为一个多听少说的入门生，在听完十分钟的通知后，要我去书店采访一位知名的作者。虽然很知名，我却不知道她做了什么（独自航海全球一周）。我走进去问了一个很一般的问题像‘你可否谈谈你对航海的兴趣？’，然而她说：‘显然你没有准备。’停顿了一下她又说：‘现在你得想想比较敏感的问题来问我。’错的是我。我可以在进书店前先到图书馆，花个五分钟查一查。这是我第一次采访名人。让我得到最好的教训。”①

1972年2月，美国总统尼克松访华。这一年的9月，时任华尔街日报编辑总监的沃伦·菲利普斯跟随中美两国关系解冻后的首支美国记者代表团访华。为了这次难得的访华机会能获得成功，沃伦·菲利普斯早早就阅读了大量材料，包括伦敦观察家报（*The Observer*）记者丹尼斯·布拉德沃斯撰写的《中国窥镜》（*The Chinese Looking Glass*）、埃德加·斯诺的《红星照耀中国》（*Red Star Over China*）、哈佛大学访华学者费正清的著作，以及从中情局得来的一些有关中国的背景资料等。从当年9月到10月将近4周的时间里，沃伦·菲利普斯与同行的21位美国编辑跨越了6400多千米的中国国土距离，为《华尔街日报》撰写了包括头版社论、社论版分析文章等在内的10篇稿件，以及发表在《国家观察》上的一则报道。实际上，对资料的查阅不仅仅是采访前，在采访中如果有机会接触到有价值的资料，都不要错过，翻阅一下对记者做好报道是有益的，在写作当中也是这样。美国新闻史大众报业时期的传奇人物查尔斯·E·查平是约瑟夫·普利策《世界晚报》的本市新闻主编。有一个周六上午他送一位乘船去欧洲的朋友前往港口，返回前，他顺手从勃艮第号邮轮上拿了一张旅客名单塞进了口袋。不料，到了下一周周三，勃艮第号邮轮与另一艘船相撞，导致600名乘客中有571人落水身亡。世界晚报记者J·沃森·弗雷泽非常敏感地抓住了这条新闻，他第一个到达现场及时写出了报道《恐惧和死亡》，由信差通过自行车接力方式传递给了查平。查平看完报道，突然想起来，自己口袋里不正有一份被撞沉的勃艮第号邮轮的乘客名单吗？15分钟内，关于本次海难的报道、所有人员名单、高达8.89厘米的新闻标题就开始排版了。这份关于突发事件的号外印了一遍又一遍，印刷机几乎一

---

① 亚当斯，希克斯．新闻采访：第一线采访手边书［M］．郭琼俐，曾慧琦，译．上海：上海三联书店，2004：26–27.

刻未停，报纸格外畅销，因为《世界晚报》的报道是所有媒体中最完整的、最详尽的。①

4. 报道计划

假如你是全媒体记者，接到下列新闻线索，你该如何做好报道计划准备？

新闻线索：微博爆料，14岁的安徽女孩小杨与父母生活在杭州萧山，2016年12月5日凌晨，她在萧山医院生下了一个男婴。现在她16岁的男朋友在医院陪护。

当你从微博上看到有人发了这样一条信息后，首先要核实该事实是真是假。给这位博主发信息联系，作自我介绍，同时介绍自己所属的媒体，询问他（她）的姓名、身份、职业等，问清楚他（她）从何处获得了这个信息。还可以查萧山医院的电话号码，核实该信息的真伪。如果是真的，迅速赶往该医院急诊科采访。以下是报道计划：

▲采访前的准备：带上记者证、名片、手机、笔记本、圆珠笔、录音笔、摄像机，检查电子设备是否有足够的电量。

▲明确采访目的：报道该事件的真相，用事实唤起社会对于未成年人性与健康知识不足的认识。

▲报道体裁：消息。

▲采访的范围：采访小杨和其男友、小杨的父母、参与接生的医生、护士长、律师、青少年研究专家等。

▲采访人物的顺序：小杨和其男友、小杨的父母、参与接生的妇产科医生、护士长、律师、青少年研究专家。

▲采访时间：一天。

▲采访素材种类：音频、视频、照片、文字。

▲采访重点：小杨怀孕的故事、其父母对此的态度及想法、医院接生的过程、是否涉及法律责任、教训。

---

① 莫里斯．新新监狱的玫瑰匠［M］．张纯，胡群芳，译．广州：南方日报出版社，2016：114-115.

▲采访提纲：

（1）采访小杨：

①请问今年多大？

②可以看看你的身份证吗（如果对方不出示身份证，就通过提问搞清楚其简历）？

③领结婚证了吗？

④举办过结婚仪式吗？

⑤你们之间谈朋友的事双方家长都知道吗？

⑥知道性生活会导致怀孕吗？

⑦最初是如何知道自己怀孕了的？

⑧你自己还是个孩子，现在当了妈妈，有准备吗？

⑨今后怎么办呢？

（2）采访小杨的男朋友（先了解清楚其简历）：

①你是怎么认识小杨的？

②认识她多久你们就那个了？

③知道这样做的后果吗？

④一直没有采取避孕措施吗？

⑤为什么？

⑥她怀孕后你知道吗？

⑦知道她怀孕后心里怎么想的？

⑧你们都还是未成年人，不担心后果吗？

⑨现在你有什么想法吗？

⑩今后怎么办呢？

（3）采访医生：

①小杨刚入院是什么状况？

②这么小的年纪怀孕对身体有没有影响？

（4）采访护士长：

①咱们是怎样接生的？

②花了多少时间？

③有危险吗？

④困难吗？

⑤孩子现在的情况好吗？

⑥这样的事你碰到过吗？

（5）采访小杨父母：

①小杨谈朋友的事你们知道吗？

②你们支持她谈朋友吗？

③知道她生孩子的事有什么反应？

④现在你们有什么想法？

⑤谁应该对这个结果负责呢？

（6）采访律师：

①这件事涉及法律责任吗？

②作为法律工作者，你对此如何评价？

（7）采访青少年教育专家：

①请你对此事发表自己的看法？

②如何正确引导青少年正确认识性知识和性健康？

▲相关注意事项：应将采访对象的姓名、职业、职称、年龄、职务等基本情况搞清楚，保证新闻来源准确、清晰。采访要力求真实、客观、全面、平衡、公正。不预设立场、不带个人情感偏向。提问要简洁通俗、问题开口要小而具体。提问要有层次。提问要讲究层层递进的逻辑。

上述采访计划是对记者采访前准备的一个具体的参考方案。对于新手而言，缜密、细致的准备工作是非常必要的。要找什么人采访？要问什么？哪些问题是必须特别注意的？采访的顺序是什么？哪些人必须要采访？……出门前多问问自己，这是记者职业所需要的素养。采访需要记者将新闻事实的六个要素（5W1H）一一核实调查准确，所有事实都完整清楚，不留死角。哪怕有一点没弄明白，写作就可能遇到困境。对于经验丰富的记者而言，看了上述细密的采访报道计划可能会不以为然。不错，有丰富新闻职业经验的人对于一个小事件的采访也许不用花费如此之多的心血，但需要提醒的是，有准备肯定强过掉以轻心。

2008年，在海峡两岸“大三通”采访活动中，现场有几百名记者按照统一时间乘车去指定的地方。时任凤凰卫视时政记者的秦枫提前3小时去会场熟悉环境，当保安开始清场时，她意识到重要人物要来了。也许因为她穿着正装，保安误以为她是替高官踩点的工作人员，没有让她退场。于是，她就在现场等待，终于等到了几位大人物，采到了独家新闻。据秦枫自己说，她平时穿衣都比较正式①。如果秦枫听命于接待部门的安排行事，如果她没有提前到达会议现场，如果她着装不合适，这次采访就难以获得独家新闻。一个敬业爱岗的人有强大的精神动力，会尽心尽力完成每一次的采访。

第三节　新闻采访技巧

记者在采访前电话联系受访者时就要体现出沟通、交流的诚意，友善、亲和、有礼貌、有修养，用商量的口吻与对方协商采访的时间和地点，给对方留下良好的第一印象。在整个采访过程中，创造一个和谐、友好的氛围有利于提问的顺畅。让对方多讲，做一个好听众。

1. 从最轻松的话题切入

面对陌生的记者，有的采访对象会紧张不安；有的会内心里有顾忌，不愿意说。记者要打开交谈的僵局，就得想办法安抚对方，让其放宽心。要想使对方悬着的心放下来，知无不言言无不尽，坦诚地与记者交流，记者自己就得从见面开始给对方以好感效应，先不提采访的事，与受访者一见面可以寒暄一下，让对方放轻松。如从对方的业余爱好入手，或从最近发生在当事人身上的一件得意的事切入，或者记者在采访对象室内观察到的可以作为话题的物件切入。总之，从对方最愿意说的事、最喜欢说的事、最容易说的事、最轻松的事打开话题，让对方的心理放松，紧接着正式的提问从简单、易答、好答的问题入手，这些都是采访中必要的技巧。所谓：良言一句三冬暖。2012年10月19日，莫言获诺贝尔文学奖后接受央视记者董倩《面对面》专访，董倩的第一个问题是：

我一直觉得作家就像一只母鸡一样，然后他的作品就是蛋，平时我

---

① 高海珍. “秦枫”是怎样练成的［J］. 新闻与写作，2015（4）.

们吃鸡蛋的时候，可能不会想到母鸡是什么样，但是由于这回出了一个金蛋，所以大家很自然地就会想到这只母鸡，会下金蛋的母鸡是什么样。所以大家会对您很多地方感兴趣。

这个开场白巧妙地借用了钱锺书先生针对法国记者采访请求的婉拒：如果你吃了一只鸡蛋感觉味道还不错的话，有什么必要一定要见下这蛋的母鸡呢？董倩用“金蛋”暗喻莫言获得了诺贝尔文学奖，这是一种巧妙的恭维。

正式采访前，寒暄是必要的。高明的采访是记者不提“采访”两个字，让对方感觉不到是采访，仿佛是和知心朋友聊天，这样就进入了境界。用带有恭维性的话题作为开场白，与对方套近乎，在情感上唤起对方心灵的共鸣，拆除其内心深处对记者有防范心理的“一堵墙”。“暖场”是采访成功的前提。

1998年5月台北《媚》杂志记者宋雅姿采访著名作家柏杨时的第一句话是：

宋：我和柏杨认识的时候，他刚从监狱出来不久，最吸引我，也最令我奇怪的是这人怎么这样健康？身心都健康。

柏杨：（故作惊讶）你不是看我年轻貌美？

宋：这社会很多人都有病：恐惧、怀疑、焦躁、不安、防范。而他，坐牢那么久，还有那么大的热情，那么开阔的心胸，真的很让我眼前一亮。

柏杨：其实我年龄大，又坐过牢，一无可取。

宋：不会啦！①

看到了吧！这样开头，采访的气氛会是多么的轻松愉悦。让对方放松下来，忘记这是采访，采访就成功了一半。由浅入深，由易到难，由简单到复杂……这是采访提问流程的规律。人物采访通常会从一个最新鲜的事实入手，然后按照当事人成长的时间逻辑展开提问。王志采访京韵大鼓传人骆玉笙时，从一进门就和老人聊上了，仿佛老朋友一样聊得十分投缘，最后骆玉

① 柏杨. 柏杨谈话录［M］. 北京：人民文学出版社，2011：171.

笙忽然问："采访开始了吗？"王志告诉她："已经结束了。"风过水无痕，高明！

2. 自然流畅

从开场白寒暄获得对方的好感，有了良好的采访气氛，接下来的第一个问题同样非常关键，最好是让对方感觉到你用心做了准备，这样，整个采访就变成了倾心交流的过程，自然、流畅、平等、有人情味。我们看德国《明星》周刊对曾经叱咤世界女子体操界的罗马尼亚女子体操运动员纳迪娅·科马内奇的一次采访：

科马内奇的退役生活

2006年11月15日　参考消息

［**德国《明星》周刊10月5日一期文章**］1976年，罗马尼亚女子体操运动员纳迪娅·科马内奇在蒙特利尔奥运会的高低杠比赛中夺金，并成为了体操史上头一位获得满分10分的女运动员。科马内奇从6岁起练习体操，14岁时便以完美的表现在蒙特利尔奥运会上征服了全部裁判。今天，44岁的科马内奇与美国前体操运动员巴特·康纳在美国生活并开办了一家儿童体操学校。她于1996年结婚，并在今年6月3日生下了儿子迪伦·保罗。

《明星》周刊问：您对自己的孩子讲哪种语言？

纳迪娅·科马内奇答：罗马尼亚语。假如我和孩子说英语，我母亲非杀了我不可。

问：您很晚才当上母亲……

答：是啊，40多岁才要孩子在今天算是很平常。巴特和我本来已经考虑领养一个孩子，但就在那时我成功怀孕了。知道这个消息时我兴奋极了！我丈夫很爱拿我们的年龄开玩笑。他说，当我们的孩子换牙时我们的牙也掉了。我真的感觉很幸福。

问：您还坚持训练吗？

答：我每天都练习体操，还骑自行车。怀孕期间我胖了9公斤，现在都减下去了。

问：您对1976年的蒙特利尔奥运会还有什么印象？

答：真快，都过去30年了。我当时14岁，其实什么都不懂——这也挺好。我在比赛中表现得不错。

问：您过谦了，您得了7个10分啊!

答：从前没人得过10分。可笑的是，当时电子记分牌显示的是1.0。生产厂家之前问过奥委会，会不会有人得满分，得到的回答是“还从没有过呢”。

问：您如何应付成名后的麻烦事?

答：我在一天内就收到了250封信，还得到了齐奥塞斯库总统的接见。这当然令人兴奋。但我还在继续训练，后面的比赛就快开始了。

…………

我们发现，这个采访简洁明晰，提问自然流畅，氛围和谐。记者对受访者的资料掌握得比较清楚，提问驾轻就熟，交流自然轻松。

3. 赞美采访对象

凡是人都有人性的优点和缺点。每个人都有被尊重的心理需求，人都喜欢听到赞美的话、恭维的话。《增广贤文》有句话说：“良言一句三冬暖，恶语伤人六月寒。”圣经箴言书也有一句这样的话：“一句话说得合宜，就如金苹果在银网子里。”记者在采访中与采访对象能否建立亲善、友好的谈话氛围，除了行为举止是否让人喜欢，还有就是提问的方式方法是否足够谨慎，对于敏感的问题从侧面间接提问，对于尖锐的问题委婉亲切地表达，同时，适度地赞美恭维对方也是拆除横亘在受访者心中防范之“墙”的情感攻势。让对方心里愉悦，放下紧张感，消除防范的心理，采访就会进入一个轻松沟通、真诚交流的境界。

意大利记者奥利亚娜·法拉奇采访邓小平，在问及“毛泽东思想”时，邓小平提到了周恩来、刘少奇、朱德等为这个概念的形成和发展做出了贡献。法拉奇问：“您为什么不提自己的名字？”她还问：“邓先生，肯定无疑，鉴于过去和现在您都是这次改革的智囊人物，今日的中国没有您是难以想象的。虽然您仅仅是一位副总理……对此，请您帮我消除我的一个好奇心：从职务层面而言，像您这样的人总是坐第二把交椅，总是成为某个人的副手，这是怎么一回事？”“您说话心口如一，任何时候都是这样。但是一个人经历三上三下而活下来，在世界上也是罕见的。很多领导人可能只有一上一下，二上二下，拿破仑也只下了一次。当然您不可能同拿破仑比，也不好比。您经历三上三下而复生，有什么秘密？”[①]后面这几个问题在赞美和恭维之后都有着深刻的含义，这就是法拉奇提问的高妙之处。

在法拉奇这次采访之前，她曾两次申请来中国采访邓小平都遭到了拒绝。她托意大利总统佩尔蒂尼帮忙“走后门”才如愿以偿。本来邓小平答应只接受一次采访的，时间是2小时，因为谈得比较开心，法拉奇尖锐深刻的提问与邓小平的睿智从容交汇，邓小平破例延长了10分钟，并且主动邀请法拉奇再做一次采访。两次加起来约有4个多小时。第二次谈话结束时，邓小平站起来与法拉奇握手告别，他幽默地说：“怎么样，我考试及格了吧？”法拉奇连忙说：“精彩极了！”时隔不久，邓小平在北京人民大会堂会见意大利总统佩尔蒂尼时，一见面他就真挚地说：“你们意大利有一位很伟大的女性，一个很伟大的法拉奇!”[②]

4．获得欲知的材料

记者提问的目的是为了获得受众欲知未知的信息，让对方多提供事实材料才是上策。如果记者自己说的多，只需要对方回答“是”或“不是”，“对”或“不对”，这样的采访信息量太少，对于记者写作报道是没有多少帮助的。其次，不要问可以预知答案的问题，比如记者在派出所采访一位被抓的小偷：“你是偷东西被抓的是吧？”这不是明知故问嘛！2016年10月16日上午10点33分，“神舟十一号”载人飞船任务航天员景海鹏、陈冬与记者见面会上，中央电视台、《人民日报》、新华社、《解放军报》、中央人民广播电台等多家国内媒体以及15家境外媒体现场报道。中央电视台央视新闻记者提问：“请问陈冬，你在2010年成为第二批航天员，等待六年迎来自己第一次飞天，和你预期相比快还是慢？意料之中还是意料之外？与第三次飞天的景海鹏一起执行任务，是怎样一种感觉？”看上去这有三个问题，但前两个回答简单，没有信息含量，第三个回答记者可以预知，没有多大意义，这样安排是以老带新，肯定是要景海鹏利用自己曾经有过航天经验、现在状态也比较好的优势带着新手陈冬一起协作完成新任务。人民日报记者提问：

① 法拉奇．风雨人物采访记II［M］．杨顺祥，乐华，嵇书佩，译．南京：译林出版社，2014：377-388.

② 王标．1980年邓小平三天之内两次接受意记者法拉奇采访始末［EB/OL］https://cpc.people.com.cn.2011-08-11.

"请问陈冬，这是你第一次执行航天飞行任务，为此做了哪些准备？"这个提问意义也不大，为航天做准备肯定是多方面的，如身体训练、设备操作训练、模拟外太空失重状态下的适应性训练、实验训练等。香港文汇报记者提问："请问陈冬，你们将如何进行这些实验？是否曾在地面做过相关训练准备？期待实验取得什么效果？有什么话想对香港'小设计师'说？"文汇报记者问了四个问题，其中第二个显然是多余的，猜都能猜到答案。东方卫视记者提问："请问陈冬，据我了解，这次任务的作息将采取'6+1'模式，也就是说每工作6天，会有1天休息时间，业余时间你怎么度过？"这个提问是几个问题当中最合适的，记者提前做了功课，了解受访人的相关背景资料，问题比较具体好回答，也是受众关心的。让对方讲故事，把重要事实的细枝末节问透彻。

5. 别预设陷阱

北京时间2016年8月20日上午，里约奥运会男子4×100米决赛，牙买加队以37秒27获得冠军。中国队以37秒90的成绩获得第四名。赛后，央视体育记者冬日娜采访了中国接力队的四名队员。

冬日娜首先提问跑第一棒的汤星强：

> "其实这个……汤星强，启动比预赛当中稳了好多，0.203起跑反应用时，是所有选手当中最迟的一个，当时就是以安全为主吗？"
>
> 汤星强："啊……对……差不多……以这个……安全为主吧，对的。"
>
> 冬日娜："怎么样感觉，刚才这棒跑的？"
>
> 汤星强："我已经跑出我自己最好的水平了。"

冬日娜的"神提问"让对方难以回答。问题出在记者预先设定了立场。应该说，冬日娜为提问做了准备，她注意到跑第一棒的汤星强起跑反应慢了，用时0.203，比预赛慢。这是一个细节，就此记者提出来，让对方解释是合适的提问。偏偏冬日娜自以为是，在提问前就认定汤星强这样是求稳，也许是怕抢跑犯规，影响全队的成绩。于是，她问："当时就是以安全为主吗？"这句话表述不清楚，令对方疑惑不解，难以回答，自然就出现了冷场的局面。

其实，即兴提问是有技巧的。首先是提问宜简洁、具体、直接；其次是就事论事，围绕刚刚发生的事提问；再次是问题不要超出对方年龄、专业、知识、特长等领域范围；最后不要把自己主观臆测的问题当成事实让对方表态。第一个问题不能随意，如果来不及思考或者不知道问什么问题好，就用开放式的提问，比如“感觉怎么样？”或“你对今天自己的表现怎么看？”这样提问的好处是，把心理压力抛给了对方，记者可以聆听对方的回答并从回答中敏感地发现有价值的信息，请对方清晰地作出解释，如同成语接龙一样，这样环环相扣不断从对方的回答中提出新的问题，一气呵成，交流顺畅自然。如果对方对记者的第一个问题回答平淡，没有可以继续挖掘的信息，记者可以趁对方在回答第一个问题之机，快速思考第二个有价值的问题，比如记者在现场观察到的比赛前后当事人的细节，“起跑用时0.203，比预赛慢，什么原因？”对于擅长表述的采访对象，记者从正面提问，多一些开放式的问题会得到更多的、意外的信息。所要注意的只是别让对方偏离了主题，把话扯远了。对方如果只回答了简单的结果但没交代清楚原委，记者只须刨根究底追问“为什么？”“怎么解释？”“为什么这样说？”就能得到需要的答案。

冬日娜提问多次受到观众的诟病，最主要的问题是把自己的想象当成了事实，为对方设置了问题陷阱，不回答不是，回答也不是，左右为难。记者在即兴提问时把自己当成一个什么都不懂的“白痴”，也比自作聪明要好。紧紧围绕与比赛相关的问题，表情放轻松，用简洁、准确、通俗、直白的话问对方，问题小而具体。别用复杂的长句和啰唆的语言提问；别表述模棱两可含糊不清；不要自问自答，仿佛什么都已经知道了一样，应该让对方多说，用好问题引出对方的妙答；不对当事人的表现做主观判断“我觉得你已经尽力了”“你应该跑得更快”；不对对方的回答给予评价如“你说得太对了”；不问对方不知道也回答不了的问题，如问运动员“你觉得咱们没拿到这块团体金牌原因在哪里？”；不问对方现在无法预知的未来的前途和命运，如“下一届奥运会要争取夺金牌吗？”；不问涉嫌羞辱对方人格的问题，如“你没得冠军感到悲哀吗？”；这样做就能水到渠成。提问时不要嘴比心快，随心所欲，问题没经过大脑，自己都不知道为什么这样问，结果让对方一头雾水，自己也被受众嘲笑。

6. 别盛气凌人

采访是为了获得有价值的事实材料。如果为了炫耀自己所谓“无冕之王”的身份而咄咄逼人、粗暴无礼，却提不出有价值的问题，这样的记者可不会得到采访对象的尊重和好感。在2016年3月4日全国“两会”记者会上，一名自称是澳洲新快报的华裔记者为抢问直接在会场大喊大叫会议负责人的名字“傅莹！”，引起关注。在傅莹示意下，他虽破例获得加码提问机会，但惹来主持人提醒“下不为例，不要在现场这么喊”。傅莹也说：“再不许提我的名字喽。”这位亚洲面孔的男士先以老记者自居，夸傅莹任澳洲大使时获极高评价，又激动地炫耀他和刘少奇之子刘源上将的私人关系——“刘源是我中学学弟”，并语出惊人称：“他在我们心目中、全世界人民心中是反腐No.1，应在反腐纪检监察部门有更高任命，为何让他当人大财经委员会副主委？”这名记者用大喊大叫得到提问机会后，却没有提出好问题，反而自以为是地逼迫对方接受他的所谓“谏言”，这种行为缺乏专业素养。记者的职业尊严体现在提出好问题，而不是把采访现场当成“秀场”。

7. 善于倾听

北京电视台纪念抗战胜利70周年做了一期特别节目《抗日战场上的非常故事》（下），请萨苏讲述了1940年7月24日日军36架轰炸机空袭成都遭遇中国空军一架轻型教练机顽强抵抗的故事。萨苏提供了他在日本搜集到的一段日本随军记者小柳和八木两人在空袭当日拍摄的电影记录片段。1940年7月24日，日本陆军航空队小川、铃木、高桥等部队共36架97重型轰炸机从武汉起飞，空袭成都。当时，中国空军已经拼到了损失殆尽的地步。这也是日军陆航敢于带摄影记者参加轰炸拍摄的原因。出人意料的是，当日军穿出云层时，立刻遭到了中国防空火力的拦截。更令日军没有想到的是，竟然有一架中国轻型教练战斗机冒着日军机群密集的防卫炮火从左侧上方杀来，它一面射击一面如流星飞坠直冲入日军编队的正中。日军机群的拦阻火力拦不住这架中国战斗机，小柳的镜头里，满是这架战斗机射出的曳光弹的轨迹。遗憾的是，由于火力不足，中国空军这架教练机无法击落日军的重型轰炸机，最后打完弹药后不得不返航。事后查证，这名英勇的中国空军就是航校教官李向阳。抗战期间，他共击落日机4架。李向阳在这一天的日记中没有记录怎么升空和与日军纠缠格斗，只有一句话：“我的学生都战死了，现在该我这个老师上去了。”

萨苏讲的这个故事过去因为没有记录，人们闻所未闻，非常精彩，非常感人。遗憾的是，在萨苏带着情感，流畅、生动地叙述这个故事过程中，一男一女两名主持人在长达7分27秒的时间里不时地插嘴，重复萨苏的话，发表事实判断，两人还不停地吐出口头禅“是”“嗯哼”等等。两名主持人的频繁插嘴使萨苏的讲述变得碎片化，抑制了他的情感流露，损害了故事的连贯性、叙事的流畅性，也使受众无法专注于故事本身，时不时地从故事的语境中分离出来，损害了传播效果。在采访中，面对一个善于表达的采访对象，当他正在讲述时，记者不宜插话，这样一方面对当事人不尊重，是一种失礼行为；另一方面干扰了讲述者的思路，破坏了其讲述的兴趣，使讲述者的激情消退。如果采访对象颇有个性，会当场失控，拒绝配合采访，导致一次本来有价值的采访无法完成。要知道，对于电子媒体而言，采访者的讲述是否能够打动人心决定了可听性，遇到一个声音好、表达好、善于配合记者采访的人不容易，只有当采访对象忘却他是在接受记者采访时才是最精彩最有感染力的境界，这是一个渐入佳境的过程，一旦因记者不当的打断让其激情骤减，就可能再也难以重返“物我皆忘”的谈话氛围中去了，这样难得的机遇被记者频频插嘴所毁灭有多可惜！

采访不仅仅是提问的艺术，也是倾听的艺术。在对方讲述时，记者只须用关切的眼神、专注的表情、恰当的姿态（身体稍微前倾）就能够传达丰富的信息，等于在告诉对方：你讲得真好，我被吸引住了。记者用眼睛、表情和体态的非语言交流符号与讲述者沟通交流，有助于让对方体验到被尊重的愉悦，于是陶醉于表达的快感之中。这种心与心的交流，情感与情感的联通，思想与思想的碰撞使双方都忘却了是在采访，这才是理想的采访境界。倾听不是记者刻意装出来的一种采访技术，而是发自内心的一种真诚表现，你听得入迷了，自然会入神，仿佛忘却了一切，只想得到所有的答案，揭开谜底，获得满足。专注的听者对于讲述者是一种激励。只有碰到不擅长表达的人，记者才会尽量用问题提示、引导对方回答。倾听，让对话没有距离。用插话打断对方只有这么几种情况：其一，感觉对方的讲述是在重复已经说过的信息；其二，对方的讲述是记者不需要的题外话；其三，对方在回答记者提问时意外地提到了记者不知道的新鲜的信息；其四，对方回答不完整、不具体、不清晰、不准确；其五，出现对方回答记者提问欲言又止、面露难色等冷场的局面。后三种情况需要记者及时追问，即兴提问也许得到的信息更有价值。

8. 善于观察

记者在采访中除了提问、倾听，还要善于观察。首先是观察环境，从中找到打开话题的物件。记者还要观察环境中能够体现人物性格特点、职业特点的细节，可以直接写入报道中，也可以通过提问搞清楚事实背后的含义。记者同时要善于观察采访对象的外表、装扮、眼睛、表情、身体语言等非言语符号的细微变化，从中也许可以获得更有价值的新闻事实，可以通过提问求证核实，得到准确的答案。一般而言，人的眼睛、表情、体态的变化是内心真情的流露，普通人很难掩盖，记者在采访过程中要始终注视着对方，有目光的交流，一表示对采访对象的尊重，二感觉采访对象的心理状态，及时调整采访提问的节奏和方式，与对方的心灵产生共鸣，把对方内心的真实故事挖掘出来。听其言，观其眼神，也有助于记者鉴别当事人是否在说真话。对于观察到的异常细节，记者适时提出即兴式的追问，能够发现更有价值的事实。在受访人熟悉的环境中仔细观察，不放过任何蛛丝马迹，其优点是，从中看出当事人平时真实的生活状态，与其讲述形成印证或互为补充，让记者对当事人有更为深入和独到的理解，这对于写作也是非常有帮助的。好的问题也许不是记者事先所预想构思的，而是在现场根据观察和倾听获得灵感瞬间捕捉到转瞬即逝的“亮点”，即时提出采访提纲中没有想到或者忽略的问题。这种即兴提问往往能够切中要害，可能是改变记者原定报道思想和报道体裁的转折点，写出更有冲击力的新闻。《纽约先驱论坛报》1945年9月3日刊登的记者霍墨·比加特采写的消息《日本签字仪式》就体现出记者的现场观察能力，如：

重光葵步履蹒跚，拖着木质假腿到铺着粗呢台布的桌子旁，桌子上放着投降文件，等着他签字。如果人们不是对日军战俘营中的暴行记忆犹新的话，也许会不由自主地同情重光葵。

他把全身的重量都压在手杖上，好不容易才坐下来。他把手杖靠在桌子旁，然后，在他签字的时候，这手杖倒在了甲板上。

道格拉斯·麦克阿瑟将军致辞后，做了一个手势要重光葵签字。他们两人没有说一句话。

…………

这篇消息是记者用“眼睛”采访的第一手材料，它是历史的见证。记者用文字将现场传神地记录下来，语言简洁、准确、形象、生动、有画面感，如同微电影一样令人印象深刻，其写作手法值得借鉴。

9. 旁敲侧击或激将法

对于敏感的问题，采访对象一般会避而不答。这就需要记者从侧面迂回提问，让对方不会感到难堪或尴尬。侧面提问在获取新闻线索阶段就十分有用，比如记者要从新闻来源那里套出线索，不要直接问：“这两天有什么新闻吗？”而应该委婉地问：“这两天有什么会啊？”“你这两天忙什么呢？”对方在不经意间可能就给你泄露了“秘密”。2016年7月凤凰卫视主持人许戈辉采访明星彭于晏时就采用了旁敲侧击的侧面提问：

许戈辉：最想做的事情?

彭于晏：去一个从来没有去过的国度，或者是外太空，在那边住一个月。

许戈辉：如果可以带一个人，不许是妈妈，会带谁去?

…………

碰到对方不愿意配合采访，或者有意避重就轻，回避重要的问题时，记者无路可走，只能采取激将法提问了。2004年8月14日央视《面对面》播出了记者王志对52岁上大学的湖南永州市祁阳县人雷运姣的专访。一开始，王志就采用了激将法：

王志：成绩怎么样呢，两年下来?

王志：我猜你也不会通不过。

王志：因为老师会照顾你呀。你是一个特殊的学生啊。

激问是一种非常规的采访提问方法，碰到神情倨傲、趾高气扬、得意忘形，对记者的提问态度轻慢的人，或者对记者的提问缺乏热情的人，记者迫不得已采用这样刺激对方的提问法，目的是迫使对方不得不回答记者的问题。

10. 不与采访对象辩论

在新闻采访中，记者如果碰到对方在世界观、人生观、价值观方面与你不同的情况，不要表达不满而辩论，而要通过提问和倾听，让对方表达清楚原因，同时让对方提供相关事实。还可以事后采访权威的专业人士对受访者的话表达立场和态度。因为政治观点的差异，发生争执的事情就更容易见到了。因为彼此都有思维定势，都会固执已见，想要通过一场辩论达成共识几乎是不可能的。因此，记者在采访中即使听到对方的“奇谈怪论”，也不要表达反对的意见争论，而要客观地通过追问，让对方陈述事实。保持客观、理性、公平、公正的采访态度，不预设立场，不因为个人的观点与对方不同而辩论，以公众代言人的身份置身现场，以倾听者的姿态用好问题完成采访，这才是记者的职业素养。

11. 不问愚蠢的问题

陈凯歌电影《搜索》一开始不让座事件发生后，王珞丹扮演的实习记者满大街追着对方采访，一路发问“当时你怎么想的？”“你有什么感受？”……有的记者什么时候都是这一套问题，难怪有人抱怨：你们记者怎么都提一样的问题？有的记者问惯了，碰到对方亲人遇到不幸，也脱口而出：“你有什么感受？”有的记者在机场采访，受访人刚下飞机，记者就问：“你对这里的第一印象是什么？”“心情如何？”“想要对本地的民众说些什么？”这些问题对于初来乍到的人都是没有意义的。

在新闻采访中，让对方敏感、难堪，或涉及个人隐私的问题一般不宜正面提问，也不合适在采访一开始就提出这样的问题，否则对方会怀疑你的动机，会拒绝采访。

1981年3月30日下午，美国总统里根在华盛顿希尔顿饭店出口处遇枪击。他的儿子迈克·里根闻讯后离开办公室赶回家，这时，媒体已经将他家团团围住了。他一下车，媒体记者就拥上来，第一个问题就是：“你父亲中枪了，你感觉怎么样？”迈克·里根走进屋子对妻子柯林说：“媒体记者怎么能问这种问题？你要我怎么回答？……我觉得这是世界上最蠢的问题。”

在新闻采访中，有的记者形成了思维定式，“你感觉怎么样？”“你当时是怎么想的？”这类问题似乎成了万能的问题，张口就来，有口无心。对方也许心里嘀咕：为什么记者总爱这样提问呢？

第四节　应对采访难题

采访是一门人际沟通的艺术。记者的知识修养和采访经验是完成报道任务的重要保证。面对每一次的采访，记者都要全力以赴，用心与采访对象交流对话，获得对方良好的第一印象，在和谐的氛围中双方通过互动，完成对采访话语的建构。

1. 面对不愿接受采访的人

（1）表达诚意

采访对象不愿意接受采访，记者该怎么办？新闻采访需要受访者的配合，对方有权利拒绝记者。那么，记者靠什么打动对方获得采访的机会呢？1983年，电影明星迟志强因在南京与女性朋友跳贴面舞、发生性关系等被捕入狱。中国青年报记者进入监狱采访，称自己是公安局的上级来了解情况。迟听说是上级，心想贬低自己深刻一些可能有好处，就做了一大堆深刻的检讨和严厉的自我批判：追求资产阶级生活方式，资产阶级享乐，向往奢华的生活……结果，记者写了一篇长篇报道《银幕上的英雄　生活中的罪犯》，直接宣判了他“有罪”。报道中称，迟志强把女性带到红旗车中，集体淫乱，轮奸、强奸。该报道出来之前，南京市公安局定性，称事件当中没有受害人，双方都是自愿的交往，迟顶多就是生活作风不好，让长春电影制片厂把人接回去教育。报道刊登后，南京市公安局不敢放人了，迟志强被南京中院以流氓罪判刑四年①。

同样在监狱采访被判刑的人，中央电视台《新闻调查》前主持人、记者王志是怎么做的呢？2000年3月5日下午，王志在江西省看守所对前副省长胡

---

① 每日汉字．唱过《囚歌》的迟志强入狱冤不冤？一篇新闻报道，影响了他的一生！［EB/OL］．www.sohu.com/a/198411459-276265．2017-10-17．

长清进行了近三个小时的访谈。采访前，有人给他出主意，不要说你们是中央电视台的，胡长清可能会害怕，采访做不成。也有人建议，你们就说你们是中纪委的、你们就说你们是法院的，欺骗对方讲实话。王志坚信："我要取得他的信任，我就要用真诚去打动他。"王志见到胡长清时对他说，自己没有题目，也没有预设主题，只是作为一个倾听者来的，不限制他说什么。王志还坦诚地告诉胡长清，记者不能帮助他减轻处罚，只能澄清事实，报道真相。此前，其他记者要求采访胡长清都被他拒绝了，只有王志完成了独家专访。为什么王志成功了？两个字："真诚"。他用真诚打动了对方，获得了全面、完整的第一手材料。采访的境界是什么？王志认为，"最高的技巧是无技巧。朴素往往最摄人心魄。"[①]对比两种采访的风格，高下立判。靠威吓欺骗采访对象获取材料的做法不真诚，在道德上有瑕疵，违背了新闻的职业操守。采访前，记者用电话、QQ、微信、微博、电子邮箱等方式联系采访对象时，真诚的态度十分重要。尊重对方，商议采访的时间和地点，告知对方采访的目的和动机，这都是真诚面对采访者的方法。

（2）托关系帮忙

如果我们留心会发现不少媒体在招聘人才时要求求职者要有"人脉资源"。这是为什么？有人好办事啊！在关键时刻，记者的人脉资源就是生产力。有人介绍，受访者会有"爱屋及乌"的心理，会对记者产生天然的亲近感。即便受访人不情愿被采访，"人情"和"面子"是无法回避的社会关系，俗话说"不看僧面看佛面"，你是关系人介绍去的记者，对方再不愿意也得给介绍人一个情面吧？1936年6月，在宋庆龄的安排下，美国记者埃德加·斯诺首次访问了陕甘宁边区，拜访了许多中共领导人。1937年卢沟桥事变前夕，斯诺完成了《西行漫记》的写作。1937年10月《红星照耀中国》（《西行漫记》）在英国伦敦公开出版，在中外进步读者中引起轰动。1938年2月，该书的中译本在上海出版，让更多的人看到了中国共产党和红军的正面形象。没有宋庆龄的介绍，埃德加·斯诺就难以获得西方记者中第一个进入延安零距离采访中共领导人和解放区人民的采访机会，也就难以名垂青史。

---

① 杨兴锋．南方报业采编经典案例：第一辑［M］．广州：南方日报出版社，2011：74.

这些传奇记者的经历提醒我们：记者是社会活动家，要善于结识各行各业的朋友，尤其是那些具有高影响力的人，在碰到难以接近采访对象的关键时刻，记者就能够通过朋友关系或亲属关系，顺利地开启采访之门。当然，媒体的公信力，记者个人的知名度也是获得受访者认同的“媒介”。

（3）用诚心打动对方

王志说过一句话：“哪怕有百分之一的希望，我要拿出百分之九十九的努力去做。”的确，认真的准备、诚恳的态度、热情的问候和善意的亲和力总能打动人心，即便是石头，也能开出美丽的花朵。一个敬业爱岗的人会带给受访者美好的第一印象，为采访的顺利奠定基础。2011年5月《南方日报》启动了中国“入世十周年报道”，其中有两个重要系列“跨国访谈”和“世界五百强总部行”。“跨国访谈”是重头戏，南方日报记者按照报道策划对十年前参与中国加入世界贸易组织谈判的重量级人物进行专访。

2011年7月，记者谢梦受命前往华盛顿采访美国前贸易代表巴尔舍夫斯基。在准备过程中，她浏览了WTO网站、联合国网站、受访嘉宾现在就职的部门官网等，并与WTO总部取得联系，搜集受访者的信息和资料。谢梦通过联合国贸发委官网上提供的秘书处电邮联系到了前世贸总干事素帕猜，通过巴尔舍夫斯基所在律师所官网上的电邮地址找到了这位曾经在中国入世谈判中享有“铁娘子”美誉的女强人。随后，谢梦将《南方日报》的采访邀请函、采访提纲电邮给了巴尔舍夫斯基女士。

她担心对方会拒绝，又写了一封长信，描述自己在少年时代做中国入世的剪报，在笔记本中收录了从报纸上裁剪的巴尔舍夫斯基当年的照片，在信的结尾她写道：“虽然我只是一名来自遥远中国的年轻记者，但我已经认识了您十余年，对我来说这并不算陌生。如果您接受见面，我会带着少年时的笔记本去华盛顿，见证和您对谈的时刻。”两天后，巴尔舍夫斯基回复了邮件：“非常乐意见面听你的故事。”①

（4）坚韧执着感化对方

做记者须有韧性，通俗地说要像牛皮糖一样粘住对方，不达到采访的目的誓不罢休。美联社记者乔治·艾斯珀有一次计划调查20年前越战时美国肯特

① 杨兴锋. 南方报业采编经典案例：第二辑［M］. 广州：南方日报出版社，2012：59-63.

郡四名学生被国家卫队杀害的事实。他打算采访这四名学生的母亲，想了解事件发生多年后他们有怎样的想法。他联系到了三位母亲，却没能得到第四位母亲的电话号码，只有她所住的街区的地址。于是他钻进自己的车，在暴雪中行进了一个小时。傍晚7点整，他敲响了主人的房门。出来开门的是第四位被害学生的母亲弗劳伦斯·施罗德，她拒绝了采访。乔治·艾斯珀没有转身离开，只是站在那里，他浑身已经湿透了，冰冷的雪水不停地滴下来。这一幕令这位女士产生了同情心，一会儿之后，她同意了。一阵闲聊之后，她谈了两个小时关于20年前死去的儿子，采访快结束时，她告诉乔治·艾斯珀她从没有想到自己会将这件事谈得这么深入。乔治·艾斯珀对自己从事新闻工作40多年的总结是：有时需要要些小手腕儿，有时需要全身心的投入；无论何时，不懈的努力与坚定的意志都是必不可缺的①。面对不情愿接受采访的人，记者精心选择时机、场所，采取追、堵、截的办法，或者干脆守候等待，以不抛弃不放弃的执着坚韧精神，最终完成采访重任。

（5）从第二手或第三手材料突破瓶颈

在无法采访到当事人的情况下，迫于新闻的时效性和截稿时间的压力，记者迫不得已，只能改弦易辙，采访权威的公共服务机构，或者当事人的亲朋好友，或者其委托的代理人，或者找到见证者或知情者，从他们嘴里获得报道材料。当然，对于这样的材料需要清晰准确的新闻来源，使用两个或三个信源交叉验证。

2. 面对不愿回答的受访者

（1）反复提问同一问题

记者对于敏感的、重要的问题应委婉地从正面提出来，或者从侧面提问，如果对方回答并非记者想要的，或者有意避实就虚不愿意透露清楚，记者应持续地追问，如同接力一样，探明受访者的意图。如果受访者坚持不透露真相，记者就用白描语言呈现采访现场的情景，受众自然会明白其中的潜在信息。

① 施瓦茨．如何成为顶级记者：美联社新闻报道手册：第1版［M］．曹俊，王蕊，译．北京：中央编译出版社，2003：1–2.

（2）变换角度追问真相

有时候受访者因不愿意回答记者提出的问题故意答非所问。碰到这种情形，我们可以从另一个角度提出貌似不同的问题，频繁提问，挤压受访者跟着自己的思路思考，这种临场应变，适时转换话题的提问技巧目的就是为了得到记者想要的答案。凤凰卫视记者吴小莉1998年在马来西亚吉隆坡APEC会议上向江泽民提问关于人民币是否会贬值时，手里举起一张10元钱问："江主席，我手里的这10元钱明年还当10元钱用吗？"事先已经声明对人民币是否贬值不接受采访的江泽民肯定地告诉她："明年还当10元钱用。"这等于说，人民币不会贬值。这是一个非常巧妙的提问，因为会议之前记者就被告知关于人民币是否贬值的敏感问题拒绝记者参加峰会讨论，中国国家领导人也不接受记者采访提问。吴小莉和摄影记者等待守候在会场外，直到会议结束，国家领导人走出会议室要离开的时刻，她才追上前去用上述这个委婉、机智的问题获得了最关键、最有价值的信息。

3. 面对简单空泛的回答

（1）问开放式的问题

问题可分为两大类：开放式与闭合式。前者不限定对方回答范围，诸如"是什么？""为什么？""怎么样？""如何？"后者划定了清晰的回答界限，诸如"是不是？""对不对？""去哪里""几点？""你喜欢喝点什么，咖啡还是茶？"开放式问题的优点是让对方在自由的心境下畅快地表述内心的想法，有受到尊重的感觉，记者可以从中获得不知道的信息，也有利于记者从对方的回答中找到追问的问题。开放式问题的缺点是，对方容易跑题，采访花费时间多。过多的开放式问题会给受访者留下一个印象：记者没有做好采访前的准备工作。

闭合式的问题优点在于采访效率高，便于验证核实事实，显示记者有查阅资料的准备。其缺点是，对方受到限制，感觉不自由，回答简单。采访中，这两种提问应结合使用，可以发挥两者的优势。下面这个提问的片段是一位记者在杭州采访关于一个在酒店打工的安徽男子因店内聚餐饮酒死亡的事件。

记者："当时有没有喝酒？"

酒店店长孙先生：“喝了一点。”（应该追问：一点是多少，能否准确地说？）

记者：“喝了什么酒？”

孙先生：“啤酒，小半杯。”（应该追问：是啤酒？/多大的杯子？）

记者：“他是自己喝还是有人劝酒？”

孙先生：“这个我不方便说。”（应该问：为什么？/你当时在场吗？/哪些人在场呢？/你是何时知道当事人喝醉了？/你当时过问过这件事吗？/你当时采取了什么措施？/你认为自己对这件事有责任吗？然后，记者应该找与当事人同一桌喝酒的员工核实细节。）

通过研究这个案例，我们发现该记者的提问经验不足，没有问清楚事实发生的具体过程、责任和原因，真相不清楚。对方回答得非常简短，不清晰不具体，凭借这样的答案你无法写出完整、全面的报道。

（2）给受访者提示

有时，记者的提问会使受访者不知如何回答，会用简单空泛的一句话应付，或者回答模棱两可，或者对方在回答时费劲地思考，表情疑惑。这时候，记者就该想一想是什么原因了，可能是自己的问题问得抽象，或者表述不清晰对方没有理解，或者问题过大对方不知道从何说起等。发现问题，记者就要及时调整，用举例子、提供相关的经验、提供反方意见、用提示性的话语来引导对方把一个重要的问题一层层地回答清楚、完整。如杨澜2007年访谈金庸的一个片段：

杨：在经历了20世纪60年代同左派激进分子的激烈碰撞后，到了20世纪80年代，您担任了香港基本法起草委员会政治体制小组的组长，也推出了所谓主流方案，曾经有一段时间民主派对您的攻击也很厉害，您也在《明报》上跟他们开始了第二场大的笔战，这一次的感觉跟“文革”时候那个感觉有什么不同？

金：我就觉得中国文化应该值得保护，中国文化不能够一笔抹杀。

杨：从过去被左派批评，现在是被右派批评，他们也说一些很难听的话，觉得是不是您已经堕落了等等，对您来说您的主张其实没有变？

金：我觉得到现在为止我还是正确的，他们是错误的，你是牺牲香港七八百万人这个福利经济，你去胡搞，明明搞一件事搞不成，把香港搞垮了，对你有什么好处？

杨：所以从您的角度来说，您的立场并没有改变？

金：完全没改变。

杨：还是从香港的角度？

金：我是为了香港好，当时跟左派斗争也是为香港好，现在跟这些民主派斗争也是为香港好，你牺牲香港利益为你自私自利目的，我觉得这种事情不能做。[①]

杨澜用了四次提问，第一个问题比较长，目的是提示金庸，便于他思考和回答，当杨澜发现金庸的回答过于简单、不够明晰时，连续用了三个简单句补充提问，一步一步引导金庸对自己两次参政议政遭遇的来自“左派”和“右派”的攻击引发的风波背后深层次的动机阐释清晰、完整。受众因而从中能够理解金庸的政治理想。

（3）呈现事实，还原场景

面对简单空泛、蓄意应付的搪塞或异于常理的回答，记者可以如实呈现事实，把思考留给受众。例如《中国青年报·冰点周刊》《领导指示引出的精神病鉴定》（记者刘万永，2007年10月31日）的结尾是这样的：

2007年10月18日，记者通过开封市检察院传达室联系焦世峰，听说记者联系采访，焦世峰立即挂断电话。

随后，记者在开封市检察院信访室拨打焦世峰手机，说明采访事宜。

焦世峰说：“现在没时间。”

记者问：“今天有没有时间？”

“没有！”

“后天有没有？”

“没有！”

① 有人的地方，永远有侠——杨澜专访金庸［N］．参考消息，2006：12（26）．

"什么时间有？"

"什么时间都没有！"手机挂断。

另外一种方法是，记者还原场景，如《男子杀6人受审时冷笑：他们把我欺负得没活路了》（《北京晚报》，2013年4月22日）的结尾：

法庭上，辩护人问杨瑞喜的大哥是否有精神病史，杨瑞喜说有。"不过他也没杀人呐。"说完，杨瑞喜冷笑了一声。

4．即兴采访不知问什么

（1）根据现场观察提出问题

2003年9月12日笔者去乌鲁木齐郊外的南山白杨沟采访，经营家庭旅游业的哈萨克族妇女努尔古丽接受了记者的采访，由于她汉语不够流利，笔者（以下简称武）即兴提问时有心理压力，她也有心理压力。第一句提问是根据常识推理；第二句是根据在现场看到的场景提问：

武：那第一次你去给游客说：到我们家来住吧。我们家可以接待游客，当时说这个话的时候是不是还有点不好意思？

努尔古丽：就是不太好意思。慢慢地学会了。

武：那我看你们这个毡房里头摆的有电视，还有音响。毡房布置的也比较好。你这个是不是都是为游客着想的？

努尔古丽：就是为了游客。我们毡房越漂亮，游客来得越多。

即兴采访因为来不及准备，只能临机应变，观察能力是提出问题的方法之一。

（2）根据对方的回答提出问题

笔者在采访努尔古丽的侄女阿依古丽时，得知她从小就上汉语学校，大学毕业，容易沟通交流，于是就通过她的回答不断提出新的问题：

武：你是怎么认识你爱人的？

阿依古丽：他那时侯就说，给我教一下英语，我和你成为好朋友。我有时间的时候就每天给他教英语。然后是这样认识的。他请我吃饭呀、吃拌面呀什么的。一天你请我吃饭，一天我请你吃饭，没想到后来，就结婚了。我和他也就一样的想法，也喜欢那种自由自在的生活。还有就是他也不喝酒。

武：你不喜欢喝酒的男人吗？

阿依古丽：（笑）对，我不喜欢喝酒的男人。

武：为什么呢？

阿依古丽：喝酒喝多了不太理智。

武：喜欢打人？

阿依古丽：（笑）对。反正喝酒的男人不太好。对一个家庭来说也不怎么好，以后也没有什么前途的。对身体也不好。他不喝酒，也挺英俊的。

武：结婚的时候，你觉得他当初要跟你学英语，其实就是为了和你交往，找了一个借口？

阿依古丽：我想也是的吧。我那个时候就没想到这个。我比较单纯。

武：他英语学得怎么样呢？

阿依古丽：学了一段时间也不学了。

先通过开放式问题如"请你介绍一下自己好吗？"作为开始，了解受访人的基本情况后，记者就可以顺着其成长的经历提出问题，让对方解释清楚。这样双方互动交流，气氛融洽，这样的提问自然流畅，有人情味。

5．提问深度问题的招数

（1）多问"为什么"

记者在采访中，要搞清楚新闻六要素中的每一个要素，尤其是最关键的What（何事）、Why（为何）、How（如何）。追问"为什么"是为了搞清楚事件背后的原因，这是我们能够深入了解当事人做一件事的心理动机，或者一件事的结果之所以如此的深层次原因，是新闻背后的新闻。不问"为什么"，事件的来龙去脉就会变得模糊不清，只有后果，没有前因，这样的信息令受众疑惑不解。

2003年3月8日央视《面对面》节目王志专访宁夏西海固张家树小山村第

一个女中学生马燕为改变生活和命运而坚持读书的故事。王志向马燕和她的母亲白菊花问的106个问题，其中关于“为什么”的问题就有15个。

马燕，第一次辍学是什么时候？/为什么？

大姐当初为什么决定要让马燕辍学？

你给我算算账吧，为什么会负担不起三个孩子上学？

为什么（选择两个儿子继续上学，而让女儿辍学）？

那当初为什么不借（钱）呢？而让她辍学呢？

（马燕）为什么那么想上学呢？

但是你妈妈刚才也说了，你周围很多女孩子都是上到三年级就不上了。你为什么还要坚持上呢？

为什么要吃晚饭才跟她（马燕）说（辍学的事）？

（马燕）妈妈为什么哭呢？

为什么要上学？

你为什么一定要改变（父母不识字出门打工被骗、挣不上钱的命运）？

那你为什么每天都记（日记）呢？

为什么想到把日记交给一个陌生人（法国解放报记者韩石和他的助手何岩萍）？

你觉得他们看中了你什么？为什么要帮助你？

为什么要当记者呢？

（2）多问受访者对事件的看法

一件事发生了，叙述比较容易，也比较浅显，如果多问一些对方的观点，就显得有深度了，如事件对现在或未来有什么影响？造成了什么变化？当事人的做法和回应是什么？受访者如何看待这件事？

我们来看杨澜2007年专访金庸《有人的地方，永远有侠》的一个片段：

杨：最初开始写武侠小说时，是因为兴趣吗？

金：最初是工作上需要的，我在《大公报》旗下的《新晚报》做副刊编辑，我跟梁羽生是好朋友，也是《新晚报》的同事，常常谈武侠小说，人家知道我对武侠小说很懂，而他的武侠小说写得很成功，当他不写了要我接上去，我就接下去写。

杨：您也没有想到自己会写到那么受欢迎是吧？

金：不知道，我就试试看，我从来没写过小说。

杨：那时候用什么时间来写呢？

金：写这样一篇连载大概只要一个钟头，一个钟头总之什么时候都有，吃过晚饭、睡觉之前、下班之后。1955年，《书剑恩仇录》开始在《新晚报》连载。

杨：您会不会写到自己也很兴奋的那种状态？

金：（自己）也很有兴趣的。

杨：到了《笑傲江湖》，人们已经可以明显地体会到您对政治和现实的隐喻。其中的令狐冲也好，任我行也罢，还有被无数次演绎过的东方不败，他们或自由不羁或唯我独尊的鲜明性格和言行，无不透露着20世纪五六十年代，您对社会变化和复杂人性的思考。

金：其实《笑傲江湖》这种权力斗争在政治环境之下什么时代都有，所以《笑傲江湖》没有时代背景，清朝也可以，明朝、宋朝、唐朝每个时代都一样，不论哥哥弟弟、父亲儿子碰到权力就杀人放火什么事都干了。

杨：在这里有一种您对过去所谓英雄形象的反思在里面？

金：中国自古以来有一种隐士的欲望，希望不要做官，能够退隐，但是在当时要退隐不容易，所以一个人能够脱离羁绊，能够不受权力的控制是很难的事情。

杨：似乎我们可以看到您笔下的英雄逐渐从原来的正统越来越走向叛逆，当然韦小宝是一个可能更反英雄的角色，这是不是反映出你当时有一种悲观的情绪？

金：不是，我可能是对人性了解得愈来愈多了，年纪大了对世界上的事情了解多了。年轻的时候崇拜英雄，但年纪慢慢大了之后，知道这个大英雄后边其实有他自己卑鄙的一方面，有他见不得人的一方面。到后来这些人性的困难就慢慢了解了，起初写的英雄人物，黑白分明很简单，鲁迅也分析过这个问题，中国的小说以前都是“坏人就是坏人，好人就是好人”。但人性没有这样简单。[①]

杨澜在这一节的采访中，更多的问题是让金庸说出内心的思想和观点，有助于挖掘人物内心的创作思想，让人们从中感悟到金庸作品的人文精神。

（3）通过采访前的准备提出好问题

2006年11月11日，笔者专访了中国青年报资深编辑、冰点周刊策划人李大同。采访前，笔者花了一周时间查阅资料，还专门拜读了他主编的一本新书，了解了他的背景，列出了一些有深度的问题，例如：

电影《超人》当中有这样一句话：不要企图去寻找什么新闻，而要努力使新闻重要起来。这也是你喜欢的一句话。你怎样解读？

当时《冰点》的探索在国内外都产生影响，在20世纪80年代，国外一家媒体把《中国青年报》的《冰点》说成是“中国激进改革派的喉舌”，你觉得这种评价准确吗？

你在一篇文章中说过这样一句话：信息的价值往往就是新闻价值。这句话你是怎样理解的？在我们传统的新闻教科书上是没有这种说法的。

你给《冰点》的定位是“灰色地带”，你在这能不能精确地解释一下究竟什么是“灰色地带”？

限于时间的关系，在这我再问李大同先生最后一个问题，你在书中说“当我离开一线往后撤的时候，我希望像马克思写完《哥达纲领批判》后那样说，不管怎么样，我已经拯救了自己的灵魂”。现在你已经离开了一线，你可以自信地说这句话了吗？

6. 面对不完整、不清晰的回答

记者不能把提前准备好的采访提纲当成一把打开采访之门的万能钥匙。这仅仅是计划，在采访现场还得根据具体情形临机应变，因为采访对象究竟会说出什么新鲜的信息是你无法预测的。当受访者在回答开放式问题时不经意提到了新鲜的信息，或者没有给予清晰、完整的回答，记者通过倾听及时

① 有人的地方，永远有侠——杨澜专访金庸［N］．参考消息，2006：12（26）．

发现问题就得赶紧追问，这种即兴式的提问得到的也许是采访中最精彩的答案。另外，记者在采访中还要注意对人物和环境仔细观察，从中发现的细节也要通过提问来确证。采访是提问、倾听和观察的统一。

在采访中如果碰到狡辩的受访者，就尤其需要通过追问呈现事实真相。例如笔者在2001年“3·15”报道《人格无价》中的一个采访片段：

营业员：你说我原话是咋说的？

消费者：你说就是，你买个床天天来换，你男人是不是也天天换？

经营者：其实也不叫什么骂，就是赶话头上说两句气话。这叫什么骂？

消费者：这比骂还厉害。这叫侮辱人。

武：既然你觉得你的员工说那样的话也不叫骂人，那为什么到消协处理的时候，你还向她道歉呢？

经营者：没啥意思和她争，现在生意都不好做嘛！所以就把她打发了事，让她高高兴兴一走就完了。也没必要和她吵。就这么个意思。

武：那你觉得你当时道歉是真心的，还是应付？

经营者：也是出于对顾客，就是说当上帝吧。也是诚心的。

武：诚心的？

经营者：是呀。

武：当时你在消协，就是在消协接受调解的时候，你说解雇你的雇员，后来你回来又给你的雇员又说些什么了？

经营者：没有说啥。

武：也没有把这个事说一下？

经营者：说一下？（停顿片刻）说是得说，对顾客差不多就行了。但是我认为咱们对她（消费者）没有什么过分的地方。

笔者通过五次追问，将经营者缺乏诚信的真实面目暴露在了光天化日之下。碰到这类抵赖、耍赖、狡辩、说谎的受访者，记者一定要用委婉的语气追问，把对方逼到死角，真相不言自明。因为受众不在现场，不了解真相，记者就得把事实真相通过追问倒逼出来。

还有一种情况是，当记者听到采访对象提及新鲜信息（表达），感到疑惑，也要通过追问搞清楚事实，如2004年5月30日央视《面对面》记者王志采访清华大学15食堂厨师张立勇自学英语十年通过英语四级考试的故事片段：

> 张立勇：当初，英语对我来说就是一块磁铁，它能够吸引我，即使再累，听到英语声音，看到英文字母，就会感到很兴奋，然后学英语。我个人感觉，处处留心皆英语。（评析：张立勇将“处处留心皆学问”改成了这句话，有新意，但究竟是什么意思？记者得搞明白）
>
> 王志：此话怎讲？（评析：如果不追问，张立勇的新鲜表达就令人琢磨不透究竟是何意）
>
> 张立勇：比如说，我觉得我们这座城市就是移动的英语教科书，或者英语词典。你只要走到任何一个地方，都有英语。包括我前天去出版社，跟一个编辑部主任一起坐电梯，在电梯上也是英文，很多。然后去公园，有注意事项，有景点的介绍，这都是英语的教科书。在食堂做饭，会接触到一些调料的包装，有很多英文。像糖这个单词，应当是大学考试大纲里的词，但我不是从书本里面学来的。（评析：没有给出答案，记者必须追问清楚）
>
> 王志：你是从哪儿学的？（评析：追问及时）
>
> 张立勇：我从调料包里学的，sugar，s–u–g–a–r。盐也是从调料包里面记下来的单词，我平时积累很多。（评析：回答清楚了）

追问不限于用完整的疑问句，还可以用“请解释一下”“能举个例子吗？”“这句话究竟是什么意思呢？”“譬如说”“怎么讲？”等提出请求。另外，常用的追问交流符号还有：重复对方回答中令人疑惑的关键词，用语气助词“嗯？”，用非语言符号如紧锁的眉头、不解的表情、期待的眼神等给对方暗示“请解释”。

7. 提问敏感问题的技巧

（1）临近采访结束时提问

记者采访要想在短时间内获得成功，须创造良好的采访氛围，先从轻松的、容易回答的问题开始，获得受访者的信任。等到双方都进入了交流的状态后，委婉地提出敏感的问题才不会招致对方的反感，一般提出这种涉及当事人隐私的敏感问题会放在采访快结束的时候。如央视《东方时空》的一位记者在访谈一位未婚的女性领导临近结束时委婉而巧妙地提问：您选择今天这样的生活是自己愿意的吗？对方愣了一下，做出了坦率而真诚的回答，令观众印象深刻。

（2）借他人的评价侧面问

柴静在采访周星驰时，先播放了一段采访视频，即熟悉周星驰的香港电影人陈嘉上、罗家英、元华、黄一飞、林子聪、王晶对他的评价，这些人对他的评价反差比较大，有说好的，有说不好的。然后柴静提出了敏感的问题：

柴静：这几个人当中有一堆共同的描述，是说觉得你有一些自我？

周星驰：自我啊？当然我是一个在工作的时候很认真的人，但是有时候你知道，你认真的时候呢，就会有人不高兴。

柴静：认真为什么会引起不高兴呢？（对方回答不够清晰，追问）

周星驰：譬如说你拍戏，你一个镜头你就NG了一百次，这个你看有没有人不高兴啊，当然会有人不高兴啊，是吧？就是说你干嘛，你这有问题啊，你那么麻烦呐？！

（3）提问之前先“打预防针”

公众人物因为凭借知名度而获得了非常利益，因此，他们的隐私权要小于常人。为了避免刺激对方，需要提问技巧，“打预防针”就是其中的一个方法，比如可以在提出问题前这样说：“接下来这个问题也许会伤害您的感情，如果您不愿意，可以选择不回答，这个问题是……”或者说：“如果您不介意的话，我想知道……”当然，这种从正面提出敏感问题的提问方法尽量少用，受访者若觉得敏感，便可能会选择不回答。

（4）凭记者个人的知名度

意大利女记者奥利亚娜·法拉奇的采访风格向来十分尖锐犀利，不给对方留情面，不掩饰敏感问题，她采访的都是国际热点地区地位显赫的政坛要人，并借助采访这些大人物扬名世界。法拉奇被誉为“世界第一女记者”，这是她采访政治家的一张无形的名片。她在采访邓小平时就提出了一系列敏感的问题。

对于睿智的政治家而言，面对名记者，越是具有挑战性的问题，越能激发其回答的欲望；对于名记者，越是卓尔不群的政治巨擘，越能激发其凭采访成名的动力。双方思想的交流和观点的碰撞使得采访对话精彩纷呈，甚至被载入史册。

8. 面对受访者专业难懂的回答

多数记者是学文科的，“科盲”现象是存在的。采访专业人士时，如果不临时抱佛脚，突击补习受访人专业领域的知识，采访就会陷入尴尬境地，没有共同语言，如何交流呢？南方都市报记者2015年3月7日采访贵州大学博士、教授邵娇倩时，就遇到了这样的问题：

记者：你读的专业是？

邵：电化学专业。

记者：呃……

记者蒙了，问不下去了。显然该记者在采访之前没有做任何准备，对当事人不了解，对其所学专业更是一窍不通。2010年3月，记者王克勤因《山西疫苗乱象调查》引发国内舆论高度关注。为了这篇新闻调查，王克勤花了半年时间做实地调研，买了《病毒学》《变态反应》等医学专业书籍，潜心阅读，为采访做准备。他说：“我不想当专家，也当不成专家。只是希望自己在采访写作时，不要犯常识性错误。我就是一个笨记者。”还说：“疫苗事件后，有些地方官员看到我的调查笔录，他们无话可说。”

诚然，记者对于完全陌生的专业领域不可能靠临时恶补知识就能够无师自通，也不可能在极短的时间里就能搞懂，只是知道一些常识，避免无话可问，避免被对方糊弄，避免自己犯晕传播错误的信息。在采访中，如果自己没有听懂，就不耻下问，用“比如说”“能举例说明吗”“能否通俗地解释一下”。保持谦逊，承认自己不懂反复追问，直到没有疑惑，这样做不会使自己丢脸，反而会赢得采访对象的理解和尊重。号称“中国财经记者第一人”的女记者胡舒立在第一次采访经济学家吴敬琏时，由于不懂经济学，没有办法与学者直接对话，自己茫然无知，吴敬琏觉得索然无味。胡舒立想了一个最简单的办法——录音，采访结束后逐字逐句反复听，力求完整地理解吴敬琏所表达的意思。当胡舒立把采访稿拿给吴敬琏看时，老学者非常高兴，他对一个记者的认真的态度感到欣慰，主动给她再次通俗解释了相关问题。切记！只有自己听懂了，才能在写作中叙述准确、清晰，让受众看明白你写的是什么。

9. 受访者不愿在报道中透露真名

如今我们阅读新闻会发现有一个问题比较突出，就是记者在报道中没有写明受访人的姓名，仅用姓氏称呼对方，如李先生、王女士。有的甚至连这个也没有。可能与当事人不愿意具名有关，但说到底是采访的失误。如何应对它？

（1）劝服对方具名

告诉对方，新闻来源清晰、准确是新闻报道的基本规范，体现新闻真实性，争取对方的理解和支持。除非为了保护当事人享有的法律上确定的隐私权或者出于对其揭黑爆料面临的各种不测风险，记者应该坚守职业道德，匿名处理新闻来源。正常情况下，不具名肯定会影响新闻的客观性、真实性、可信度。

（2）对匿名信源查证核实

为了保护揭露内幕的爆料人，记者不得不使用匿名新闻来源，但前提是要对其提供的事实进行真伪鉴别，其可信度高不高？是否可靠？此人的信誉怎么样？资料是否详尽、符合事物的逻辑？尽可能多采访几个人求证。轻率地相信一个人的信源不留心就会上当受骗，使自己陷入困境。

第五节　提出合适问题

易中天因在央视《百家讲坛》说“三国”成名后，应邀去新疆。在乌鲁木齐机场，有记者迎上前去问：“您是第一次来新疆吗？有什么感受呢？”易中天转身指了指欢迎的横幅说：“那上面写着呢。”记者定睛一看：“欢迎易中天先生重返第二故乡。”实际上，易中天在新疆工作过13年。多尴尬的提问！还有比这更糟糕的记者，问好莱坞大明星费雯丽：“请问你演过什么电影？”这不是嘴上抹石灰——白痴吗？提问是记者的天职，但如何提问才能获得成功？这里面有学问。采访前做了查阅资料的准备、了解当事人的基本情况、懂得提问题的基本技巧，这些都有助于记者提出合适的问题。新闻采访决定了新闻写作，所谓“七分采访，三分写作”就是这个理。如何设计出合适的问题呢？

1．设计得体的问题

2018年1月9日，网友小吴在网上发微博求助，称自家的柯基犬莱恩不慎走丢，经过多方打听，得知莱恩被家住成都市龙泉驿区洪河的女子何某拾得。随后小吴加了何某微信，就要回爱犬的事情和对方聊了近半个月时间，但对方索要好处，不肯归还。小吴承诺买一只一万元以下的小狗送她，她没同意。在1月11日晚上，小吴找上门索狗，何某将莱恩从高楼窗户扔下摔死。如果你是记者，该如何设计采访提纲呢？

第一步：找到问题

①这件事在哪几处让你特别生气？

何某不能把狗还给主人吗？

②你为什么生气？

小吴愿意协商给予补偿，费用不低，为什么何某还要这样做？

③这件事使你想到其他问题吗？

公众是否在意这件事？

第二步：审视问题

①你想知道这些问题的答案。

②受众也想知道答案。

③你有时间去现场寻找答案。

④你有足够的新闻来源找到答案（网络爆料的小吴、网友的跟帖留言、涉事人、小区的邻居、派出所的警察、律师等）。

第三步：完善问题

①丢狗人小吴某晚找上门去，捡狗人何某竟然不归还小狗？

②人家的狗走失半个月了，多着急，何某为何不通情达理偏要摔死小狗呢？

③此事为何在网络上激起舆论声讨？

第四步：找到答案

（采访中要问新闻来源的信息，准确、清晰）

①小吴几月几号丢的狗？

②这条狗花多少钱买的？

③买来有多大？

④她养了多久了？

⑤狗怎么丢的？

⑥如何寻找的？

⑦怎么知道狗在何某处？

⑧如何与何某协商的？

⑨何某是什么态度？

⑩为什么？

⑪小吴找上门去发生了什么？

⑫后来？

⑬何某如何解释这件事？

⑭何某的邻居怎么看待这件事？

⑮派出所如何处理这件事？

⑯何某这样做违法了吗？

2. 提问问题的方式

（1）漏斗式提问

一般情况下，记者的提问先从一般性的问题入手，让受访人在轻松、愉悦的氛围中回答问题，没有心理压力，然后过渡到敏感性、特殊性的问题，由浅入深，由易到难。比如如果你采访一位在车祸中受伤的司机，先从医护人员那里获得他的个人信息，然后进入病房可以这样提问：

①现在你的身体恢复得怎么样？

②医生怎么说的？

③何时可以出院？

④谁在医院照顾你呢？

⑤能说一下事故发生的经过吗？

⑥出事的时候心理是怎么想的？

⑦你觉得自己有责任吗？

⑧你觉得这次事故的教训是什么？

（2）倒漏斗式提问

采访时间紧张，受访者是一个干脆利落的人，愿意配合记者采访，直言不讳，不喜欢兜圈子、绕弯子，记者不妨从正面直截了当地先问敏感问题、特殊问题，把核心问题先问完，拿到最重要的新闻材料，然后过渡到一般性的问题，获得比较全面的材料。比如你在一起车祸现场采访一位目击者，可以这样问：

①事故发生的时候你在现场吗？

②你看到了什么？

③能说得具体一点吗？

④后来呢？

⑤您叫什么名字？

⑥多大年龄？

⑦从事什么职业？

⑧能留一下您的联系方式吗？

（3）隧道式提问法

记者对某一事件，以不同的问题连续不断地发问，环环相扣。在采访社会新闻、突发事件报道时，这种连绵不断的提问可以迅速了解新闻背景。这种提问方式如同记者走入了隧道一样，步步深入，层层递进，直达尽头。

2004年秋天，有媒体报道：新疆番茄烂市，农民的利益受到了损害。而来自政府部门的声音却予以否认。真实情况究竟怎样？9月21日，笔者来到了新疆番茄生产和加工重地昌吉市采访。在中基番茄加工厂，笔者采访了等待交售番茄的昌吉市二六工乡农民马巨荣：

武：你今天是来交售番茄的，你和中基签订合同了没有？

马：签了。

武：啥时候签的？

马：都是队上（村里）统一签的。

武：就是你们村上统一和中基制酱番茄厂统一签的？

马：嗯。

武：签的合同，一公斤收购价是多少？

马：收购价他随行就市，合同上说的都有呢。合同队上拿着呢，队上（村里）说哪天涨价通知呢。

武：你是从哪天来交售番茄的？

马：从7月25号。

武：当时来交的时候情况怎样？

马：可以，当时挺好的。中基厂可以呢。

武：能不能讲得具体点？

马：都是一等，杂质也少，也是现钱，卖得都可以，到中期也可以，到后期以后，就没有一等了，全部二等，杂质也少。

武：啥时候收购变得困难了？

马：后期，9月份开始吧，就是一等很少，几乎就看不见，一等就看不见，全部是二等到三等那个样子。

武：现在交售番茄能不能拿到现钱？

马：现在结账有点困难，有些人结上，有些人结不上。

武：现在收（购）得困难不困难？

马：收得不困难，全部都往这交的呢，

武：每天拉来，他都收吗？

马：都收。

（4）追问式提问

追问是新闻采访中使用较多的采访提问方法。对于受访者不清晰、不完整的回答，记者通过聆听不断追问，打破砂锅问到底，直到获得全面的事实。在批评性报道采访中，面对当事人的狡辩和抵赖，记者也需要采用这种方法穷追不舍，把对方逼入死角，直到无理者理屈词穷。如“发生了什么？”“然后呢？”“又然后呢？”“接下来呢？”“怎么理解？”“比如说”“能举个例子吗？”“怎么解释？”“第一次……”“最（难忘）的……”“为什么？”等。

2003年6月的一天，笔者去新疆昌吉市南五工二村的居民区采访新农村建设，该村全部由二层小楼组成，错落有致，被人称为“都市村庄”。维吾尔族村民吾斯曼·司马义兴致勃勃地带着记者参观了他家一楼的客厅和二楼的卧室。吾斯曼·司马义告诉记者， 他们全家6口人，住房面积有200平方米。记者对他进行了采访：

武：前不久，自治区主席也到你家来看过了？

吾：司马义·铁力瓦尔地到这来了。就在这个房子。

武：怎么说的？

吾：他说，哎呀，你这个房子就是大。我的房子也是200（平方米）的房子。但是你的卧室比我多一个。

武：当时你听到这些话（感受）怎么样？

吾：听到肯定心里高兴嘛。人家说的，我一个自治区主席房子还没有你的大，你的卧室还比我多。就这样坐下聊天，问起我们这个小康村。我说，我们这里有市场，上面还有森林公园，以后还是好呢！

以上为总结采访提问需要的技巧，但比技巧更重要的是记者真诚的沟通、对话的态度。技巧不难掌握，熟能生巧，而真诚却是发自内心的情感，记者用不着刻意表现，采访对象看得出来。真诚换来好感，赢得信任，即便提问技巧不足，对方也愿意掏心窝子。不真诚，采访对象不理睬，记者问得越多采访对象越烦，提问技巧再好也无济于事。面对一个陌生人，他愿意一见面就讲真话是因为相信记者，因为相信，所以记者问什么他都愿意说，不问的他也想告诉你，他忘记了记者是在采访，忘记了对方是记者的身份。被访者把记者当朋友，才是最好的采访。还有，记者既然是公众的代言人，就得把真相告诉公众，采访其实是帮他们问，帮他们听，帮他们看，而真相常常被遮蔽、被掩盖。在我们的生活中，事实多，真相少，受众希望通过你记者的采访知道事实真相，所以，记者需要有科学怀疑主义精神，得有质疑权威的勇气，面对任何回答和解释，都有权要求获知理由是什么，不要满足于“本来就是这样”和“因为我说这样”。要问清楚为什么，偏听偏信和盲从盲信是导致虚假新闻的祸根。多问几个人，多方核实，交叉印证，仔细观察，凝神倾听，拨开迷雾，解开疑惑，记者就会看到真相。需要提醒，提问不一定都是问句，用提示句一样是在提问，如："听说你当时发脾气了。"问题要简洁、清晰、自然、流畅，用口头语，有交流感，不用文绉绉的书面语。面对不清晰的回答，皱眉、疑惑的表情、重复关键词等都是在提示对方"我没明白"。不懂的别难为情，直接告诉对方，发现模糊不清的信息要及时核实、求证，不留疑惑。尖锐、敏感的问题委婉问。采访是围绕5W1H（新闻六要素）展开的，在采访过程中，要始终自问：我是否围绕报道焦点提问了所有事先策划的问题？我搞清楚了每一个新闻要素了吗？我明晰了事件的全貌、全过程了吗？我挖到了核心事实的细节了吗？采访结束时，可以问一句："您还有什么要补充的吗？"

06

第六章

消息的分类与结构

新闻记者人也，读者亦人也。则凡干枯乏趣之事件，无论其为记者、为读者，概难动其感兴。故记者之感兴动，读者之感兴亦动，非记者具有何种之魔力，乃人类共通的感兴也。

——任白涛

消息是最迅速、最简洁、最能够直接呈现事实的一种新闻文体，也是新闻体裁中占据各媒体最显要版面、最重要时段，使用量最大的文体。消息写作是记者新闻素养的基础。时效性、客观性、真实性是消息的最大特质。消息写作的突出特点是简明扼要、一事一报。它的客观性体现在记者只陈述事实，不加入自己的主观意见，即事实与观点分离。同时，消息也不表达记者的主观情感，因此，它被称为“纯新闻”。消息最适合报道事件，它最显著的功能是传播信息。重要的动态新闻可采用100—200字的简讯形式，一个段落即可，要抢在第一时间传播出去占领信息发布制高点。一般而言，一篇完整的消息篇幅500字左右比较合适，最长宜控制在千字以内。

消息以第三人称叙事，语言直白、准确、简洁、通俗，不需要细节描写，不用带情感的形容词和副词，只须勾勒出事件的轮廓。一篇完整的消息包含标题、电头（消息头）、导语、主体、结尾。消息可以是起解释和说明作用的新闻背景，可以是体现新闻客观真实的消息来源，也可以是凝练的引语活跃文风。把最新鲜的时间、最重要的事实用于导语中，用简单句、小段落叙事，无空话、无套话、无冗言是消息写作的风格。我们知道，新闻采写要围绕“六要素”展开，即When（何时）、Where（何地）、Who（何人）、What（何事）、Why（何因）、How（如何），对于消息而言，这六个要素中，最为核心的是“What（何事）”。记者写作一篇消息要清晰、准确地呈现新闻要素，对一件事做出完整的交代，忌讳要素残缺、事实不清、信息不明、冗长啰唆。要字字有落实，句句有出处，删繁就简，直接明快。

第一节　消息的分类

消息文体分类标准多样，以篇幅长短为标准，它可分为一句话消息、简讯、短消息和长消息；以结构是否完整为标准，它可分为结构完整的消息（短消息和长消息）和结构不完整的消息（一句话消息、简讯）；以报道内容为标准，可将消息分为经济消息、时政消息、军事消息、文娱消息、体育消息等。国内通常根据写作结构和报道角度将其分为动态消息和综合消息。

1. 动态消息

动态消息也叫事件消息，它是消息中的主角，即把刚刚发生或者正在发生的消息事件第一时间传播给受众。动态消息是对信息的浓缩和凝练，它要求记者及时捕捉变动着的事实最新的发展动向，及时告知受众。动态新闻在西方也被称为“硬新闻”，即新闻价值重要、时效性强的重大事件、突发事件新闻。它与以人情味见长的“软新闻”特稿相对应。所谓“新闻是易碎品”“新闻只有一天的生命”指的就是动态消息。动态消息需要记者目光如炬、慧眼识珠：第一，事件新鲜，闻所未闻；第二，事件奇特，变化异常。“新、短、快”是动态消息的特色。

简短明晰是动态消息的文化属性，也是其新闻美学的精髓。1865年4月14日，美国南北战争结束，林肯总统遇刺身亡。美联社的前身港口新闻联合社驻华盛顿的记者迅速用电报发出了一句话：“总统今晚在剧院遇刺身亡。”刺客是谁、叫什么名字？用何种武器刺杀林肯的？年龄、职业、身份？剧院叫什么名字？林肯什么部位被伤害？是否及时送医？致命伤有几处？……如果记者要把重大突发事件中所有信息要素都采访完整了再报道，恐怕消息早就不胫而走，传遍大街小巷了。时效性没了，动态新闻价值也就黯然失色了，抢第一才有价值。先抓住最紧要的报道，次重要的跟进报道，直到每一个疑点都报道完了，事件的完整过程无遗漏为止。

2. 综合消息

综合消息“即对某事物或同类事物就一个主题进行分析综合”①。与动态

① 刘海贵. 中国新闻采访写作学［M］. 上海：复旦大学出版社，2012：14.

消息报道具体的事件不同，记者采写综合消息不拘泥于具体的人或事，而是就某一现象或者问题在一个广阔的空间里采访收集材料进行综合归纳分析，将多个具体事实聚合在一个主题下，表现事物的中观或宏观现象（问题）。例如笔者写的下列消息：

加强岗位培训　提高教师能力

南广学院对新教师进行教学实战训练

时间：2005年09月28日　记者：武斌　来源：中国传媒大学南广学院报

本报讯（记者 武斌）50分钟的课结束了，教室里响起热烈的掌声。讲课教师来不及擦去额头汗水，拿起笔，倚着讲台，身体微微前倾，微笑着说："请大家评议吧。"她叫赵坤，是心理学教师。9月4日是她参加新教师岗前培训的第二轮试讲。

8月15日到9月中旬，中国传媒大学南广学院对新招聘的120多名新教师进行了岗前培训。各系在教务部的安排下，集中对新教师进行备课、编写教案、课程观摩、教学研讨、试讲演练等综合培训。语言传播系在校本部派来的播音发声教研室主任吴弘毅教授指导下，采取了通过评议找差距的方法提高新教师的教学能力；国际传播系新教师在校本部派来的公共英语教研室主任梁岩的指导下，交流、探讨课堂教学方法；信息技术系通过建设全院的网络查分和BBS系统训练新教师的实践能力；新闻传播系对新教师开展了"五个意识"强化教育，即角色转换意识、岗位意识、组织规范意识、育人意识和创业意识，倡导"三个能力"，即大学教师的教学能力、研究能力和做好学生工作的能力，通过案例剖析、专题讲座、集体研讨等形式开展岗前练兵；艺术传播系、动画系、媒介管理系和广播电视系等也开展了各具特色的课程教学研讨和教学观摩活动。

教务部组织了一次教学研讨暨新教师教学观摩会，韩宪柱、时煜华、徐丹晖、金梦玉、李磊等教授从各自专业视角作专题报告或对新教师教学演练进行讲评。新教师徐勇、葛恒刚在教学观摩会上做了观摩讲课。

新闻传播系新教师吉强在培训结束后的总结中说："系列岗前培训活动帮助我树立了教学的信心。"

该消息写的不是一个具体的事件，而是针对南广学院各个系部对新教师岗前培训所开展的各具特点的活动，涵盖的部门多，时间跨度大，消息来源多，内容丰富。该消息导语使用了场景描写，是一个软导语，旨在突出趣味性，吸引受众眼球，开头和结尾用了直接引语活跃文风。该消息体现了综合消息报道现象或问题的特点：记者采访的范围广、空间大、信源多，专业权威，可信度高。也就是说，综合消息类似于个人或单位的年终总结。

第二节　消息的结构

消息的写作形式是人们通过实践探索总结形成的稳定的文体形态，也被称为消息的结构形式。消息的文体结构有鲜明的个性特点，它不同于消息之外的任何其他叙事文体，也不同于同门同宗的特稿写作文体。消息写作结构形式的突出特点契合了它作为一种传播信息高效快速的本质属性。

1. 倒金字塔结构

倒金字塔结构是消息写作的经典结构。它特别适合突发事件、重大事件的报道：传播效率高，节奏快，行文简洁明了，直截了当。倒金字塔结构的特点是，将最重要的事实（结果）凝练为消息的起点——导语，其后的段落围绕导语中的事实要素进行补充和展开，每一个段落按照新闻价值的重要性依次递减排列，即从导语的最重要事实到结尾的最不重要事实。

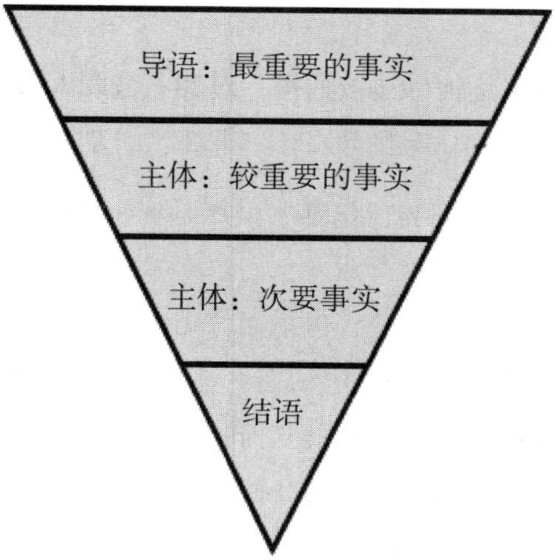

1844年5月24日下午，美国发明家塞缪尔·莫尔斯在华盛顿发出了第一条刊登在报纸上的电讯新闻稿，从此这项被称为电报的新科技开始广泛应用于美国的新闻传播业，1851年美联社首次用电报播发新闻。电报的发明推动了新闻事业的进步与发展，新闻的时效性开始凸显。美国南北战争（1861年4月12日—1865年4月9日）中因电报可能随时中断，美国报社不得已要求前线记者改变以往散文化的文风，把最重要的事实（结果）作为消息的开头，这种创新的写法催生了倒金字塔结构，消息导语也出现了。

由于消息的精华浓缩在了导语中，受众只要浏览开头就能了解消息最重要的事实，倒金字塔结构的这一突出优势从此风景独好，成为消息超稳定的经典结构，经久不衰。它为文的简洁凝练和传播速度的快捷迄今没有其他的消息写作形式可以取代，由此奠定了它在全球新闻传播史独大的地位。在当下移动互联网时代，信息超载溢出，时间高度碎片化、生活节奏快如闪电，倒金字塔结构的优势更加明显：更具人性化。它一开头就满足了受众的好奇心，如1945年8月15日美联社的消息导语："日本投降了。"短短几个字就把人们最关心、最感兴趣的消息重点呈现出来，激发人们继续阅读导语之后更详细内容的欲望。

倒金字塔结构的出现使消息摆脱了文学写作的影响，华丽的辞藻不用了，夹杂在叙事中的观点不见了，浮华、拖沓的节奏消失了，它是高科技文明的产物，因此也带有工业化时代的鲜明印记：模式化、标准化，满足传媒高效生产新闻产品。当然，倒金字塔结构并不容易掌握。例如：

河南鲁山非法采运河砂屡被通报　对28名公职人员启动问责程序

2018年11月14日　来源：新华社

新华社郑州11月13日电（记者牛少杰）今年以来，河南省鲁山县非法采运河砂问题被中央环保督察组及生态环境部和多家媒体通报、曝光。记者13日从平顶山宣传部门获悉，当地正对此开展集中整治工作，已对负有主体责任的28名公职人员启动问责程序。

据介绍，今年10月以来，当地已对通报所指出的问题进行集中整治，对以往采砂情况、现有砂场和疏浚清障工程标段进行排查，查处与此相关的涉黑涉恶问题，对河道采砂、道路运输和涉砂公司运营全面监管，对河道和砂场进行生态恢复。

同时，为查处采砂问题中存在的违纪违规行为，平顶山市纪委监委已进驻鲁山县，对8个标段违法采砂问题从招投标开始调查。目前，已对负有责任的5名县级干部完善执纪问责相关文书，对负有主体责任的河务、环保、林业和国土等多个部门的28名公职人员启动问责程序，留置1人，2人主动到公安机关说明问题。

新华社的这篇消息写作不佳。首先是导语写作有硬伤。作为硬新闻，通常的新闻由头是最新鲜的时间，且这个时间应该是新闻与受众距离最近的“点”，即精确的时间。上述新闻导语的第一句是新闻背景，其领头的时间是“今年以来”，这个时间是一个模糊的、渐近的时间，不宜作为导语中的开头。其次，其主体部分到结尾也不符合倒金字塔结构的材料安排“从重要到不重要”的逻辑顺序，按照硬新闻的写作范式，导语之后的第一个段落应该是对导语中提及但未细说的新闻要素进行补充完善，其后的段落应对导语中未及时提及的新闻要素进行补充延展，使得事实完整，主体到结尾部分是围绕导语展开的。按照这样的逻辑，该消息导语之后的第一个段落应先补充关于28人被问责的更详细的事实，然后呈现导语中未提及的当地集中整治环境问题的事实。此外，该消息的标题也不够简洁、准确。笔者修改如下：

河南鲁山28名公职人员因对非法采运河砂负有责任遭问责

记者13日从河南平顶山市委宣传部门获悉，当地正对非法采运河砂负有主体责任的28名公职人员启动问责程序，留置1人，2人主动到公安机关说明问题。

河南省鲁山县今年因非法采运河砂问题被中央环保督察组及生态环境部和多家媒体通报、曝光。为查处采砂问题中存在的违纪违规行为，平顶山市纪委监委进驻鲁山县，对8个标段违法采砂问题从招投标开始调查。目前，已对负有责任的5名县级干部完善执纪问责相关文书，对负有主体责任的河务、环保、林业和国土等多个部门的28名公职人员启动问责程序。

据介绍，从今年10月开始，当地对通报所指出的问题进行了集中整治，对以往采砂情况、现有砂场和疏浚清障工程标段进行排查，查处与此相关的涉黑涉恶问题，对河道采砂、道路运输和涉砂公司运营全面监管，对河道和砂场进行生态恢复。

写倒金字塔结构的消息需要记者吃透材料，精准把握其新闻价值，找到符合传播者和受众关心的报道焦点，将焦点作为最重要的核心事实提炼出来，概括凝练为一句话做导语，以新闻要素中最显要的What（何事，包括结果）为中心，以最新鲜的精确时间点When（何时）为由头，辅佐以Where（何地）要素、Who（何人）要素等。导语之后的所有段落都围绕它展开、延伸。如上文，主体的第一个段落要对导语中提到的What（何事）要素“对非法采运河砂负有主体责任的28名公职人员启动问责程序”进行补充，呈现How（如何）要素，把这件事的过程讲清楚，使这件事变得清晰、具体。第三自然段结尾围绕导语继续补充事实，它在第二自然段的基础上，对导语中未来得及提及的事实：非法采运河砂破坏了当地的生态环境进行补充，继续呈现How（如何）要素，使整个事件变得完整。倒金字塔结构的写作要义：1. 导语——最重要的事实（何时、何地、谁、发生了何事、结果）；2. 主体——用次重要和次次重要的事实支撑导语，使之清晰、具体、饱满：次重要的事实（对导语中提到的但未能展开的新闻要素进行补充）+次次重要的事实（对导语中未来得及提到的新闻要素进行补充）；3. 结尾——最不重要的事实，使一篇消息圆满落幕（完善从导语到主体的事实信息，拾遗补阙，使一件事的来龙去脉完整呈现）。

“倒金字塔结构首先告诉人们什么是最重要的，用导语抓住读者的注意力，再提供支撑……在这个意义上，倒金字塔的概念不仅仅是一种很有价值的新闻写作方法，也是很有价值的自我表达方式。”①由此对比分析可知，写作一篇主次分明、逻辑严密、结构清楚、过渡自然、简洁明了的消息需要新闻素养、文字功底和经验积累。日本读卖新闻名记者井上安政认为：“什么样的文章都按倒金字塔的形式去写。编辑是自下而上进行剪裁的。至关重要的内容写在前面，无关紧要的内容写在后面。如果你想让自己的报道能够

① 萨利赫. 新闻写作的艺术［M］. 陶娟译. 北京：中国人民大学出版社，2017：212.

留到最后，就按便于剪裁的形式去写。”[1]倒金字塔结构“头重脚轻”的叙事方式是一种模式化的套路，其优点是满足了人们对新闻快餐的需求，这种程式化写作范式便于记者高效率完成写作，便于编辑高效率完成对消息质量的把关，也便于受众高效率获取信息。当版面、时间紧张时，编辑可从消息结尾开始倒着向前删节，直到保留导语即可，不影响消息传播最重要的事实信息。但其刻板模式也为人诟病。

2. 时间顺序结构

简称时序结构，也有人称之为金字塔结构或编年体结构。即记者按照事件发生—发展—高潮—结局这样的先后顺序来组织材料。时间顺序结构在倒金字塔结构出现之前普遍流行于英美报刊的新闻写作模式中，那时，记者对导语、主体，甚至段落都不做明确划分，标题也不清晰。与倒金字塔结构不同的是，时间顺序结构符合人接受信息的习惯，其核心要素在结尾。记者可以在报道中描述现场画面，可读性好，生动形象，其篇幅会比倒金字塔结构长。硬新闻（消息）不适合这种结构，传播效率低。以人情味、戏剧性见长的特稿常用这种结构。用时间顺序结构写消息要取一个有吸引力的标题。

男子被一头三四百斤野猪咬昏　两司机见义勇为双腿被咬

2013年12月9日 01：59　来源：重庆晚报

重庆晚报讯 12月2日，垫江县澄溪镇双桂村九社，57岁的左永寿在地里干活，一头野猪突然窜出来。“好大一头，起码三四百斤。”左永寿挥动锄头试图吓跑野猪，哪想野猪好像受了刺激，一下朝他扑过来……

货车司机田继平、陈小平立即下车，从陈家找来两把锄头，冲上去救人。“那个农户任凭野猪咬，已无反抗之力。我们拿起锄头往野猪身上打。”田继平对记者说，野猪甩掉左永寿，转头向他俩进攻。缠斗几分钟后，他锄头手柄被弄断，双腿膝盖、脚腕等处被咬伤。陈小平背上也被咬出一道长达20多厘米的伤口，野猪被赶走。左永寿当即被送往垫江中医院抢救，目前已脱离生命危险，但仍神志不清。田继平目前双腿无法行走，陈小平受伤较轻。

---

① 阿德尔斯坦．东京罪恶［M］．曾光，译．广州：南方日报出版社，2013：15.

田继平说，他和陈小平这次见义勇为，代价不小。他本人住院近一周，花费已上万元，且短时间内无法出院。重庆金牧律师事务所陈洁晶律师说，依据民法通则，田继平为保护左永寿受伤，左永寿应承担部分乃至全部治疗费。

重大题材、人情味故事、广播电视现场直播等适合采用时间顺序结构报道。记者需要在标题中突出最吸引人的新闻要素，因其叙事节奏比倒金字塔结构慢，故精心建构故事，一波三折，引人入胜才能让受众有耐心一直读到最后，获悉新闻最重要的事实。其突出的优点是，记者可以把自己在现场观察到的细节写入新闻中，让报道栩栩如生，对重要的事实可以反复强调，让读者心领神会。对于时间顺序结构的新闻，编辑很难下手删改。事件本身故事性强、情节曲折离奇、记者在现场亲历的重大事件等可以采用时间顺序结构。在使用这种结构时要防止平淡无奇，令人难以阅读到结尾。小段落、快节奏，用好动词，建构短句，突出戏剧化的情节描写是吸引受众的技巧。

3. 沙漏结构

即在消息或特稿的导语中将最重要的事实呈现出来，与倒金字塔结构的导语一致。从第二自然段开始，按照消息发生先后的时间逻辑排列材料，相当于时间顺序结构。这样使受众阅读导语先了解事件的重点，之后通过时间顺序或逻辑排列获悉事件的整个详细过程。有人称之为“倒金字塔结构和金字塔结构”，是这两种结构的折中。

拎冥币买电视　男子获刑5年

2013年12月30日 01：46　来源：京华时报

京华时报讯（记者张淑玲）男子时某拎一包冥币去电器城“买”了9台液晶电视。昨日记者获悉，朝阳法院以诈骗罪判处时某有期徒刑5年，退赔货主损失27万余元。

据指控，2013年5月1日22时许，在朝阳区望京广顺桥北侧路边，时某向在一电器城门口进货的李某称，自己要买9台三星牌液晶电视，谈好价格为27万余元后，李某去给时某进货。后来，时某收到货，将装冥币的包交给李某，并称里面有25万元现金，自己再去取剩下的钱。

时某一走再没回来，李某开包查看，包内的钱全是冥币。

在法庭上，时某认罪并称电视销赃后赃款已全部被挥霍。

使用沙漏结构比较多的为法治消息。沙漏结构结合了倒金字塔结构和时间顺序结构的优点，导语突出重点，主体到结尾按照人们习惯的事件发生的时间顺序和先后逻辑展开叙事，条理分明，脉络清晰，适合呈现过程复杂的事件。

4. 并列式结构

该结构导语吸取了倒金字塔结构导语的优点，即把最重要的事实简洁明晰地概括做导语，然后在主体到结尾部分将多个内容同时并列呈现，每一个段落的开头都用一个主导句作为提要（因此该结构也有“提要式结构”之称），使得段落之间显得平衡稳定，层次清晰，过渡分明。主导句前可以用小标题、数字序号，或者“——”引出。时间跨度大、采访范围广的非事件报道采用这种结构较多，如介绍典型经验、盘点现象或问题，它是综合新闻的标志性结构。《上海证券报》2018年1月18日消息《融创进驻乐视网一年干了哪些事儿？已砸下超过170亿》就采用了并列式结构。其标题采用设问的修辞手法，自问自答，谈的是热点话题，对受众有吸引力。导语从乐视网将在证券市场复牌这个最新由头切入，对报道进行了总括：

该来的终究要来。上证报记者从多个渠道证实，已停牌9个多月的乐视网将“很快”复牌。这距2017年1月融创中国“驰援”刚好过去了整整一年。彼时“同袍偕行”之态似在眼前，但如今，“同袍”远隔重洋，“偕行”不见眉目。对乐视网而言，当“大股东”入列失信人名单、持股质押冻结之际，能指望的只有“二股东”了。投资者关心的是，面对乐视内外交困的局面，孙宏斌都做了哪些努力，“新乐视”真能焕然一新吗？

随后就“乐视网的二股东‘融创中国’救援乐视一年来究竟做了什么”这个问题进行综合分析。记者从两个方面并列出融创中国孙宏斌的做法：①“输血+换血”；②“八爪鱼”到“哑铃”。记者用了比喻的修辞手法将孙宏斌救援乐视的“救急战术”与“发展战略”形象生动地呈现出来。结尾设置了一个待解的悬念。其语言的生动与叙事的简洁都增添了报道的可读性。这一点值得采用并列式结构写综合消息的记者学习。一般而言，采用这种结构写消息若写不好会就陷入一种套路：形式呆板，语言枯燥乏味，如同工作总结。鲜活的小标题和活泼的文风会增加其可读性。综合消息篇幅相比动态（事件）消息要长。

5. 悬念式结构

对于本身就具有离奇、怪诞、悬念等特质的事件，记者可以采用讲故事的方法，先给出一个谜，有意不在开头展示事实真相，引起受众的好奇心，然后层层解读，呈现关键性事实，引导受众参与解谜，产生兴趣，最终恍然大悟。该结构也被称为积累兴趣结构。其结尾才是高潮部分，揭晓谜底或戏剧性的信息。美联社2006年12月14日的《假新闻搅动比利时》就是一篇吸引人的悬念式结构消息：

假新闻搅动比利时

2006年12月15日　参考消息

［**美联社布鲁塞尔12月14日电**］政治领导人今天对比利时一家国立电视台在法语地区播出的假新闻大为光火，因为该新闻称比利时荷兰语地区宣布独立。

情绪激动的观众在13日晚间涌到RTBF电视台的呼叫中心，各国大使也打电话给比利时当局询问情况。

参议长安妮·玛丽·利赞说：“各国大使馆和忧心忡忡的大使们询问如何向国内报告。这条假新闻弄假成真，给国家形象造成了极大的损害。”

而RTBF电视台说，这个节目表明了就比利时的未来展开辩论的重要性。

首相发言人迪迪埃说：“这是一个低级无趣的玩笑。公共电视台的任务是正确地向公众发布消息，而不是制造混乱。”

这家电视台的假新闻说，“东佛兰德省和西佛兰德省最终宣布独立，阿尔贝国王和保拉王后乘坐空军飞机逃离国家。”

电视台还播出了模糊的画面，其中有人在黑夜中走向停在布鲁塞尔附近一个军用机场上的一架飞机，而一小群支持君主制的示威者在王宫外挥舞比利时国旗。

消息一开头就告诉人们一个耸人听闻的假消息：比利时一家国立电视台在法语地区播出的一篇假消息宣称比利时荷兰语地区宣布独立。该假消息内容是什么？是怎么报道的？这是一个谜。导语之后该消息展开了对事实的层层叙述：①它描述了这篇假消息产生的影响：人们去电视台抗议、各国大使也打电话问询。②它引用参议长安妮·玛丽·利赞这个权威消息来源的话证实了该假消息给比利时带来的困扰。③它客观、平衡地呈现了RTBF电视台的自我辩解。④引用首相发言人迪迪埃的引语驳斥RTBF电视台的狡辩。⑤介绍这篇假消息的内容。⑥描述该假消息的电视画面。该消息在导语中故意不呈现假消息的内容和形式，引发受众欲知的好奇心，然后继续营造悬念，只是呈现假消息的危害、造假者的狡辩与权威人物的驳斥，到了最后两个自然段才把这篇假消息的真实面目暴露出来，至此受众才长舒一口气，有一种参与猜谜的满足感和兴奋感。

综上所述，消息写作最常用的是倒金字塔结构。按照西方对新闻稿件结构的分类，只有新闻价值重大的硬新闻（事件新闻、动态新闻）才是消息，其突出功能是传播信息，其经典范式是倒金字塔结构；以突出旨趣见长的软新闻无论长短都是特稿。在我国，通常按照篇幅短与长来区分消息和特稿，但现在我们的媒体消息写作失范了，普遍偏长。

07

第七章

标题与消息头

题目与新闻同，阅稿人仅能以公平之精神，籍以记述事实，切不可用以评论新闻，况题目如带一种彩色，常足以在阅者脑经中，发生一种不自然之印象，至使其读新闻时，无形中失其观察之自由乎。至题目之不能用以填塞篇幅，更不待说明。

——徐宝璜

凡文章都有标题，就如同人都得有个名字一样。有的诗歌取名“无题”，其实正是诗人有意制造悬念的标题。我们阅读报纸，总是先浏览每个版面的标题，然后才开始挑选其中感兴趣的新闻留心阅读，吸引我们并引导我们阅读的新闻首先是因为标题抓住了我们的眼睛。为何报纸版面上标题是最大字号、最粗字体？为何标题如此简洁？其实这正是为了突出“吸睛”效果。因此，有一句话称“标题是报纸的眼睛”。眼睛对于一个人的重要性不言而喻。标题对于报纸传播效果起着一锤定音的效果，所谓“看书看皮，看报看题”说的正是这个理。广播电视会用简练的消息提要来吸引受众。事实上，为一篇消息取一个好标题的难度仅次于写一个好导语，它是新闻人中文功底和新闻素养融合的精粹，来不得半点马虎。俗话说“题好一半文”，如何写好消息标题呢？

第一节　消息标题的构成

1. 单行标题

单行标题是消息标题中使用率最高的，也称单一结构标题。它用最简洁的文字（一个主—谓—宾结构的简单句）概括主要事实。制作单行标题简明扼要、省时高效，符合消息传播时效性要“快”的要求。如：

习近平总书记特使将赴古巴通报十九大情况

（新华网　2018年1月18日17：02：36）

2017城市空气质量前三：海口、拉萨、舟山

（人民网　2018年1月18日14：07）

山东青岛：六岁男孩成“快递员”引关注

（央视网　2018年1月17日 13：21）

阿里数十万高薪招聘60岁以上老年体验员 广场舞“领袖”优先

（央广网　2018年1月17日 07：51：00 ）

大熊猫“华豹”“金宝宝”启程前往芬兰 开启15年留洋生活

（央广网　2018年1月17日 09：52：00 ）

上述标题都达到了消息标题的基本要求，即用完整的简单句建构标题，准确、简洁、清晰、具体地概括消息的主要事实，揭示核心内容，展现消息的精华，引起受众关注。央广网的两个标题稍长了。按照传统媒体的规范，消息单行标题要简洁：一般控制在20字左右比较合适。单行标题实际上就是整篇消息的主题。

2．多行标题

也称复合标题或复合结构标题，通常由两行或三行标题构成，以“标题群”形态呈现。它通常由四种形态构成：

①引题（或称眉题、肩题）+正题（或称主标题），如浙江在线2018年1月18日的两行标题：

2019年浙江高考选考科目要求出炉（引题）

物理可填报专业覆盖最广（正题）

②正题（或称主标题）+副题（或称子题、辅题），如《羊城晚报》2019年8月10日的两行标题：

广州发布新垃圾分类指南（正题）

扫二维码即可咨询近千种垃圾，与旧版相比有较多不同（副题）

③双正题（或称主标题），如香港《大公报》2018年1月18日的两行标题：

新加息周期已来临（正题）

利率仍有上升空间（正题）

④引题（或称眉题、肩题）+正题（或称主标题）+副题（或称子题、辅题），如《人民日报》2018年1月17日1版标题：

张高丽在推进“一带一路”建设工作会议上强调（引题）

以习近平新时代中国特色社会主义思想为指导

推动“一带一路”建设不断取得新的更大进展（正题）

王沪宁出席（副题）

在报纸版面上，标题与图片除了吸引受众对消息产生兴趣之外，还起着美化版面的作用。我们会发现，标题的字体字号都是“浓眉大眼”，十分耀眼，如果是多行标题，正题字号最大，与引题和副题的区分十分明显。引题是为了引出正题，它的功能是介绍消息背景，展示消息意义。副题紧随正题，其作用是补充说明正题，或者对正题的来源和结果做交代，或者补充消息要素，或者揭示消息意义强化消息影响力。由于三行标题占用空间多，制作比较费时，如今比较少见。从上述案例可以得出结论：多行标题中至少得有一个是实标题，不能全都是虚标题。所谓实标题即含有具体信息，句子完整呈现消息要素，准确、清晰地概括消息的核心事实，一般可以单独做标题；虚标题则相反。党报在报道重大政治消息时会采用加大单行标题或双行标题字号、套红、用黑底色衬托等方式突出消息报道的重要性，或者采用通栏或者跨栏标题起到强化视觉冲击的传播效果。

第二节　消息标题的制作

1. 准确概括，题文相符

消息标题首先要准确地概括消息内容，做到题文相符，否则就会误导受众。准确与消息真实直接关联。消息标题要把准确作为第一目标。如今，商业网站在转载其他媒体的消息时，为了追求利益最大化，会修改原报道标题吸引眼球，有的将原报道标题修改得走了样，引发负面影响，例如：

台媒称大陆留学从精英化走向大众化：求职竞争日趋激烈（参考消息

网　2017年10月22日）

台媒称大陆留学从精英化走向大众化：竞争日趋激烈（凤凰网修改标题）

凤凰网编辑自作聪明，删掉原标题的两个字“求职”，标题的含义就变了。原消息标题符合消息内容，意为：大陆留学生数量激增，回大陆后“求职”竞争变得日趋激烈。如果去掉“求职”，意思就变成了“留学”的竞争日趋激烈了。

我国公布建设网络强国的时间表和路线图（新华网　2016年7月28日）

中国将成为网络强国：2050年世界无敌（凤凰科技修改标题）

新华网的报道中没有提及中国网络建设规划“2050年世界无敌”，凤凰网编辑修改的标题以夸大的方式吸引眼球，无中生有。

多地整治网约车探索“规范路径”（新华网　2016年4月28日）

官方：网约车属高端服务不应每人打得（网易修改标题）

网易修改后的标题与消息原意完全相反，激化了社会矛盾，引发舆论一片谩骂和声讨。

西城区北京第二实验小学白云路分校多名学生同天流鼻血请假（《法制晚报》2016年6月2日）

北京西城多名小学生同天流鼻血白细胞计数不正常（搜狐网修改标题）

原消息中并未提及白细胞的内容，搜狐网编辑擅自添加无中生有的内容，引发读者误解。

卫计委解决育龄夫妇想生不敢生的问题（《新京报》2016年2月21日）

全国政协副主席：药价虚高到了让人咋舌的地步（新浪新闻修改标题）

《新京报》消息内容主要是围绕人口老龄化和二孩政策展开讨论，药价虚高只是其中一笔带过的一句话。新浪新闻标题则突出全国政协副主席对药价的指控，通过夸大、扭曲、断章取义等处理与报道主题没有直接关联的一句话博眼球，题文不符，引起网民对医药体制不满情绪的发泄。

浸大两学生遭停学　港大民主墙现辱骂钱大康标语（海外网　2018年1月25日）

浸大2闹事学生停学　校长钱大康被贴标语"问候老母"（凤凰网修改标题）

海外网的标题与消息内容吻合，准确、简洁，而凤凰网编辑修改的标题让人误以为该事件发生在香港浸会大学，且"问候老母"的含义不明晰。

2. 呈现最重要事实

标题语言要概括消息最主要、最吸引人的事实要素，这种概括应具体表现事实，展现新闻价值。概述宜用具体名词，不用空洞、抽象的词语，不用带有情感倾向的修饰词。例如：

邓小平弟弟邓垦逝世　家在武汉，曾任湖北省副省长（湖北日报客户端讯　2017年10月31日）

邓小平弟弟邓垦逝世　享年106岁　曾任湖北省副省长（新浪网修改标题）

对比这两个标题，第二个用"享年106岁"取代了第一个标题中不重要的事实"家在武汉"，是对该消息最主要事实"邓小平弟弟邓垦逝世"的补充，使之更具体、更清晰。"106岁"这个数字具有显著性的新闻价值。其实，该标题删除"曾任湖北省副省长"更简洁，这不是最重要的事实。

南京一小区垃圾清运不及时　城管"堵门执法"引争议（江苏网络电视台　2017年7月15日）

秦淮区一女士投诉：家门口被城管堆垃圾封门

社区负责人：当事人将这堆垃圾存放小区一个多月

原标题不准确，将一个人的事说成了一个小区的事，“堵门执法”对事实的呈现也不准确、不清晰。按照报道内容，笔者将其改为双正题结构。

引力传媒时任独董崔保国违规买卖公司股票被公开谴责（中证网 2017年9月26日）

清华教授崔保国违规买卖股票被上交所公开谴责（凤凰网修改标题）

凤凰网修改的标题比原标题更好，“清华”比“引力传媒”更有显著性，知名度更高。业界熟悉的崔保国是清华新闻传播学教授，对他的其他身份知道的人不多。原标题的简称“独董”也令人费解。

赴台大陆游客减六成　台东饭店歇业严重（央视新闻　2017年5月28日）

赴台大陆游客减六成　景区温泉车落满蜘蛛网（凤凰网修改标题）

凤凰网修改的标题更好，比原标题更为具体形象。

比《风筝》更燃！前领导人评中共情报员李振远：一个情报胜千军万马（《法律与生活》杂志　2018年1月24日）

这名情报员获邓小平如此评价：一个情报胜千军万马（新浪网修改标题）

新浪网修改的标题更精彩、更简洁，它将原标题忽略的伟人邓小平的名字点明了，隐去了不知名的情报员的名字，这是高明的技巧。消息标题要吸引人，就得从消息中找到亮点、热点，与名人名地点相关，一定得突出强调，吸引眼球。

3. 简洁生动

消息标题应追求简明扼要，句子简短节奏感强，易读易记，便于理解。

杨子荣的老领导去世了（政事儿微信公众号　2017年2月7日）

杨子荣的老领导去世了　曾主持杨子荣追悼大会（新浪新闻修改标题）

原标题更好，简洁明了，借人们耳熟能详的英雄典型杨子荣的名字吸引眼球。新浪新闻修改的标题啰唆。

厉害！两栖侦察女兵队长与男兵散打　一脚踢断对方腰带（中国军网2017年5月8日）

海军“霸王花”与男兵对打　一脚踢断对方腰带（凤凰网修改标题）

原标题不够简洁，其中的“厉害”一词在网络标题中比较流行，其实该词体现了主观意见，有违消息客观性，它对主人公海军首批两栖霸王花、某旅侦察女兵队队长张晶晶的身份介绍也不清晰。凤凰网修改的标题简洁生动。

舟山初步攻克世界性难题　带鱼养殖破了带鱼“离海即死”魔咒（《都市快报》2017年7月13日）

舟山初步攻克世界性难题：带鱼人工饲养成功（凤凰网改编标题）

原标题啰唆冗长，对最重要的事实“人工饲养带鱼成功”没有清晰地呈现出来。修改的标题突出了最主要的事实，简洁明了，比原标题好。

4. 客观公正

消息被称为“纯新闻”，“纯”指的就是消息写作恪守的新闻客观性法则。但是如今新媒体时代，“后真相”以情感代替事实的现象呈愈演愈烈之势，新媒体的标题存在着以偏概全、渲染煽情、主观引导等方面的不足。例如：

上方山泼猴闯进苏州市区一个月　居民家惨遭“毒手”（江苏网络电视台　2017年7月14日）

该标题对事实的概括不准确，文风渲染煽情。应改为：苏州上方山森林公园一只小猴下山骚扰市民被智擒。

国家象征岂容亵渎！门源公安严肃查处一起侮辱国旗案（青海省委政法委员会官方微博@青海政法　2017年11月17日）

该标题是新闻评论标题，带有鲜明的价值判断。应改为：青海一家餐厅负责人涉侮辱国旗被拘留十五日。

暖心！ 高位截瘫女孩一篇网帖引男友千里追求（搜狐新闻　2017年10月26日）

“暖心”是观点，删除才客观。男友应改为“男子”，他追求她的时候还不是她的男友。

女版孙杨！中国泳坛12岁新蝶后诞生（凤凰网体育　2017年10月22日）

标题前半句是主观评价，应删除。改为：12岁山东运动员王一淳获全国游泳锦标赛50米蝶泳冠军。

中国最强老人南美被撞离世，骑三轮游20国17万公里（凤凰网　2017年10月22日）

用形容词最高级形式是网络流行语的格调，应谨慎使用，除非得到印证。该标题宜改为：61岁的徐州人陈冠明在南美车祸离世，曾骑三轮游20国。

浙江一女士脑袋真的被人气炸了！医生说，这类人容易“炸”（杭州网　2017年11月18日）

该标题系主观想象，故弄玄虚，渲染夸张。实际上对方隐患高血压，受到情感刺激后导致脑部血管破裂。应改为：一高血压患者被人言语刺激头部血管破裂送医。

警方扫毒现场被惊到！毒贩竟能从7楼一跃而下！（搜狐新闻客户端 2017年3月29日）

根据消息内容，该毒贩打算跳楼但被警察控制了。搜狐编辑用想象代替事实作标题，违背了事实真相。应改为：毒贩企图从7楼跃下被擒获。

“想搞死老子没那么容易”，一名新生儿手握避孕环出生（澎湃新闻 2017年5月9日）

婴儿一出生就会说话？手握避孕环又是怎么回事？应改为：一新生儿手握避孕环的恶搞照片在脸书上被转发70000多次。

绍兴姑娘菜地干活时被“禽兽”袭击！还在她身上留下痕迹……（搜狐新闻客户端　2017年9月15日）

该标题与美国新闻史上“黄色新闻”时代的标题有得一比。如此低俗文风不可取，应改为：绍兴一农家女被蝮蛇咬伤送医获救。

5. 通俗易懂

消息作为大众传播的文化快餐，通俗易懂是其本质属性。标题作为消息吸引受众的第一扇窗口，记者编辑没有理由卖弄知识、玩弄字眼、故作高深。这样做只会像孔乙己在打工者面前炫耀自己懂得茴香豆的“茴”有四种写法一样，酸秀才做派让读者避而远之。

10名“摸金校尉”夜盗古墓　吸入毒气4人身亡（《贵阳晚报》2017年3月9日）

“摸金校尉”据称是曹操发明的官衔，专门负责盗墓，该名词并非人人尽知，消息中也无相关背景知识介绍，用在标题中导致受众费解。

马英九演讲被大陆女生“表白”　回应：我也喜欢你（凤凰网　2017年11月21日）

为何要用被动句呢？被动句费解，使用主动句，通俗易懂。该标题应改为：马英九大学演讲回应大陆女生：我也喜欢你。

携程旅行捆绑销售遭炮轰，演员韩雪被套路发文谴责被力挺！（网易　2017年10月12日）

一句话里面出现了两个“被”，佶屈聱牙，应改为：韩雪炮轰携程旅行捆绑销售获网友力挺。

台州小伙遭遇现实版蛋疼　睾丸扭转差点变成公公（《台州晚报》2017年4月21日）

这标题真够粗俗的。“通俗”与“粗俗”就差一个字，消息语言要贴近生活，但生活中不乏粗俗粗陋粗鄙的口头禅，若不加选择地使用则有损消息的文化品位，大众传媒毕竟是文化产业，得有底线——社会责任感，涉及不雅字词要回避。此外，该标题中的“公公”明显带有对当事人的歧视和嘲弄，不科学，也不准确。应用标准的书面语：台州一男子睾丸扭结入院治愈。

“噶勠面孔！”女子吃完日料穿走别人价值6000多的旧鞋，面对失主竟说出这番话！（《新闻晨报》2018年1月24日）

女子吃完日料穿走别人6000多元鞋　面对失主说这话（新浪新闻　2018年1月24日）

原标题开头的引语是上海方言，外地人费解。方言土语如果成为流行语，可用在消息标题中，如因赵本山小品而普及的东北方言“忽悠”，否则不应用于消息标题，即便用于消息内容中，也得做通俗解释。该标题宜改为：女子吃完日餐穿走别人6000多元旧鞋。

6. 增强表现力

妙用修辞手法，如比喻、拟人、反问、反衬、粘连等，可以使消息标题富有表现力，耐人寻味。

两条小黄鱼“吃”掉顾客4628元（《深圳晚报》2008年3月1日）

该标题运用了拟人的修辞手法，简洁而耐人寻味，含义丰富。

美梦不美　安倍不安（《联合早报》2017年4月2日）

该标题采用了反衬的修辞手法，语言齐整，言简意赅，生动深刻。

民船“参军”，我军战损舰船有了专属座驾（《解放军报》2017年4月16日）

前半句采用了拟人化手法，后半句使用了比喻修辞格，该标题简洁生动，一目了然，尽显消息精髓。

“伤薪”台湾难留人才（《联合早报》2017年4月2日）

用“伤心”的谐音“伤薪”，一语双关，直面现实，别有深意，信息量大，有趣味。

澳洲旧墓地　衍生新目的（《联合早报》2017年11月21日）

“墓地”与“目的”谐音，两句话形成对偶关系，简洁生动，易读性好，朗朗上口。

第三节　消息头

消息头也称电头，即在消息导语开始之前的“通讯社（媒体）名称+地点+某月+某日+电（讯）”，如：人民网郑州1月23日电、新华社北京1月24日电。消息头是消息的显著标志。

消息头有两种形式，即“电”和“讯”，指消息文本不同的传输手段。“电”指过去用电报、电话、电传，如今用电邮方式传回报社的消息。“讯”主要指过去通过邮寄或者直接交给编辑部的消息，传统的报社通常将记者在本地采访报道的消息标明“本地讯”，从外地邮递来的稿件会标明地点和时间，如“本报广州6月9日讯”。其实，在消息头中加入发出报道的地点有一个潜在的含义，即该报道是记者在当地采访获知的，真实客观；同样，消息头中的发稿时间与导语中的事发时间形成对照，受众一看便知其时效性做得如何。如果发稿媒体综合编辑其他媒体的消息，消息头不注明地点，如海外网2018年1月25日消息《浸大两学生遭停学　港大民主墙现辱骂钱大康标语》是根据香港东网24日消息、香港《星岛日报》21日报道和网上疯传的一段现场视频综合编辑而成，因此其消息头是“海外网1月25日电”。

如今，除了新华社、《人民日报》等严肃的国家级媒体对消息头标注比较规范、完整，一般地市级报纸媒体不够重视消息头，简单地一律冠之以“本报讯”，有的干脆连消息头也省略了，只在消息结尾处将记者的名字放在括号里。现在又出现了一些新的变化，有媒体将原本置于消息头中的“地点”移植到了记者名字之后，如“大公网1月28日讯（记者贺鹏飞南京报道）”。此外，还有媒体将本该放在导语开始之前的消息头融合在了消息报道中，以“媒体名称”或“媒体名称+记者”形式反复出现，变成了消息内容，如“2018年1月14日，蓬安县民警邓力帆告诉澎湃新闻……”这些做法不符合传统的规范。

消息头有什么作用呢?

1．标明版权所属

消息头是传媒对消息生产拥有知识产权的明确声明，其他单位和个人在没有得到授权前，没有权利任意使用消息生产者的产品，否则就是侵权行为。即便购买了稿件的使用权，也不拥有消息的知识产权，在刊用时必须注明原稿产出的通讯社或媒体名称，如果要进行编辑或修改，也该注明“据某通讯社（媒体名称）报道”。如广播电视台在使用新华社的消息时，主持人都会在正文开始前说“新华社消息”。

2. 承担社会责任

消息头准确、清晰地呈现了信息生产的单位名称，这其实就是在向受众宣告该消息的生产传媒为之真实、客观负责，承担传播的社会责任，接受社会各界监督。

3. 传播特殊信息

西方媒体在使用消息头时比较灵活，隐含了特殊的信息。以2018年1月24日的《参考消息》为例：

（1）消息头中发出报道的时间就是导语中的时间要素

［**路透社首尔1月23日电**］韩国总统府青瓦台周二表示，拒不接受有关下个月举行的平昌冬奥会将变成“平壤冬奥会”的批评，称冬奥会将有助于缓解朝鲜核和导弹计划带来的紧张关系。

上述消息头与导语的组合可以使受众眼前浮现出一个场景：路透社记者就在韩国总统府青瓦台的记者会现场发报道。消息头中的精确时间“1月23日”与导语中的“周二”是同一时间，表明该消息报道及时高效，导语中不再重复“1月23日”字眼也是为了使其更简洁、传播信息的节奏更快。

（2）消息头中的时间取代了导语中不新鲜的时间要素

［**路透社北京/上海1月23日电**］这似乎是一场共赢游戏：一些希望拉新消费者上钩的中国大型科技公司正以现金为奖品，吸引数以百万计的参赛者在移动设备上参与在线智力答题游戏。

多达600万人同时在手机上登录免费的直播游戏，参加淘汰赛，回答一系列连珠炮般提出的问题。答对者可以瓜分奖金。

上周末，搜索引擎巨头百度公司和网络游戏开发商网易公司分别推出了本公司的在线答题软件，加入了由新闻推送平台今日头条、阿里巴巴集团控股的UC公司和中国亿万富翁王健林之子王思聪的阵营。

该消息的标题是《中国掀起网络答题直播热潮》，其消息头比较特殊，显示了两个地点，揭示该记者为采访报道这篇消息花费了时间和精力。在复合导语中我们看到了一个不新鲜的时间要素“上周末”，但消息头中的发稿时间新鲜具有首因效应，先入为主，会使受众误以为该消息是最新发生的事实。这样做无疑掩饰了内容不新鲜的缺憾。

（3）消息头与导语融为一体高效率传播信息

[**法新社伦敦1月22日电**]英国陆军领导人今天警告说，俄罗斯构成了自冷战结束以来“最复杂、最强大的”安全挑战，他还告诫英国不要自满于高调的干预行动。

该消息头中的时间与导语融合，体现出消息的新鲜度。无论该消息是当日刊用还是次日公开传播，其导语中的时间要素“今天”会给人以时光穿越感：好像此人正在与“我”对话，消息的时新性得以彰显。

08 第八章

消息导语写作

好导语能引起读者注意力和兴趣、推动读者阅读、引导读者提问。

——李希光

我们熟悉的文学名著都有一个别致的开头，弗兰茨·卡夫卡的《变形记》是这样开始的：“一天早晨，格里高尔·萨姆沙从不安的睡梦中醒来，发现自己躺在床上变成了一只巨大的甲虫。”这句话令人惊讶与不安，使人产生一探究竟的欲望。欧内斯特·海明威《老人与海》的开头是：“他是个独自在湾流中一条小船上钓鱼的老人，至今已去了84天，一条鱼也没逮住。”我们不禁好奇：为什么这么多天老人竟然没逮住一条鱼？发生了什么？加西亚·马尔克斯《百年孤独》开头出手不凡：“很多年以后，奥雷连诺上校站在行刑队面前，准会想起父亲带他去参观冰块的那个遥远的下午。当时，马孔多是个20户人家的村庄，一座座土房都盖在河岸上，河水清澈，沿着遍布石头的河床流去，河里的石头光滑、洁白，活像史前的巨蛋。”马尔克斯的如椽之笔从开头就营造了一个穿越现在、过去和未来的时空，“冰块”“巨蛋”令人着迷又疑惑不解，魔幻的现实如磁铁一般攫住了我们的思绪。如果开头不吸引人，你会继续阅读一本厚厚的小说吗？

消息的开头同样非常重要。消息开头有一个特殊的名字，叫导语，也称导言，采用直接导语的事件消息通常由一句或两句话构成消息的第一个自然段。采用间接导语的人情味故事注重开头对受众的吸引力，可用第一个自然段作导语，也可采用两个或三个自然段建构复合导语。消息导语是消息文体特有的形式，是与其他文体明显不同的重要特征。“一个好的开头需要一下子就勾住读者的心，让他们继续读下去。一则好的导语能让读者接着读一个他们本不那么感兴趣的话题，而一则干巴巴的导语甚至会在故事还没展开前就阻止读者读下去。”美国报纸编辑亚瑟·布赖斯本毫不留情地说，“如果你没有在第一句话给读者留下深刻的印象，那就没有接着写第二句的必要。”①

① 华莱士，诺伯尔．光与热：新一代媒体人不可不知的新闻法则［M］．华超超，许坤，译．北京：中国人民大学出版社，2017：107．

第一节　导语的功能

1. 概括最重要的事实

消息导语要求记者用最凝练的语言准确、简洁、清晰地展示消息内容中最新鲜、最重要、最吸引人的事实，让受众的眼睛凝视它，并产生阅读全文的兴趣。对于消息写作而言，导语是最重要的部分，记者需要把写作一篇消息的多数时间用于构思导语。好的消息导语简短、具体、鲜活、具有可读性。浙江大学教授沈爱国对导语的定义是："导语是以简练而生动的文字表述消息最重要的内容，具有启发性或诱惑力的消息的开头。"[①]陆机在《文赋》中说"立片言以居要，乃一篇之警策"，意为在关键地方使用片言只语就能够成为全篇的警句，引领带活一篇文章。导语的写作正体现了这个原理。

最早的消息是没有导语的，纪实性的报道与其他文体的写作没有大的区别，往往是流水账式地叙事，节奏缓慢。结果，最新鲜和最重要的事实都被淹没在了琐碎的消息材料之中。消息导语源自美国内战期间（也称南北战争，1861—1865），它与战争引人关注和电报技术不过硬有关。美国人莫尔斯发明的电磁电报从发明之日1844年5月25日的当天下午就开始用于传递消息。南北战争中，战地记者纷纷使用电报争抢消息时效性，但因新兴的电报常出现电讯中断的故障，迫使记者开动脑筋，把消息的主要事实集中在报道的开头部分，既使电讯中断，整篇报道未能完整发回编辑部，报社仍然可以刊发消息，导语的雏形由此诞生。从此，新闻有了特殊的标签——导语，与其他文体分道扬镳。消息写作中最常用的倒金字塔结构诞生了。它的突出特点是：在导语中交代全篇的核心事实和结果，把最新鲜、最重要、最能引起读者阅读兴趣的事实信息醒目地呈现在导语中，使读者看导语就知道消息的主要内容并产生继续阅读主体部分的兴致。其写作特点是"先果后因"，即从导语开始，围绕一个主题，事实材料按照重要性依次递减排列。行文的核心是要言不烦、重点突出、简洁明了。

诞生于美国南北战争时期的消息导语并不成熟，它容纳了消息的六个要素（何时、何地、何人、何事、何因、如何），即5W1H（这六个要素英文单

① 沈爱国．消息写作学［M］．杭州：浙江大学出版社，1997：159.

词的第一个字母），被讥笑为“晾衣绳”式导语，喻义是导语这根“绳子”上面晾满了五颜六色的“衣服”（消息要素），显得事实堆积、重点不突出，难以令读者印象深刻。1865年4月14日，美国总统林肯遇刺，美联社驻华盛顿记者发出的消息导语是：“总统今晚在戏院遭枪击，可能伤势严重。”该消息导语打破了长期以来受英国新闻文风的影响，即按照事件发生顺序构思的写作风格，开创了消息写作的新纪元①。从20世纪30年代起，冗长的消息导语开始被抛弃，从消息六要素中挑选最能突显主题的“部分要素式导语”开始风靡并被媒体广泛采纳，即根据需要，选用最需要强调的部分新闻要素建构导语，彰显消息最引人关注的、最重要的事实信息。在美联社的倡导下，这种在消息开头呈现最重要事实的倒金字塔结构开始成为全球消息写作的主流。

2. 确定消息写作脉络

不谙消息写作的人，往往不会写导语，原因在于不懂得消息写作的技巧。美国记者威廉·梅茨断言：“导语是记者展示其杰作的橱窗……如果记者未能在导语中表现出水平，那么，他就是没水平。”在确定采访选题前，我们要根据新闻价值对新闻线索进行判断。在采访过程中和采访结束后，为了凸显新闻价值，我们应反复思考如何构思主题、选择报道角度。之后，我们会确定写作结构，从导语写作开始。导语写作同样会考虑新闻价值，因为导语就决定了全篇的材料安排和写作脉络。

咬伤蟒蛇遭逮捕

2011年9月4日　参考消息

【美联社加利福尼亚州萨克拉门托9月2日电】在萨克拉门托北部社区发生的一桩人蛇撕咬案让受害者身受重伤，但受伤一方并非如你所想。

警方说，在一男子被控咬了一条蟒蛇两次后，该蛇接受了紧急手术。

安德鲁·佩蒂特警官说，警方在接到电话后于昨晚6点半赶到德尔帕索海茨社区。之前曾有名过路人报告说,看到一男子躺在地上，也许遭到了袭击。当警察到达现场时，他们发现54岁的戴维·申克仍躺在那儿。但警

① 周庆祥，方怡文．新闻采访写作［M］．台北：风云论坛出版有限公司，2003：172–173.

方说,他不是遭到袭击的一方。

佩蒂特说看，另一男子迎向警察，指控申克咬了其宠物蟒蛇两口。

申克涉嫌非法令蛇致残或外形受损而被捕，其保释金为1万美元。

从新闻价值上判断该事件具有趣味性（事件反常离奇），所以合适的导语应该是软新闻导语，这也就决定了全篇的脉络。其导语设置了悬念，它仅仅告诉我们在某地发生了一件人蛇撕咬的事，有一方受了重伤。记者有意卖关子，并没有和盘托出谁咬伤了谁，吊足了受众的胃口，令读者欲罢不能，想知道结果就必须读下去。这种不把地点交代精确，也不提供时间的写法目的就是为了使导语更简洁更凝练。第二段是主体部分的第一自然段，它用一句话补充了导语中留下的悬念，原来是人咬了蛇，蛇受到了救治。其新闻来源具有权威性和可信度，是“警方”提供的。第三自然段补充了导语和第二自然段中不够详尽或没有交代的新闻要素“精确的时间”“精确的地点”“警官的全名”“警方如何知晓的”“袭击者的姓名和年龄”。这一段还提供了现场的情景。第四自然段一句话补充了前面没有提供的新的信息，即该蟒蛇的主人向警察指控“施暴者”，值得注意的是，为了简练，这一句的人名都不是全称。还有一点，它精确地补充了第二自然段的信息蟒蛇被咬“两次”为“两口”。结尾也是一句话，告诉人们袭击者要承担何种法律责任。整篇新闻故事布局巧妙、张弛有度、悬念迭生、趣味盎然，看似简单，实则蕴含了作者精心构思的匠心，堪称“螺蛳壳里做道场”。该微型特稿总字数不过230多字。受众在作者有意设置的悬念驱动下，兴趣渐浓，直至读完整篇之后解开所有悬念，获得阅读的趣味体验。它适合用讲故事的叙述方式呈现前后反差大的题材，也适合于本身就有戏剧性的题材。这种结构通常在导语里设置悬念，而后像剥洋葱一样逐渐揭开悬疑，直到最终让受众豁然开朗，恍然大悟。

如果将其改写成倒金字塔结构的导语，以纯新闻形式传播信息，该报道就失去了采用悬念式结构讲故事一波三折的传播效果，其叙事效率性提高了，节奏加快了，但叙事脉络发生了变化，导致文本变得平淡无奇了：

一男子咬伤蟒蛇被逮捕

昨晚，在萨克拉门托市北部社区一男子咬了一条宠物蟒蛇两口而被警方逮捕。该蟒蛇已接受了紧急手术。

安德鲁·佩蒂特警官说，警方在接到报警电话后于昨晚6点半赶到萨克拉门托市德尔帕索海茨社区。宠物蟒蛇的主人向警察指控54岁的戴维·申克咬了其宠物蟒蛇两口。

申克涉嫌非法令蛇致残或外形受损而被捕，其保释金为1万美元。

采用倒金字塔结构写消息，该离奇的事件仅需要149字。我们会发现，它从导语到主体到结尾，叙事客观平实、直白直接，但它缺少了采用悬念结构所产生的吸引力和耐人寻味的阅读效果。可见，倒金字塔结构更适合时效性强、事件重大的消息。

3. 决定全篇逻辑结构

消息多采用倒金字塔结构，把最重要的事实简洁地置于导语中，对事实材料的呈现按照重要性逐段递减，即从导语的最重要到结尾的最不重要排列。如何体现这样的逻辑顺序和结构特点？消息《新疆首条高铁11月16日正式开通运营》提供了一个解剖的范例（可在网上查阅）。该消息最大的问题是，从导语到结尾，事实的逻辑顺序安排没有凸显倒金字塔结构“按事实的重要性逐段递减”的总原则。记者在写作时，如何体现对材料的运用之妙？应从受众的角度思考，首先在导语中简洁明了地概括新疆首条高铁开通的准确日期、运行时间、何时售票这三个最重要的事实。其次应该告诉受众具体的票价信息和购票规定。再次是该消息的相关背景。

该消息的原标题是《兰新高铁乌鲁木齐南至哈密段11月16日开通运营 动车3小时左右从乌鲁木齐可抵哈密 首日开行的动车车票自明日11时发售》，这个标题突出了报纸的版面优势，把该消息的要点用三行标题呈现出来。凤凰网修改的标题为单行标题《新疆首条高铁11月16日正式开通运营》，该标题突出了消息的背景，即“新疆首条高铁”，这是消息的价值所在。对比可知，两个标题各有所长，把两者的优势融合，传播效果会更好。如果按以下的逻辑顺序，就能体现出倒金字塔结构的优势：

动车3小时左右从乌鲁木齐可抵哈密

新疆首条高铁11月16日正式开通运营

首日开行的动车车票自明日11时发售

11月16日，兰新高铁乌鲁木齐南至哈密段将开通运营，届时乌鲁木齐南至哈密的运行时间由5小时缩短至3小时左右。首日开行的动车车票可通过互联网或电话订票，11月6日11时开始发售。

据介绍，乌鲁木齐南至哈密一等座票价196元，二等座票价163.5元。乌鲁木齐南至吐哈一等座票价104元，二等座票价86.5元。乌鲁木齐南至鄯善北一等座票价92元，二等座票价77元。乌鲁木齐南至吐鲁番北一等座票价58.5元，二等座票价49元。

据悉，动车车票与普通列车相同，互联网、电话订票应提前20天，代售点、自动售票机、车站售票窗口应提前18天。

先期开通的兰新高铁乌鲁木齐南至哈密段全长530公里，设乌鲁木齐南、吐鲁番北、鄯善北、吐哈、哈密5个运营站。在11月16日首发日开行3对D字头动车4队，11月17日起开行4对。

兰新高铁自兰州西站引出，经青海省西宁，甘肃张掖、酒泉、嘉峪关、哈密、吐鲁番，引入乌鲁木齐站。初期运营时速200公里。

兰新高铁哈密至兰州段预计2014年底开通运营。

修改稿从原来的446字减少到373字，删除了无关紧要的事实。

第二节　消息导语写作的原则

1. 紧扣主题

消息篇幅短，主题必须高度集中，要一事一报。导语应围绕最主要的事实，抓住核心，对准焦点，突出主题。2017年9月21日，浙江越秀外国语学院稽山校区一女生意外身亡，《都市快报》次日的消息导语是：

昨天上午，有网友爆料称，浙江越秀外国语学院稽山校区，一位女生从寝室床上跌落后不治身亡……

这样的悲剧，已经不是头一次发生。8月29日凌晨，杭州一位大一女生小徐从上铺床摔下，脑部受伤。

第二自然段纯属多余，消息写作应一事一报，第一自然段做导语也不该用省略号。一篇消息只有一个主题，导语作为最重要的部分，应体现这一点。

在写导语之前，记者应先搞清楚：消息的要点是什么？写什么受众才会感兴趣？新闻价值是什么？哪一个事实对受众最有吸引力？消息六要素（5W1H）不能眉毛胡子一把抓，统统放在导语里，其中哪个最重要就把其置于导语的开头，还有哪一个或哪两个次重要就紧随其后，事件消息要突出“何事（What）”要素，简化成公式为：何时+何地+发生了什么事（结果）。下面的案例值得反思：

大兴将建宿舍式“打工者之家”

2018年1月26日 02：30：19　来源：北京青年报

本报讯（记者王斌）今年，大兴区将坚决消除“三合一”“多合一”场所，规范农民自建房出租行为，发展职住均衡型职工宿舍。昨天，北京市人大代表、大兴区区长王有国在接受北京青年报记者采访时表示，大兴区计划在发生火灾事故的新建二村建设集体宿舍，打造成“打工者之家”，并配套公共食堂，满足基本居住需求。

此外，今年大兴区将针对疏解整治促提升工作开展社会调查，了解群众的支持度、满意度及实际诉求，让百姓生活得更安全、更幸福、更有获得感。

2017年11月18日，北京大兴西红门镇新建村发生火灾，造成19人死亡8人受伤。随后北京市开始在全市范围内开展消防安全检查，对有隐患的出租房进行强制性整顿，一些外地打工者无处可居，不得不离开北京。这一连串的事件引发公共舆论的反弹。显然，《北京青年报》的上述消息是对火灾后外地人如何在北京居住生活这一舆论关注热点问题进行的及时回应，新闻价值重要。但记者显然没有抓住受众关心的要点，导语写了两个自然段，200字。

实际上，只需要50字突出该消息的要点就可以了：“北京市人大代表、大兴区区长王有国昨天称，他们计划在发生火灾事故的新建二村建设集体宿舍，配套公共食堂。”我们熟知一个成语“言简意赅”，话多了，重点反而不清晰了。更糟糕的导语写作是与报道主题无关，例如：

杭州男子带两女模开房　完事后偷走嫖资和对方的手机

2015年6月19日 14：42　杭州网记者：林琳　通讯员：萧检/萧法

昨天，萧山法院上午9点50分要开庭审理一起盗窃案，被告朱某30岁，安徽人。可是到了开庭时间，朱的辩护律师却迟迟没有出现。书记员找来朱的家属一问才知道，律师涉嫌犯罪，被抓了！这个庭只好择日开了。

看标题和导语就知道，该消息的主人公是杭州男子“朱某”，相关人是两位“失足妇女”，与本案无关的其他人、其他事都不应该出现在消息中，更不该出现在导语里。但该导语却写到了一个与该消息主题无关的人无关的事——朱某的辩护律师被抓。浏览该消息的主体部分，与标题一致，写朱某因诈骗两位“失足妇女”被刑拘的过程，没有提及朱某辩护律师的事。由此可知，该导语写作偏离了主题。导语是消息的第一重点，它决定着消息的写作方向，相当于一艘船定位用的锚，如果没有了锚，那船岂不是无法停泊，随意漂流水上？导语一跑题，消息写作就失败。从这条导语看，写好消息需要记者具备严谨的逻辑思维能力。

一篇消息只有一个主题，它围绕一件事（what），以及与该事件相关的人物（who）、时间（when）、地点（where）、原因（why）和过程（how）叙述事实。消息一般采用倒金字塔结构，导语应将消息中最重要的事实提炼出来，不能写与消息事件无关的其或事。

2. 突出价值

消息不是有闻必录，而是记者按照新闻价值对事实进行的选择性报道。在消息写作中，新闻六要素（5W1H）也不是全都罗列在导语中，而是经过精挑细选，只将部分要素做导语，这些要素是受众最感兴趣的要素。如果消息中有名人，应将名人作为导语由头，如“赫鲁晓夫死了”。如果地点具有显著性，就应以地点为由头，如“天安门广场今天摆放了迎接国庆节的鲜花”。如果时间重要，就以时间为由头，如“今天（1月26日）8点后天气小雪，杭州萧山国际机场航空公司已取消26日108架次航班”。中国新闻网2017年12月28日消息《柬埔寨92只鸡参与“斗鸡”被依法处“死刑”》导语是：

> 动物也禁止非法参赌。柬埔寨干拉省初级法院27日证实，已裁决当地92只参与“斗鸡”的家禽被依法判处“死刑”。

92只鸡被判“死刑”，有趣。如果这92只鸡的主人是小人物，这样写未尝不可。但恰恰其主人是大名鼎鼎的洪森的侄女婿，这事就大了。国家领导人的亲属触犯法律，名人出了丑闻，这就是大新闻了。因此，用92只鸡作为叙事的起点就显得无足轻重了。既然这些鸡的主人家背景显赫，何不用它作为导语呢？名人的显著效应肯定比92只鸡要更受关注。该消息导语应修改为：柬埔寨法院以非法经营赌博场罪起诉洪森首相侄女婿泰帕尼。他的92只参与赌博的“斗鸡”已被判处“死刑”。名气越大的人越受关注，其一言一行皆是新闻，这就是名人效应。消息写作应尊重新闻价值，导语不能将最有价值的新闻要素埋没在材料堆里。报道中有名人得突出名人，报道中有名地点得突出名地点，同样，报道地方的经济建设应站在高处（全球、全国、全省）衡量其意义才能凸显其新闻价值。例如：

> 杭绍台铁路先期开工段——九龙山隧道位于台州与绍兴交界处，线路经过绍兴市新昌县儒岙镇、台州市天台县白鹤镇、平桥镇，全长8.823km，其中台州境内5.443km，隧道贯穿工期29.1月。（浙江在线　2016年12月24日）

该导语没有突出新闻价值。应改为：全国首条民资控股铁路在浙江动工。原导语都是消息背景，放在主体部分合适。该导语写作的失败说明：记者要把一件事放在时代和历史的坐标上来比较，从它对全省、对全国，乃至对世界的影响来衡量，找准其新闻价值，不能局限于所属的地域。一个记者如果视域狭窄、目光短浅就难以精准把握新闻价值。

3. 明确结果

事件消息（动态消息）也称硬新闻，“硬”在哪里？事件的结果引人关注或令人震惊。因此，写事件消息要告知受众最新鲜的时间、何地发生了何事、何种结果。如果记者不明确地通报事件的结果，那么消息的导语就会黯然失色。如央视新闻频道消息《中宣部原副部长鲁炜受贿案一审开庭》的导语是：

2018年10月19日，浙江省宁波市中级人民法院一审公开开庭审理了中共中央宣传部原副部长鲁炜受贿一案。

记者只是提到了鲁炜受审，没有明确地告知受众他受审的结果是什么。在法庭中他受到了指控：受贿3200万！这是最新鲜的事实，是本次鲁炜受审的结果。记者应该在标题和导语中凸显这一事实。作为硬新闻，一定要在标题和导语这两个最醒目的位置将新闻的焦点清晰、准确地呈现出来。记者不能停留在告诉受众“发生了什么”，更重要的是告知受众最新鲜、最重要、最引人注目的“结果”。遗憾的是，当下不少记者在写硬新闻时经常会出现上述新闻这样的表述失误。类似的失误还有环球网2018年11月10日消息《特朗普指责CNN女记者：我看到你好多次了，你问了好多蠢问题！》的导语：

特朗普与美国有线电视新闻网（CNN）记者的关系继续恶化。这次，他怒怼一名CNN女记者。

特朗普指责CNN女记者的结果是什么？该导语没有明确地告知公众。记者将“结果”隐藏在消息的结尾，即CNN在推特上发声明反驳特朗普。该导语应该修改为：

美国当地时间11月9日，特朗普在接受媒体采访时指责CNN记者艾比·菲利普斯“问了很多愚蠢的问题”。CNN在推特上发声明回击称：“特朗普做出人身侮辱已不是新鲜事，从不惊讶。”

环球网2018年11月25日消息《高雄当选市长韩国瑜：“九二共识”就是对两岸的看法》导语：

台湾地区“九合一”选举24日开票，国民党高雄市长候选人韩国瑜最终击败对手当选，结束了民进党在高雄执政20年的历史。韩国瑜在选后接受媒体采访，对于当选高雄市长后的规划及两岸关系进行回应。

他回应了什么？回应中哪句话是两岸受众最关心的？记者将应该置于开头的结果放在了结尾。该导语应该为：

据台湾《联合报》11月24日报道，国民党高雄市长候选人韩国瑜24日胜选后面对媒体采访称，“九二共识”就是他对两岸的看法。

没有结果，消息的导语是不完整的。谨记：写完一篇消息时，你需要问问自己如果只留下导语，它能否清晰地表达该消息的主题？如写会议消息，不能只说某月某日某地开了一个会或举办了一场讲座，要告诉受众会议或讲座的新鲜内容是什么。写高校招生政策将改革，一定要呈现事实：改变了什么，对考生有什么影响。写天灾人祸，一定要告诉受众后果：多少人死伤，是否有名人，妇女儿童有多少，年龄最大的多大和年龄最小的多小。写破案新闻，不能只写某案件告破就打住了，应该告知受众犯罪嫌疑人何时在何地被捕。总之，写事件消息不能满足于某时某地发生了一件事。还应该明确告知受众关心的结果。

4.准确概括

记者写作导语时，语言要准确地概括最重要的事实。第一，记者要吃透材料，号准脉搏，对最重要的事实进行浓缩提纯。例如《钱江晚报》2018年1月4日消息《船长夫妇身中20多刀被杀害　湖州练市杀人案告破》的导语：

练市羊肉，远近闻名，湖羊的美味造就了一道传统名菜：红烧酱羊肉。秋冬时节的浙江湖州南浔区练市镇，羊肉香飘满街头，“其精而不油、酥而不腻、香而不膻，色泽红亮，鲜美无穷”。

来到南浔练市和桐乡乌镇交界处的湖羊屠宰场，二十年来，这个屠宰场不曾搬迁。1998年，农历七月初七，这里的河湾上曾经发生过一起抢劫杀人案。屠宰场的羊血味也掩盖不掉出事的水泥货船上的血腥气。

被害人是一艘老旧水泥货船的船主，夫妻双双被害，身中20多刀，还遭锤子击打……凶手的目标就是船里的万余元货款。

杀人后，三个犯罪嫌疑人潜逃20余年。

20年，湖州南浔警方遍访全国30余个省市，终于在2017年12月28日将三名犯罪嫌疑人抓获，其中一名嫌疑人已隐瞒身份成为上海滩大老板，却又神奇地面临企业倒闭和欠薪躲债的凄凉结局。

这一切，是不是命中注定呢？20年前的凶手、20年后的唐老板，认为是这样。

1月3日上午，湖州警方在南浔召开新闻通报会，发布破案经过——

该消息的导语竟然有389字，七个自然段。第一自然段与本消息主题毫无关系，纯属多余。第二自然段是消息背景，不该出现在导语中。该段落第一句话无主语，是病句。第三句话记者对血腥味的叙述不准确，事发当时记者不在场，现在肯定已经没有血腥味了，记者不应该用想象代替现实。第三到第七自然段中，第六自然段是记者的臆测应删除，最后一个自然段才是本文最重要事实的关键句，应与前面的相关信息浓缩成一句话做导语：1月3日上午，湖州警方在南浔召开新闻通报会，20年前发生在湖羊屠宰场的夫妻两人被杀案告破，三名犯罪嫌疑人被捕。该报道标题也不准确，夫妻两人经营一艘货船业务，难道还要选举谁担任船长？

第二，记者要厘清逻辑关系，表述要有条理。如中国新闻网2014年10月13日消息《深圳动物园黑天鹅喂食锦鲤鱼“日久生情”场面温馨》导语：

深圳野生动物园天鹅湖里上演温馨一幕，该园高翔蓝天的黑天鹅与畅游水中的锦鲤鱼，这两种不同种类的动物朝夕相对，日久生情。黑天鹅每天给锦鲤鱼喂食物，相濡以沫的场景让游客惊喜称奇。

该文的标题和导语都使用了“黑天鹅喂食锦鲤鱼，‘日久生情’场面温馨”这样的表述，读者看了会怎么想？肯定会误以为黑天鹅真的和锦鲤鱼成了好朋友，它们之间产生了温馨的友情，黑天鹅竟然懂得去喂鱼儿，多聪明呀！这个智商已经接近1至2岁的婴儿了。看到第四自然段，受众才恍然大悟，原来这都是想象的，科学的解释是：黑天鹅吃的饲料，属于一种水分含量比较少的干性颗粒饲料，它每一次叼起食物都需要放到水中，使食物遇水软化后才容易咽下。这时，就会有不少饲料从它嘴里飘落到湖水中，这群早已守候在它嘴边的锦鲤鱼就这样享受到美味的饲料了。久而久之，锦鲤鱼就形成了条件反射。

既然记者从采访中已经弄明白了黑天鹅不是有意识地喂锦鲤鱼，仅仅是“一个美丽的误会”，为什么不在标题、导语中就说清楚呢？等人们阅读了一半的时候，你突然告诉大家，别相信我前面说的，那是逗你玩的，科学的解释是这样的……凤凰网编辑将标题修改为《深圳：黑天鹅连续7年每天给锦鲤鱼“喂食”》，特意为“喂食”加了引号，这样做就比原作要好。该消息导语应改为：在深圳野生动物园天鹅湖里，黑天鹅每天给锦鲤鱼“喂食物”，7年来，这种场景天天呈现。然后在第二自然段里揭开谜底：其实，这是因为饲养员投放的饲料太干，黑天鹅叼着食物要浸水软化后便于吞咽导致一部分漂落在水中，成为了锦鲤鱼争抢的美味。消息写作不同于文学写作，记者不能故弄玄虚，否则就会导致阅读迷雾，令受众疑惑。

第三，记者要在导语中呈现具体的事实。南海网2014年11月18日消息《海口发生群体事件 民众掀翻砸烂10余台公务车》的导语是：

> 2014年11月18日上午，海口市三江镇发生一起群体性事件。事件发生后，海口市委市政府、美兰区委区政府迅速介入处置，要求项目立即停止施工，在群众没有达成共识之前不得开工。目前事态已基本得到控制。

这个导语没有准确具体地概括最重要的事实，空洞模糊。其实，最重要的事实被放在了主体的第一段，即消息的第二自然段里：“11月18日，一批村民聚集在海南康乐花园项目工地，拆除部分建筑围墙，并与工地员工、在场维持秩序的公务人员发生冲突争执。事件造成5名行政执法队员、1名公安民警和2名群众受轻伤，10余台行政车辆和执法车辆车窗被砸并被掀翻。目前，事态已基本得到控制。据了解，导致村民聚集的原因是省市重点项目康乐花园在此地落户，群众担心将造成环境污染，影响生活。”根据该自然段，该导语应该写成：11月18日上午9点多，海口市三江镇村民与海南康乐花园项目工地员工和维持秩序的公务人员发生冲突，5名行政执法队员、1名公安民警和2名群众受轻伤，10余台车辆被掀翻。

直接导语要求开门见山，直截了当，简洁高效。记者必须抓住新闻内容中的核心要点，具体呈现。例如联合早报网2018年1月28日消息《吉林当选北京市政协主席》导语：

> 政协北京市第十三届委员会第一次会议举行第三次全体会议，刚刚进行了大会选举。委员以无记名投票的方式，选举产生了新一届市政协领导集体。

该导语缺乏具体有效的信息，时效性也不佳，应改为：

> 政协北京市第十三届委员会第一次会议第三次全体会议刚刚结束。吉林当选北京市政协主席。

写导语要准确具体，简明扼要，不要空洞模糊。

5. 简洁清晰

消息导语是对全文核心事实的浓缩，是消息中的消息，它呈现了消息最重要的事实（结果），因此，即便其后所有的段落删除，导语也可单独成篇，构成简讯。消息导语决定了消息全篇的组织架构，约束其后内容延展的路径。换言之，一篇消息材料的组织顺序是围绕导语进行补充和展开的，写好导语，写作就成功了一半。消息导语表明记者从采访的材料中厘清了头绪，发现了最重要的事实，明确了报道的主题。导语写作明晰后，消息标题在导语的基础上再次提炼也就容易了。导语写好了，记者对消息全篇的写作也就胸有成竹了。美国新闻学者梅尔文·门彻（Melvin Mencher）提醒新闻人："有效的导语满足两个要求：它抓住了事件的实质；它吸引读者或听众为该报道停留。"[①]他还说："导语的句子通常只包含一个思想，而且为清楚起见，遵循主—谓—宾的句子结构。它应该不超过35个单词"。[②]

---

① 门彻. 新闻报道与写作［M］. 展江，主译. 北京：华夏出版社，2003：126.

② 门彻. 新闻报道与写作［M］. 展江，主译. 北京：华夏出版社，2003：126.

消息导语写作需要记者倾注全力，精心构思，认真推敲，它最能够体现记者消息写作的职业素养。美国记者亨利·费厄利深有感触地说："写作导语能够集中记者的智力，迫使记者决定消息中什么是重要的，他想强调什么；同时，记者写作导语时就能最终地确定消息的其余部分是什么样子。"1969年7月20日，美国星际航行员阿姆斯特朗成了第一个登上月球的人。美联社休斯敦当日消息的导语是："美国星际航行员阿姆斯特朗今天晚上格林尼治时间2时26分成了第一个登上月球的人。"合众国际社播发的消息中，用了一个更简洁、更有力的导语："人类登上了月球！"这与1945年8月15日美联社的消息导语异曲同工："日本投降了。"

导语简洁清晰首先需要记者用心写作，文笔过硬，善于删繁就简，突出最重要的事实。《北京青年报》2017年7月9日消息《达美航空班机上滋事男子被起诉》的导语将所有消息要素都一锅端出来了：

美国西雅图当地时间7月6日下午5点左右，达美航空的DL129号航班从西雅图飞往北京，在这架波音767飞机上大约有210名乘客和11名机组工作人员。大约在飞行一个小时之后，一名乘客在从厕所出来，突然走向飞机右出口处，试图打开机舱门。乘务人员发现后开始与这名男子搏斗，包括几名中国人在内的多名乘客也参与到制服该男子的过程中，最终他被执法人员带离飞机。目前滋事男子胡代克被以干扰航班机组人员罪名起诉，如果罪名成立，他面临的最严厉处罚是20年监禁和25万美元（约合170万元人民币）罚款。

该导语应改写为：企图强行打开达美航空DL129号航班机舱门的一名美国男子已被起诉，如果罪名成立，他面临的最严厉处罚是20年监禁和25万美元（约合170万元人民币）罚款。这才是最新鲜、最重要的事实，也是受众最关心的事实，原导语其他内容都是在该事实之前发生的旧事实，应放在导语之后的主体中作为这个最新鲜事实的背景，为消息主题服务。

《钱江晚报》2018年6月15日消息《浙大城市学院今年转公费招生　各专业收费标准已确定》导语竟然长达607字：

举世瞩目的俄罗斯世界杯开幕了。这是曾侃作为央视足球解说员的首届世界杯。四年前考研入白岩松门下，两年前解说欧冠决赛，他说，是大一那次晚会主持和四年广播台主持生涯让国贸专业的他找到了自己挚爱的职业方向。

唱响“中国制造2025”主旋律的新经济代表人物胡玮炜，十多年前，还坐在新闻学专业的课堂里，是著名记者吴晓波的崇拜者。若干年后，身份转换，作为“摩拜单车创始人”的她走进了吴晓波的视野，上个月荣膺《福布斯》发布的“25位亚洲新锐女性”。

斯康，当年学的是计算机，却不甘心做普通的“程序猿”。本科毕业后，他赴巴黎学管理学，也做过莫斯科商城的副总，之后将光催化技术带回国创业，护卫家乡的绿水青山，入选第十二批国家“千人计划”创业人才。积极投身创新和跨界发展，在追求让生活更美好的积极行动中改变着世界，这些年轻人都来自同一个地方——浙江大学城市学院。

最近，这所年轻而自信的高校又有大动作：2018年起，实行公费招生、将转设公办普通本科高校！据招生简章，普通类专业（类）学费，工科类、医学类专业6000元/生·年，其它专业5300元/生·年，基本是原来学费的三分之一左右。艺术类专业（类）学费9000元/生·年。此外，中外合作专业学费按照有关规定执行。

19年前被教育部誉为“样板田”，19年后又将翻开中国高等教育史新的一页。浙江大学党委书记邹晓东强调，城市学院要按照省、市的要求加强谋划，抓住转型提升的机遇，为浙江大学双一流建设和地方经济社会发展做出更加重要的贡献。

如此堆砌事实的冗长导语令人瞠目结舌。其实，一句话足矣：浙江大学城市学院从今年起实行公费招生，转设公办普通本科高校。

写作导语简洁明了的技巧如下：不要将时间作为所有消息的由头，哪一个要素对于消息最重要就选择哪一个做由头；不要在导语中堆砌主人公的职务、称谓，只选择一个有代表性的即可；不要在事件消息导语中写小人物的姓名，移到第二自然段即主体部分中去；不要将复杂的地点罗列在导语中，而应该选择大地点（如某省某市某县）先交代，小地点（如某乡某村或某街道某巷子）在主体部分补充；不要将事件的全貌过程浓缩在导语中，只将最重要的事实要素提炼在导语中；将最新鲜、最重要的事实作为事件消息的导语，不用陈旧的事实做导语。如2017年7月2日中红网北京消息《93岁老八路、原南京军区司令员许世友上将的夫人田普在京去世享年93岁》标题冗长，导语101字：

> 中国共产党优秀党员、九十三岁老八路、中共江苏省委信访部原部长、原南京军区政治部干部部副部长、原工程兵某科研所副政委、原南京军区司令员许世友上将的夫人田普同志，于2017年6月30日10：40在北京去世，享年93岁。

上述新闻导语只需一个头衔做定语就简洁了：许世友上将的夫人田普同志6月30日在北京去世，享年93岁。前面的头衔再多也不顶一个“许世友上将的夫人”更具有新闻价值。

在建构导语时，记者应把控好叙事的节奏，直来直去，干脆利落，不拖泥带水。2018年4月30日中国网消息《车内说话被嫌吵下车后斗殴　中国籍厨师将一日本男子“扔”向行驶中电车》导语：

> 据日本“Breaking News Japan”新闻网站4月29日报道，东京都武藏野市吉祥寺车站当天发生一起伤人事件，一名散发酒气的中国籍男子下车后将一名嫌他在电车内吵闹的日本男子（65岁）扔向行驶中的电车并致其身受重伤昏迷不醒。

这种叙事风格节奏慢，已经成为硬新闻写作的一种模式，即先告诉受众发生了一件事，然后补充结果。其实，可以直接将两者融为一体。修改如下：

> 4月29日，一名38岁的中国籍男子在东京都武藏野市一车站推搡一名65岁的日本男子，致其倒地重伤昏迷。

加快报道的节奏，叙事效率就会提高。

6. 突出“最近点”

消息是“易碎品”，它只有一天的生命，在当下新媒体传播时代，它的时效性提速了。重大事件发生后，同步报道已经成为媒体竞争话语权和影响力的制胜之道。突发事件报道的时效性已经流行“刚刚”了。新鲜是消息的文化底色，是它生命力的象征。所谓时间“最近点”指的是记者在发表消息时，尽量缩短它与受众感知信息的时间差距。如一件事发生的时间和结束的时间相比较，结束的时间距离受众获悉事实的发生更新鲜，那么记者就用事件结束的时间。此外，新鲜的时间还应该精确，不要模糊不清，这就是“点”。例如2018年4月30日澎湃新闻消息《泰国前总理他信和英拉现身机场面带微笑喝咖啡》导语：

一段时间以来，泰国前总理他信和英拉兄妹频频被曝在海外的不同城市现身。

4月29日，互联网上有关两人近况的照片被再度曝光。照片中的他信和英拉身着深色外套出现在机场候机厅内，两人在飞机起飞前光临了一家咖啡馆。目前，仍不清楚两人究竟身在何处。

该导语的第一自然段“一段时间以来”表述模糊，该段为新闻背景，应置于主体中。硬新闻要突出最新鲜的精确时间和最新鲜的具体事件，该新闻导语应改为一句话：

4月29日，泰国前总理他信和英拉兄妹在机场候机厅一家咖啡馆里的照片被上传到互联网上引发网友关注。

2018年2月23日《环球时报》消息《19年后，他用炸弹袭击了美国大使馆》的导语是：

你们还记得1999年那场战争吗？

昨天（22日）深夜，在位于巴尔干半岛的黑山共和国，那里的美国大使馆遭到了一名当地男子的炸弹袭击，但除了袭击者本身死亡，这次袭击并没有造成人员和财产的伤亡。

该导语第一句表达不完整、不清晰，令受众莫名其妙。1999年发生了什么战争？这样的一个问句令人摸不着头脑。应改为：昨天（22日）深夜，美国驻黑山共和国大使馆遭当地一男子的炸弹袭击，美使馆安然无恙，袭击者死亡。该标题也不清晰，应改为：黑山共和国一男子用炸弹袭击美国大使馆。

2018年1月31日浙江新闻客户端消息《热血暖甬城　去年全年宁波近9万人无偿献血约25吨》的导语是：

对于献血，很多宁波人并不陌生。从学生到老师，从医生到护士，从年轻小伙到帅气军警……他们都是献血的热心人群。这不，1月30日上午8点多，宁波市医疗中心李惠利医院的120多位医护人员就卷起袖子，热心献血。

可你知道去年宁波人有多人献血吗？他们一共捐献了多少……

1月30日下午，宁波市举行“热血暖甬城，为生命护航”无偿献血表彰大会。

会上，宁波市献血办主任、血站站长徐红说，2017年全市共有88354人次参加无偿献血，捐献血液25847.8升，相当于25吨！这数量，创下了历史新高！

该导语提供了两个时间点，叙事冗长。应改为：1月30日下午，宁波市献血办主任徐红在无偿献血表彰大会上透露，2017年宁波市民无偿献血总量相当于25吨。该标题也应突出时效性，改为：宁波市举行无偿献血表彰大会（主标题），去年全年宁波近9万人无偿献血约25吨（副标题）。

7. 以人为本

突发事件报道也叫灾难消息，是硬新闻中最为受众所关注的。2017年11月13日两伊边境发生7.8级地震，环球网同日刊发消息《两伊边境发生7.8级地震　已致328死1700伤》导语：

中国地震台网自动测定：11月13日02时18分在伊朗、伊拉克边境地区附近（北纬34.83度，东经45.72度）发生7.8级左右地震。美国地质勘探局地震信息网消息称，地震震级为7.2级。

这篇消息首先在导语上有失误：没有凸显地震造成的人员伤亡。消息写作要体现记者的人文关怀。该导语用的是非最重要事实的消息背景，导语应该是：法新社刚刚援引伊朗官员的话称，地震已经导致328人死亡，1700人受伤。另据新华社巴格达消息，据伊拉克媒体报道，在伊拉克北部和靠近震中的地方已知有8人死亡，多地受伤人数加起来有数百人之多。

突发事件报道是关于天灾或人祸的报道。这类报道关系到人的生命安危，意外、突然、令人震惊，引人关注，具有重要性新闻价值。在国内的媒体上，常常见到一些突发事件报道把领导干部现场视察发表指示作为重点，而将受伤害者变成了陪衬。云南网 2014年5月28日消息《云南安宁3名在火场执行清守任务士兵遭雷击牺牲》导语：

记者今日获悉，5月27日18时左右，云南省安宁市突遇雷暴天气，在现场执行森林火灾火场清守任务的陆军第14集团军多名官兵、地方干部和群众不同程度被雷电击伤，其中3名战士经抢救无效光荣牺牲，其余人员正在接受治疗。

该导语应将牺牲者放在伤者的前面，以此体现记者的人文关怀。宜改为："昨天18时左右，云南省安宁市突遇雷暴天气，在现场执行森林火灾火场清守任务的陆军第14集团军3名战士被雷电击伤抢救无效殉职，多名官兵、地方干部和群众因雷电击伤正在接受治疗。"

8. 鲜活精彩

如果消息事实中含有离奇的情节，记者应当将其挖掘出来，呈现这些最吸引人的要素，让导语生动而精彩。《钱江晚报》2017年10月17日消息《智商130，杭州小姑娘成绩总是中等偏下！父母带她去医院，结果却出乎意料》长达291字，均为消息的背景：

开学才一个多月，杭州某医院的学习困难咨询门诊已接待了近百个孩子。每位家长走进诊室时都是一脸的着急，第一句话就问，"医生，我家孩子的学习成绩为什么总是上不去？”

“他们基本上都是小学生，其中三年级的孩子占了2/3。”正在坐诊的方妍彤医生告诉《钱江晚报》记者。

而经过详细的问诊与综合评估，绝大多数孩子都被确诊患有多动症，有些严重的还合并学习障碍、对立违抗、焦虑、抑郁等。

方医生说，在大家的普遍认识中，多动症的孩子就应该是成天上蹿下跳，一刻也闲不下来。殊不知，那些平日里过分安静的孩子，也很可能是多动症患者，他们的多动不表现在行为上而是思维上，具有很强的隐匿性，99%的家长都会忽略，提醒大家提高警惕。

美国消息学者麦克道格尔说：“写导语的诀窍在于懂得取舍，什么该写，什么不该写。”上述消息的导语包含五个自然段，字数过多了，最大的问题在于这些文字与消息的主人公没有直接关联，应该用作消息背景，置于消息的结尾。因为在消息的所有事实中，相关背景是为衬托主题服务的，因此它们不应该放在消息开头这么重要的地方，而应该提炼一下，放在这篇消息的结尾。该消息的导语应抓住主人公表象“安静”与真相“多动症”之间的冲突建构导语：杭州一位三年级女生一向安安静静的，医生却说她患有多动症。

消息的导语要精彩才能吸引受众关注并产生继续阅读其他段落的兴趣。环球网2017年7月4日消息《台“茶叶蛋”教授要来大陆演讲，网友：用茶叶蛋付讲课费》的导语也不够精彩：

数年前，在岛内一个谈论大陆的节目上，台湾教授高志斌提到“大陆人吃不起茶叶蛋”，引起大陆网友强烈不满。此事成为大陆民众嘲讽台湾人不了解大陆的经典案例。而高志斌日前被爆料本月6日将到大陆发表演讲。

该消息本身具有趣味性，导语可以写得更精彩：“还记得那个说‘大陆人吃不起茶叶蛋’的台湾教授高志斌吗？他本月6日要来大陆了。”

新华社2017年7月3日消息《齐鲁大地考古新发现：“一米九高”的古人，还住联排大房子？》的导语是：

“一米九的‘山东大汉’”“一家三代住联排大房子”……此情此景，竟是大约五千年前，齐鲁大地上的一段真实生活写照。

近日，随着济南市章丘区龙山街道焦家遗址墓葬的发掘和文物的出土，更多五千年前鲁北地区大汶口中晚期古人的社会形态和生活片段正逐渐呈现。

焦家遗址的发掘有什么重大意义？下一步发掘还会有什么远古的丰厚“馈赠”？带着这些问题，“中国网事”记者跟随我国权威考古专家走进这一刚刚发现的“历史现场”。

这个导语不但长，且叙述节奏缓慢，信息量小，传播效率低下。浏览全篇消息，发现其主体部分的第一自然段作导语更合适，稍加几个字就能变成一个简洁而精彩的导语：

提起山东人，很多人会联想到“山东大汉”这样的字眼。其实，早在五千年前，山东人身高就已如此“伟岸”。在济南市章丘区焦家遗址墓葬发掘现场，考古人员通过测量人骨，发现墓葬男主人身长最高的竟然达到1.9米，超过1.8米的也为数不少。

一篇消息写作最难的是导语，作为消息全篇的引子，导语是消息的核心，写好导语就确定了消息全篇的脉络，其后的段落是为它服务的，围绕它对事实进行补充、展开、延伸。因此，写好一篇消息要花费最多的精力和时间琢磨导语，导语要力求简洁明了，还要追求精彩绝伦，让受众一见倾心。非事件性消息的导语应突出其旨趣吸引受众。

第三节 消息导语的分类

导语是消息写作中难度最大、最费脑力的部分。如何将一篇消息中最精炼、最有价值、最新鲜、最吸引人的话提炼成消息的导语，令读者一见倾心，不是一件容易事。初学消息写作的人摸不着窍门，主要就是不知道如何写作合适的导语。一篇消息导语不成功，整篇消息都会黯然失色，因为导语之后的段落是围绕导语而展开的对事实的补充、延伸。不少媒体的消息乏味、干瘪、空洞、八股腔，原因在于从导语开始就是枯燥乏味的。例如：

> **本报讯** 5月31日，我院第四届科技文化艺术节在教学楼前隆重开幕。院党委副书记、副院长××，副院长××，各系党、团支书及各系团学成员代表以及学院社团成员代表参加了此次开幕式。

翻开一张报纸，如果每个版面的所有消息都是这样的模式，消息的传播价值何在？谁愿意读这样一个模子里做出来的“消息”？这种“某时某地发生了什么事+领导群体”的导语缺乏消息文化品位，没有传播有效信息。其实，任何一个活动“开幕式”并非吸引人的亮点，这个开幕式新颖之处在哪里才是受众关注的。记者写作时就应该考虑受众会关注什么？导语中最应该告诉读者什么信息？对消息事业精益求精的记者总是绞尽脑汁地构思最有意思，最能抓住读者眼球的导语。你最想告诉别人什么？这是记者在写作消息导语前应该好好考虑的问题。

1. 直接式导语

也称直接导语、概括式导语、硬新闻导语、硬导语。事件消息宜采用直接式导语。如以报道政治、经济、科技、军事等领域的动态消息，以及突发事件报道等具有重要性新闻价值的消息，采用直截了当的直接式导语简洁明快，效率高。直接式导语的突出特点是，开门见山，要求记者从新闻事实中迅速判断“六要素”中哪一个或哪些是受众最为关心的核心要素，第一句话就概括消息中最新鲜、最主要的内容，直截了当地概括要点，通常就是一句话或最多两句话。报道重大事件、突发事件、时效性强的硬新闻，记者从报道的核心思想入手，直接式导语简明扼要。“何事”要素是直接式导语的要点，用一句话告诉受众发生了什么事、什么结果。一句话如果说不清楚，就用两句话，都是简单句，一句话一个意思，宜用主动句。硬导语与标题有着共同的功能：告知受众最新、最有价值的信息。最常用的直接式导语包括：概括式、影响式。例如：

（1）概括式导语：

美国海军表示，两艘美国军舰近期访问香港的请求被中方拒绝。（观察者网 2019年8月14日）

（2）影响式导语：

俄罗斯据报提前向中国交付第二批S-400防空导弹系统，有分析认为，一旦完全部署好，北京将在台海局势上拥有更大的主动权。《联合早报》 2019年7月29日）

硬新闻导语的共性是突出新闻价值，其特点是：直截了当，开门见山，简明扼要。无修饰，不铺陈，平实、直白、简短、干脆、利落。快节奏、高效率，直奔主题。它常用一个简单句建构一个段落，突出具体的、新鲜的时间和重要的主题，字斟句酌，力求新、短、实。突发性事件导语宜控制在50字内。

硬新闻导语的个性是：概括式导语（也称直叙式导语）以“发生了什么事+导致了什么结果”为核心，高度浓缩凝练一件事或一个人最重要的事实，最快速、最高效地传播给受众，新闻价值中的时新、重要和显著是其本质特点。事件报道（动态消息）一般采用概括式导语。影响式导语（也称评论式导语）的个性是以“发生了什么事+它的意义是什么”为核心，即先用一句话叙事，再用一句话点明事件的价值，常引用权威人物的评价揭示事件的价值，通常有标志性的词汇如“意味着、标志着、有分析认为”等。重点工程、重要成果、常态事实的新变化常用影响式导语。

需要注意的是，概括式导语要用最新鲜的时间，简洁叙事之后要告知受众结果。如：

据韩联社报道，韩国庆尚南道密阳市世宗医院于当地时间26日上午7时35分许发生火灾，目前已造成31人遇难，数十人受伤。伤亡人数或进一步增加。（韩国密阳市一医院发生火灾 已造成31人遇难 人民网 2018年1月26日）

该导语采用了以“权威信源（由头）+何地要素+何时要素+何事要素+结果（人员死伤）+预测信息”等65个字来建构的。如果没有划线部分，该导语的新闻价值就会模糊不清。通常这种概括式导语的由头是新鲜的时间，如果有权威消息来源，可以以其为由头增强消息的可信度。此外，用新闻六要素中的哪一个作为由头要根据消息的具体情况，把需要突出的那一个放在最前面起头，不要仅仅以新鲜的时间为由头。这种导语最常出现的失误就是：时间模糊、叙事拖泥带水（掺杂了过程、细节）、不交代事件结果。这三者中的任何一个都会使得概括式导语黯然失色。

影响式导语的最后一句点明新闻意义的话不宜长，要画龙点睛，简洁明了，同时要避免言不及义、脱离事实或片面武断，不要把话说满，过头话更要当心。自己没有把握的评议，最好用或然判断，如“也许”“或”“可能”等。可以用简明的直接引语，也可以用新闻背景来衬托主题，突出新闻价值。如：

> 空军后勤部探索建立军民联合无人机补给模式，联合两家军民融合战略合作单位，日前在北京成功组织云南、陕西两地三型无人机联合补给演练。这也是我军首次运用无人机实施联合补给演练。（我军首次运用无人机实施联合补给演练　新华网　2018年1月27日）

该影响式导语的第二句就使用了新闻背景来烘托主题，点明了这件事背后的新闻价值和报道这一事件的意义。其缺点是，叙事不够简练，时间模糊。可以改为：空军后勤部□月□日在北京组织云南、陕西两地军民融合战略合作单位进行了三型无人机联合补给演练。这是我军首次运用无人机实施联合补给演练。

直接式导语一般使用两到三个消息要素：何地+发生了何事（结果）；何时+何地+发生了何事（结果）。也有用一个要素的：发生了何事（结果），如“日本投降了”。在直接式导语中，新闻六要素中的“何事（What）”是核心要素。直接式导语应提供有效信息，忌讳空洞无物。例如：

（1）1月16日下午，乌鲁木齐市第十六届人民代表大会第二次会议圆满完成各项议程后，在新疆国际会展中心胜利闭幕。（×）

1月16日下午，乌鲁木齐市第十六届人民代表大会第二次会议闭幕，牙生·司地克当选乌鲁木齐市人民政府市长。（√）

（2）2017年11月15日7时45分许，在“滁新高速”下行线191KM至194KM路段，因突发团雾，发生多点多起造成人员伤亡的交通事故。（×）

11月15日7时45分许，“滁新”高速公路安徽省界内因突发团雾，30余车连环相撞，造成18人死亡，21人受伤。（√）

（3）为有效净化社会风气，有效打击卖淫嫖娼等丑恶违法犯罪活动，温州仙岩派出所在前段时间对辖区内易涉黄场所全面整治的基础上，日前又展开了突击检查，6月7日，又当场抓获一对卖淫嫖娼男女。（×）

6月7日，温州仙岩派出所当场抓获一对卖淫嫖娼男女。（√）

如果事件消息的时效性不佳，可以改用延缓式导语掩饰。值得一提的是，除了突发事件、重要事件外，一般事件可以用直接式导语，也可以用延缓式导语，延缓式导语的优势是以趣味见长，对受众有吸引力。

2. 延缓式导语

也称延迟式导语、间接导语、软新闻导语、软导语。延缓式导语有意不直截了当告诉受众报道的最主要的事实，有意放慢导语的表现节奏，采用描写或者讲故事的手法，用趣味吸引受众，也叫延迟式导语、软导语、特写导语。软导语可以包含多个段落，需要注意的是，如果开头设置了悬念，一般在第三自然段、最迟在第五自然段要揭晓谜底。常用的软导语有：描写式、引语式、悬念式、疑问句式、对比式等。趣味性新闻价值（反常、离奇、荒诞、人情味等）宜用软导语，如果硬新闻时效性不佳，也宜采用软导语。

你注意到了吗？外交部发言人华春莹在记者会上几乎没有笑过，但是19日她一反常态地笑了。（日本记者英语发音逗笑严肃华春莹　2017年12月20日）

这是笔者根据当日的环球网消息改写的导语。用“你”开头的导语有亲和力，一下子就拉近了消息与读者的距离，使其产生亲近感，有互动的效果。有人称之为：“你”导语。

“医生说最严重会瘫痪，但你现在还没到最严重的时候，明年就高考了，你再熬一熬……”桐庐一位母亲面对想终止体校训练生涯的17岁女儿这样说。（杭州17岁体校女生将瘫痪仍被母亲逼着练：全家就靠你了 2016年6月20日）

这是笔者根据《杭州日报》消息改写的引语式导语。用消息当事人富有情感、个性的语言作导语的好处是，让读者仿佛就在现场听到了当事人在说话，增强了消息的真实性、客观性，还能从其独特的表述中联想到更多的信息。

新华社北京11月11日电 11月10日下班回家后，俞星标赶紧打开了电脑，为今年“双十一”抢购做最后的准备。家住安徽合肥市的俞星标是一位资深网购“爱好者”，从2012年开始，他的生活用品基本上都会通过网络购买，短短五年时间，他就从一名“菜鸟级买家”变身为“专家型买手”。（消费者“买买买”、程序员“改改改”，这个夜晚不轻松 新华网 2017年11月11日 19：58：05）

描写式导语是延缓式导语的常见模式，西方记者写特稿时多用这种方式开头。

新华网江苏徐州12月3日电（记者 齐中熙）时速486.1公里！这是喷气飞机低速巡航的速度。时速486.1公里！这是中国新一代高速动车组跑出的速度。时速486.1公里！中国再度刷新世界铁路运营速度纪录，演绎“高铁奇迹”。（京沪高铁以时速486.1公里刷新世界铁路运营最高速 新华网 2010年12月3日 12：01）

这条导语用了三个排比句，凸显了消息要素中最重要的事实——我国高铁创造的世界速度。气势磅礴，精炼生动。

新华社华盛顿1月26日电（记者　周舟　林小春）欧洲人皮肤何时开始变浅，眼睛何时开始变蓝？古代居住在欧洲及西亚的尼安德特人对现代智人基因组贡献比例有多大？中国科学家团队使用基因组测序等技术，为这些问题提供了最新分析结果。（中国科学家用基因技术揭秘古人演化史　新华网　2018年1月27日　10：04：43）

该导语用了两个疑问句开头，引起受众的好奇心，产生了吸睛效果。

表现欠佳的中国国家足球队如果在今年7月的亚洲杯和2008年的奥运会上不能踢出最佳水平，那就没有任何理由来为自己开脱了。

英超联赛冠军切尔西的首席执行官彼得凯尼恩同意让中国足球队员使用切尔西队的训练设施，不仅如此，体育当局为激发他们的斗志，还请来了一位学者。（中国体育当局为扭转国家足球队的命运，寻求学者帮助《参考消息》第15版　2007年1月18日）

该导语源自香港《南华早报》2007年1月14日的报道，它的第一自然段设置了悬念，引发受众欲知未知的心理，第二自然段揭开了谜底。

成千上万的人去珠穆朗玛峰登山，是因为攀登世界之巅极具挑战。但让杰夫·克拉普感兴趣的，却是这些人留下的垃圾。（珠峰垃圾变成"宝"《参考消息》第15版 2007年1月18日）

源自美联社2007年1月15日的这篇消息导语用两句话建构了一个冲突性的事实，引发人们的阅读兴趣。

假如F22"猛禽"是一个时钟，而不是价值3.3亿美元的隐形战斗机，美国空军也许会考虑退货。（飞跃国际日期变更线时，"猛禽"折翼《参

考消息》第5版 2007年3月9日）

源自美国《防务消息》网站2007年3月5日的该消息导语采用了虚拟语气，用假设的句式建构了一个条件状语从句，给受众留下了一个大大的问号：为什么？怎么回事？产生一睹为快的心理。

关颖珊不会参加下周在华盛顿州斯波坎举办的美国花样滑冰竞标赛，而是在另一个光滑的平面上检验自己是否能摆出不可思议的姿势。这个光滑的平面就是美国外交。（关颖珊代表美国担任新职务 《参考消息》第8版 2007年1月18日）

源自今日美国报网站2007年1月16日的该消息导语巧妙地将两件事“粘连”在了一块，十分富有想象力，语言生动形象。

谁说必须很棒才能在好莱坞得奖？

莎朗·斯通的《本能》极为成功；但是，去年的《本能2》却一败涂地，已经入围第27届金酸梅奖，即最差电影奖。（第27届金酸梅奖入围名单公布 莎朗·斯通《本能2》获七项提名 《参考消息》第6版 2007年1月24日）

源自路透社2007年1月22日的这篇消息导语第一自然段采用了反问的方式，在第二自然段揭示了事实真相。

延缓式导语是一种讲故事的导语，它适合故事性强、十分有趣味的软新闻、后续报道、调查性新闻、解释性新闻等。它不适合突发事件报道、时效性突出的消息、有重要新闻价值的消息。实际上，采用延缓式导语首先是因为消息本身包含戏剧性、冲突性、不可思议、离奇荒诞、有故事元素、情感召唤等事实要素。此外，尽管延缓式导语有意营造悬念吊起受众胃口，引发好奇和关注，但需要节制，把握好“度”，不能把节奏拖沓过缓，让受众猜谜语。采用延缓式导语设置悬念的消息应在第二或第三自然段、最迟在第五自然段揭开谜底，否则，受众会丧失阅读兴趣。

延缓式导语能展示记者的才华和写作个性，记者须具备新闻素养、知识素养和文学素养，文字功底好，有创意，对新闻价值有准确的判断能力。香港亚洲时报在线2011年11月29日报道《中国人努力寻找幸福和尊严》，记者安托阿内塔·贝克尔写的导语是："周作人曾经写道，要体验中国的风情，应该坐在一艘小木船上，缓缓在河上漂流，将周围景物尽收眼底。但是乘坐中国最先进的高速列车抵达上海的经历无疑表明，慢悠悠的小船再也不是体会今天传奇中国的恰当方式了。"如果这个"洋记者"不熟悉周作人，没有读过他的作品，能写出这样有文化品位的导语吗？

第四节　消息导语的对比

直接式导语与延缓式导语的不同在于：

1. 传播模式

直接式导语注重高效率传播信息；延缓式新闻导语注重讲故事，精彩、有吸引力。前者节奏快，高度凝练；后者节奏慢，追求旨趣。

根据2017年5月4日的《广东党风》杂志报道《揭秘女反贪局长如何对抗审查：装神弄鬼学猫狗叫》，笔者改写了两种类型的导语：

> 直接式导语：广东化州市检察院原副检察长、反贪局局长郭志玲因受贿罪被判处有期徒刑11年。
>
> 延缓式导语：每当轮到年轻的女陪护人员值班，郭志玲便在夜里装神扮鬼，披头散发、念念有词，拿起床单晃来晃去，一会儿学婴儿啼哭，一会儿学猫叫狗吠，一会儿跳，一会儿笑……
>
> 郭志玲是广东化州市检察院原副检察长、反贪局原局长，在接受组织审查期间她使尽了手段，企图逃避审查。
>
> 2016年10月，茂名市电白区人民法院以受贿罪判处郭志玲有期徒刑11年。

2. 呈现方式

直接式导语直白简短，一般用一两句话建构一个自然段做导语，突出消息核心；延缓式导语凸显趣味，往往是离奇、悬念、轶事、细节、现场等吸引人的故事，会有意延迟告诉受众消息的要点，常用两到三个自然段的复合导语。前者注重写实，后者注重表现力。前者如大江东去，后者如曲径通幽。

例如《每日经济新闻》2018年1月14日报道《摆脱印度25年垄断！这个国家终于用上中国宽带，举国欢腾！》的导语是：

> 去年6月，印度财政和公司事务部长梅瓦尔（Arjun Ram Meghwal）为解决医院护士短缺问题来到德霍利亚村。本来准备给助理打电话讨论问题，然而这位部长却一直找不到手机信号。无奈之下他只得借助梯子爬上了树，站在树上打完了整通电话。
>
> 印度网友调侃说："这就是数字化的印度。"即便网络信号糟糕，但印度竟然长期以来垄断了邻国尼泊尔的互联网。但在最近，印度的垄断终于被中国打破了：
>
> 1月12日，尼泊尔正式接入中国互联网！

这是一个延缓式导语，用了逸闻趣事开头。如果改写为直接式导语，只需要最后一句话简洁有力："1月12日，尼泊尔正式接入中国互联网。"

3. 表现视角

直接式导语着重于事件的新闻价值，总是将平凡小人物的名字移到导语之后的主体部分补充交代；延缓式导语擅长人情味故事，所以常常以有名有姓的小人物的故事作为起点。前者着眼点是关系国计民生的事件，视角是新闻价值的重要性；后者着笔于人情味、娱乐性的故事，视角是新闻价值的趣味性。

下面的案例是同题消息的两种导语的对比，（1）为笔者修改的直接式导语；（2）为都市快报"大浙名师"公众号报道导语，是延缓式导语：

> （1）金华一男子抱着13个月儿子不慎落水，他在水底将孩子托举10分钟而溺亡，孩子被人救上来安然无恙。
>
> （2）7月2日晚上6点，当杨兴洪被打捞上岸时，现场的人都震惊了，他还保持着"抱着孩子往上托举"的姿势。
>
> 此时，杨兴洪的儿子正在医院抢救，孩子的命保住了。

4．写作由头

直接式导语常用最新的时间做由头或者用一个需要强调的新闻要素做由头；延缓式导语的由头相比更为自由灵活，往往是吸睛的事实。

> ［**路透社北京10月16日电**］今天格林尼治时间7时中国爆炸了一枚原子弹，从而闯进了核俱乐部。（中国爆炸第一颗原子弹　路透社　1964年10月16日）

直接式导语充分体现了动态事件本身的新闻价值，用最新鲜的时间为由头，以最简洁的语言直指消息核心事实。

> ［**合众国际社美国里士满11月28日电**］退回到1944年，一个儿童想要的圣诞礼物就是两颗门牙——歌曲就是这么唱的。调查显示，今天的儿童节日愿望比过去更崇高了。（“小声音，大梦想”　《参考消息》2011年11月30日）

这篇报道的消息来源是一份调查报告。妙就妙在记者匠心独运，花功夫写出了精妙的导语，这篇用调查数据材料构成的新闻顿时有了“灵气”。不要小看这短短的两句话，没有知识的修养，你很难构思出如此妙趣的延缓式导语。

需要提醒的是，简洁是消息文化的精髓，不管你采用哪一类导语写作，都应力求用最少的字写出最精炼、最精致的导语。如钱报网2017年5月5日消息《53岁杭州男人临死前一定要见35岁小伙　因小伙一次次的帮助》的延缓式导语是：

> 从去年年底开始，杭州市民老潘就经常打报警电话。频繁到什么程度呢？每小时二三十次，一天有上百次。这样对不对？肯定不对。这样好不好？肯定不好。不但浪费110报警台接警员的时间，也占用了派出所的警力资源。
>
> 但是，他为啥非要这么干呢？

这个导语过长了，如同段子手一样，玩起了绕口令，不停地自问自答。该消息的标题也比较啰唆，应删掉后半句。笔者对其导语修改如下：

杭州一男子拨打110报警电话有段时间到了痴迷的程度，每小时二三十次，一天上百次。警察接警上门后，这位男子又开始频繁地拨打一名警察的手机短号666了。

5. 写作手法

直接式导语用叙述手法直截了当；延缓式导语可用叙述、描写等多种手法。前者写作手法比较单一，有固定的程式，用陈述句；后者是个性化写作，对记者的知识修养、新闻素养和文笔有更高要求，句式更为丰富多样。前者惯用具体、简洁的概括语言；后者可用描写、悬疑、设问、对比、比喻等。例如同题消息导语：

直接式导语：周一，在一场安妮斯威乐中心邮局爆发的大火中，成千上万份邮件被毁，几百名当地居民丢失重要文件，引致混乱。①（直接告诉受众邮局火灾毁了邮件）

延缓式导语：安妮斯威乐的一名教师斯泰西·戈登正在等邮局寄来的工资以供下月的生活。但她的等待可能最终无果，因为本周一在中央邮局发生的火灾焚毁了上千份邮件。②（借助一位当地教师的故事间接说出邮局火灾焚毁了邮件）

我们在写导语时，究竟如何写，取决于这样几个因素：首先，消息的题材，对于重大的消息事实，时效性也比较强，一般选择用直接式导语，而对于趣味性、接近性新闻价值的事实，或者时效性不强的一般事件如社会新闻，选择延缓式导语更有吸引力；其次，你所服务的媒体，对于《人民日

---

① 华莱士，诺伯尔．光与热：新一代媒体人不可不知的新闻法则［M］．华超超，许坤，译．北京：中国人民大学出版社，2017：108.

② 同①。

报》这样严肃的党报，其定位为党和政府的喉舌，以宣传党的路线、方针、政策为宗旨，写作风格倾向于庄重严谨，导语也不例外，会更多地使用直接式导语，而市场化的报纸如都市报，还有出版周期较长的周报等，会倾向于突出趣味性的延缓式导语；根据记者个人的写作风格，直接式导语被称之为“职业化的写作”，简洁高效，写惯了会比较顺手，只要对消息事实和新闻价值判断准确，下笔就来，不用花费太多时间；而延缓式导语被称之为“非职业化写作”，是一种个性化的写作风格，与记者的知识修养、新闻素养和文学功底有关联，也与记者个人的写作态度和职业理想有关联，这种导语写作难度大，费时多，喜欢它的记者自然会倾向于这种富有挑战性的写作风格。

第五节　消息导语的由头

消息由头是消息报道的根据，时间新鲜是其第一个特点，其二就是意义，即符合消息报道的规律，有新闻价值。导语作为消息最重要的开始，应刻意经营其由头，彰显其时间新鲜，突出其新闻价值。新华社消息《上海最后两辆人力车进了博物馆》就体现了记者对由头的精妙把握。这篇消息选择的由头巧妙，“上海市交通局今天把上海最后两辆人力车送给了博物馆”。如果早一步或者晚一步，都不是最合适的报道时机。如同烧水，刚好到100摄氏度的时候水开了，此时水温突破了临界点，实现了从“生水”到“熟水”的转折，100摄氏度就是一个转折的关键标志点。消息报道也需要这样的技巧，把握住事物变化的火候，掐在其变化的临界点上，突显事实最有价值的亮点。有人形象地将这种等待最佳时间点报道新闻的方法称之为“养新闻”，正如上文一样，记者获悉了这件事的发生，可以提前介入采访，准备好相关的背景资料，打好底稿，就等着这一事件转折点的来临。

“第一……”“最……”“首次（个）……”这样的字眼，是变动着的事实的标志性节点，象征着新闻价值的重要性或显著性。如青藏铁路通车，台湾媒体报道了第一位买到北京—拉萨火车票的台商。此外，像《北京最后的粪桶》（1995年1月6日《中国青年报》）、《东北最后的火柴厂》（2016年11月3日《南方周末》）等特稿报道从标题上就可以看出来记者对新闻价值的准确把握。

对于时间新鲜的事件，记者第一时间报道由头比较简单，通常用最新的时间节点开头。或者通过对比，看新闻六要素中哪一个最适合强调突出就用它做由头放在导语的开端。比较难办的是时效性不新鲜的新闻事实。如何给一个时间不新鲜但题材新鲜的故事找一个由头呢？

1. 以新带旧

2017年2月17日“红星新闻”报道《陕西宝鸡一村支书被曝长期霸占人妻？当地纪委已介入调查》。其导语是：

近日，一条题为“宝鸡渭滨区李家漕村村支书赵宝荣长期霸占他人妻子”的帖子火了。真的是这样吗？17日上午，陕西省宝鸡市渭滨区纪委告诉红星新闻记者，已接到相关舆情通报，并已责令石鼓镇纪委展开调查。

新闻要“新”，首先指的是时间新鲜。该导语的引导词是“近日”，这是一个含混的、陈旧的时间，过去曾是国内消息的通病，在当下新媒体大出风头的时代，时效性意味着消息的影响力，再出现这样的由头就不应该了，何不把最新鲜的时间提到导语开始的地方做由头呢？记住，要找到最近的“时间点”作由头。

2月17日上午，陕西省宝鸡市渭滨区纪委称，他们已责令石鼓镇纪委对网络上披露的“李家漕村村支书赵宝荣长期霸占他人妻子”一事展开调查。

顺便说来，如今不少媒体为了维护版权、彰显品牌，刻意在报道中反复交代媒体名称，把其融合在消息事实之中。传统的规范是，在标题下方、消息头中标明媒体的名称。

2. 由近及远

澎湃新闻2017年2月17日报道《湖南邵阳一对夫妻起争执，丈夫点燃液化气罐炸毁居民楼》，其导语是：

2月16日下午3时许，湖南邵阳隆回县城荣兴国际附近一栋两层民居发生爆炸，导致该房屋结构严重受损，并引起大火。周围居民称该爆炸事故系因房主夫妇发生争执，丈夫一怒之下打开液化气罐阀门，随后打燃打火机所致。17日上午，隆回县消防大队相关负责人告诉澎湃新闻，该事故未造成人员伤亡，目前涉嫌男子已被警方带走调查。

从表面上看，这样的导语由头没有问题，按照一般人的思维，两件事互为因果，按前后顺序交代就行了。实际上，前一件事是“过去时”，后一件事是“现在时”。消息要突出时效性就应该以“现在时”为由头，不新鲜的“过去时”是消息背景，完全可以放在消息导语之后的主体中交代。

2月17日上午，湖南邵阳隆回县消防大队相关负责人称，该县荣兴国际附近一栋两层民居发生爆炸，未造成人员伤亡，目前涉嫌男子已被警方带走调查。

用最新鲜的事实导出时间不新鲜但事实新鲜的“旧闻”。2017年2月7日，著名的“红色特工”黄慕兰在杭州辞世，享年110岁。她1926年加入中国共产党。1949年之前长期在上海从事地下工作，曾营救过周恩来、关向应等中央领导人。2017年2月9日，新浪“记忆”专栏刊登题为《红色女谍们的命运》图片消息，介绍了与黄慕兰同时期从事地下工作的其他中共知名“女谍”的故事，她们是：关露、沈安娜、陈修良、张露萍、丁明俊、宋维静、朱枫、萧明华。

2月14日是西方的情人节，如今也被国人接受。新京报微信客户端“政事儿”在2017年情人节这一天刊发新闻《9名高官的“情人劫”》，该报道梳理了中共十八大后落马的百余名省部级高官中，近四成被中纪委指出涉“道德败坏”“与他人通奸”“权色、钱色交易”等问题。该报道重点披露了几个腐败高官的“艳史”：国家发改委原副主任、国家能源局原局长刘铁男，内蒙古自治区党委原常委、统战部原部长王素毅，中央编译局原局长衣俊卿，江西省人大常委会原副主任陈安众，南京市原市长季建业，南京市委原书记杨卫泽，四川省文联原主席郭永祥，广东省委原常委、广州市委原书记万庆良，广东揭阳市委原书记陈弘平，内蒙古自治区政协原副主席赵黎平。报道内容并不新鲜，但借助于“情人节”这个新鲜由头梳理上述因为情人举报或因感情纠葛杀害情人的落马高官，该新闻仍旧引来了很多网民的围观。

3. 吸睛事实

2017年2月17日“红星新闻”发表一篇舆论监督报道《12岁结婚14岁生女重庆“童养媳”：悲惨遭遇谁买单？》，其导语是：

> 2016年5月底，网上出现一则爆炸性消息，“重庆三姐妹成童养媳，其中一人14岁生女，8年4次逃跑”。这则新闻的主人公叫马泮艳，经法院调解，她终于结束了这段噩梦般的婚姻。“他们断送了一个正常人的人生，必须让那些人付出代价。”马泮艳开始为自己讨说法，但现在仍然很无助。
>
> 在电话里，马泮艳对红星新闻记者说：“我本来是一个懦弱的人，但多年来经历的事情让我变得坚强，我的事情当地政府必须有个说法。”

该报道是针对当地警方不作为导致主人公16年来延续着悲剧的命运。但这个开头不佳，其由头是一个8个多月前的时间，太不新鲜了。像这样时间过去很久了，暂时还没有最新进展的事件该如何给导语找由头呢？模糊不新鲜的时间，可直接让小人物出场，将最重要的冲突性事实呈现出来吸引受众。陈旧的时间可以放在导语之后的主体中交代。

> 马泮艳鼓足勇气来到了巫山县公安局双龙派出所报案。她称，自己12岁就被大伯和姑父卖作童养媳遭到强奸，这与双龙镇派出所办结婚证的工作人员渎职有直接关联。
>
> 如今，9个月过去了，巫山县公安局至今也没有给她回复。马泮艳说：“我本来是一个懦弱的人，但多年来经历的事情让我变得坚强，我的事情当地政府必须有个说法。”

写软导语可用小人物最具冲突性或戏剧性的事实做由头来建构导语。

09
第九章

消息的主体与结尾

主体是导言之后，进一步阐述新闻的主题。与导言相呼应，烘托导言的分量。让读者满足新闻故事的全貌。新闻的结尾，不要与导言、主体重复，但也不是有固定的模式，应力求它鲜活令人读来有满足感。

——沈征郎

消息通常由三大部分构建：导语、主体、结尾。导语是消息结构中最关键的部分，但主体和结尾也不可忽视，它们是导语的补充和展开，是对导语中简洁概括部分的核心新闻要素更为详尽、清晰的补充，也是对导语中未提及的新闻要素的展开。导语只告诉了受众最重要的事实，但不是全部的、全面的事实，导语、主体与结尾紧密结合，才能展现一件事的全貌。

第一节　消息主体

1. 消息主体的作用

消息主体也被称之为消息的躯干，是消息的主干部分，是消息结构中篇幅最长、容纳文字最多的部分。导语仅仅把最关键、最吸引人的事实展示出来，只是对消息主题的概括，整个消息事实还不够完整、具体、充分，主体肩负着透彻、清晰展现新闻要素的重任，让报道的主题清晰地呈现出来，让受众获得表现主题思想的所有新闻要素信息。例如：

世界生命科学重大突破　两只克隆猴在中国诞生

2018年1月25日　新华社

新华社北京1月25日电（记者陈芳、董瑞丰）用一把毫毛，变出千百个一模一样的猴子——《西游记》里的神话正在成为现实。克隆猴“中中”和她的妹妹“华华”在中国诞生近两个月！北京时间1月25日，它们的“故事”登上国际权威学术期刊《细胞》封面，这意味着中国科学家成功突破了现有技术无法克隆灵长类动物的世界难题。

该消息导语凸显了消息最重要的事实：克隆猴“中中”和她的妹妹“华华”在中国诞生近两个月，这意味着中国科学家成功突破了现有技术无法克隆灵长类动物的世界难题。这一成果得到了国际权威学术期刊的认可。这是消息的主题。但两只克隆猴什么模样？它们的现状如何？克隆技术是怎么回事？克隆猴成功有什么价值？它对于我们人类社会、对于中国医学科学事业都有怎样的意义？权威专家学者是如何评价这项成果的？导语中没有详细说明该事实的完整、具体情况，它只是把新闻价值展示给我们，概括了最重要的事实，引起了我们的关注，让我们产生继续阅读的兴趣。

在中国科学院神经科学研究所非人灵长类平台，记者见到克隆猴“中中”和“华华”正在恒温箱里嬉戏。姐姐比妹妹大10天，除了个头略有差异，“姐妹”俩几无分别。

这是主体的第一段，它用简洁的两句话延伸了受众的视线：记者带着读者去现场看到“俩姐妹”活泼可爱，不一般高，相貌像孪生姐妹。这一段是对导语中提到的故事主角“中中”和“华华”的信息的具体补充，有现场画面感，增添了读者的好奇心和继续阅读下文的兴趣。

“姐妹”俩的基因，来自同一个流产的雌性猕猴胎儿。科研人员提取了这个猕猴胎儿的部分体细胞，将其细胞核“植入”若干个“摘除”了细胞核的卵细胞，结果产生了基因完全相同的后代，这个过程也就是克隆。

这是主体的第二段，它继续补充导语中的事实：克隆猴是怎么回事？记者用通俗、简洁、清晰的语言阐释“克隆”的科学知识，这是消息背景，起到解释的作用，使得报道内容通俗易懂，让受众产生进一步阅读下文的兴趣。

“这是许多专家认为不可能实现的重大技术突破。”国际细胞治疗学会主席约翰·拉斯科这样点评中国科学家的成果，“利用聪明的化学方法和操作技巧，攻克了多年来导致克隆猴失败的障碍。”

这是主体的第三段，它借用世界权威科学家的两句引语告诉受众中国科学家实现的克隆猴成就的价值和意义，是对导语中提及的“中国科学家成功突破了现有技术无法克隆灵长类动物的世界难题”的补充。记者在两句引语之间插入了消息来源，使段落显得结构平稳，易读性好。而引语则有助于消息的真实、客观，其口语表达与记者的书面语言结合，丰富了文风的表达，也能使受众仿佛听到了消息来源在对自己说话，感觉奇妙。

自1996年第一只克隆羊“多利”诞生以来，20多年间，各国科学家利用体细胞先后克隆了牛、鼠、猫、狗等动物，但一直没有克服与人类最相近的非人灵长类动物克隆的难题。科学家曾普遍认为现有技术无法克隆灵长类动物。

这是主体的第四段，是对上一个段落国际细胞治疗学会主席约翰·拉斯科高度评价中国科学家克隆猴成果的事实补充，也是对导语中“中国科学家成功突破了现有技术无法克隆灵长类动物的世界难题”的再一次补充。它也是消息背景，用回顾动物克隆技术诞生和发展的历程来说明中国科学家的成就不易，衬托主题。

中科院神经科学研究所孙强团队经过5年努力，成功突破了世界生物学前沿的这个难题。利用该技术，科研团队未来可在一年时间内，培育出大批基因编辑和遗传背景相同的模型猴。

这是主体的第五段，它是对导语中提到的“中国科学家”的信息的具体补充。它还对导语中没有提及的事实进行了补充：攻克这一世界高科技难题花费了5年，同时还对该技术的成熟应用价值进行了延伸交代。

“这是世界生命科学领域近年来的重大突破。”中科院神经所所长蒲慕明院士说，克隆猴的成功，将为阿尔茨海默症、自闭症等脑疾病以及免疫缺陷、肿瘤、代谢性疾病的机理研究、干预、诊治带来前所未有的光明前景。

这是主体的第六段，它也是对导语中没有提到的事实进行的延伸补充，引用权威消息来源的引语，告诉受众克隆猴成功对于人类社会的意义和价值，使得该科技消息与受众的距离拉近了：有益于治疗当下一些人类医学尚无法治愈的疑难杂症。

孙强说，这意味着中国将率先建立起可有效模拟人类疾病的动物模型，既能满足脑疾病和脑高级认知功能研究的迫切需要，又可广泛应用于新药测试。

结尾用该科研团队核心人物的间接引语，在上一段的基础上再次做了延伸补充，从更为宏观的角度指明克隆猴成功之于中国医学科学事业的巨大潜力。该结尾是对消息全篇的意义和价值的总结。

看完导语，我们仅仅知道了一个信息：克隆猴“中中”和她的妹妹“华华”在中国诞生近两个月，这意味着中国科学家成功突破了现有技术无法克隆灵长类动物的世界难题。关于“中中”和“华华”的充分、具体、丰富的相关事实信息，我们只有通过阅读主体和结尾才能够全面地了解，换言之，主体和结尾是对导语的支撑，没有它们的补充和延伸，我们会产生信息的饥渴。由此，我们可以总结出主体的作用：补充、延伸导语中的事实；解释、说明、深化导语。

即便是短消息，也是非常讲究主体与导语浑然天成的结合。英国《每日邮报》网站《防弹车公司老板站在防弹玻璃后，让同事拿着AK-47向其开枪》是一篇值得学习的短消息，也许是语言差异导致这个标题翻译成汉语显得过长，参考消息报社编辑将其改为《以身试弹为推销》，这个标题准确而精练。

以身试弹为推销

2011年9月4日　参考消息

没人可以指责这个公司的老板没能亲自上公司前线。

得克萨斯装甲车公司董事长特伦特·金博尔，拍下了自己在近距离射程内被AK-47射向头部的视频。在金博尔与半自动化武器发出的致命子弹之间，仅有的东西是其公司的一块防弹玻璃。

昨日在YouTube网站上公布的关于这位得克萨斯装甲车公司老板令人震惊的视频已经在全球被人们浏览了数千次。

金博尔蹲在一块两英寸厚的、汽车挡风玻璃状的玻璃后面，接着枪手直接瞄准他的头部射击了三轮。金博尔距离枪口不超过5米。当然，加固的玻璃阻挡了所有的三轮子弹。

该公司的内部人士说，金博尔对顾客一再询问其公司的防弹玻璃是否真的有用感到厌烦了，之后就发布了这段视频。

金博尔的血液中充满着冒险因子。据其公司的网站介绍，他的父亲是一名美国政府特工。20世纪70年代，其父在拉丁美洲工作时，有与恐怖分子和绑架者斗争的第一手经验。

这篇消息的导语仅仅一句话，不过22个字，十分简洁，其新闻要素在：“谁——公司老板”、“干了什么——一件与上前线一样的壮举”。至于到底是何公司、老板姓甚名谁、做了什么事堪比上前线一样光荣……这些要素均没有在导语中交代。这种写法还给读者留下了“欲穷千里目，更上一层楼”的悬念。欲知后事如何，且听以下分解，有这样的效果，导语就成功了。导语的一个功能就是吸引读者接着看下面的段落。第二自然段开始补充导语中留下的悬念：公司名称、老板名字、具体干了什么事。这篇消息没有一下子把事情抖落干净，而是用了两句话，第一句抖了个包袱，令人大吃一惊，读者看了第二句才长舒一口气。但新的疑问又产生了：防弹玻璃多厚？射击距离多远？第三自然段回避了立即回答这些疑问，而是转而告诉读者信息来源：YouTube网站上的一段视频，很受关注。第四自然段才开始回答第二自然段遗留的问题，详细地介绍了测试的经过。第五自然段交代了老板金博尔冒险亲自演示其产品特性的原因：顾客半信半疑，他心烦了，索性做给你看。结尾三句话是消息背景。读者可能会疑问：这个老板干嘛要冒这种风险？万一出危险不就后悔莫及？换一种方法不行吗？比如射击一只动物或者物体同样可以验证其防弹玻璃的质量呀。这三句话正是为了释疑解惑的，让读者看了之后恍然大悟，原来这个老板有家族“遗传”的冒险因子。让读者看了消息之后恍然大悟，这正是消息背景的作用。该消息采用的悬念式结构是成功的。

看上去寥寥几笔，一蹴而就的短消息其实也有玄妙的技巧，如何组织材料，先写什么，后写什么，需要什么，删除什么，都要颇费思量的。国内记者很少有人肯花心血写这种短小精干的消息，似乎长文才能显示自己的写作才华，动辄洋洋洒洒，殊不知长文中可以掺杂废话，而短消息却惜墨如金，字字珠玑。

2. 消息主体的写作

写作如穿衣，关键在于得体。人着装，须量体裁衣，合身才好。消息写作同理，导语宜简洁，主体容量大、内容多，同样也得力求简洁，符合新闻价值，符合消息主题，有话则长，无话则短，与主题严丝合缝，无关者均应删除舍弃。主体写作应围绕导语展开，紧扣主题。

（1）补充导语

导语如同“船锚”，固定消息航船，它主宰着消息的走向，是消息主题的呈现，主体部分内容比导语更丰富，但所有内容都是围绕导语进行取舍的，与消息主题无关的事实不应出现在主体中，与导语毫无逻辑联系的信息都应删除。

巴楚县境内“7·12”特大交通事故与驾驶员超速行驶有关

时间：2002年7月22日　记者：武斌　通讯员：傅鹰、罗天君

本台记者武斌报道　7月21日发生在国道314线巴楚县境内的事故原因目前已经得到交警部门认定，这起导致10人死亡、55人受伤的两辆长途客运汽车相撞事故是因为阴雨天气条件下，驾驶员超速行驶，会车时处置不当造成的。

这次特大交通事故发生在7月21日下午北京时间14：20，迎面相撞的新Q11582和新Q12866都是喀什地区新南运输集团公司的客车。

截至7月22日下午北京时间19：00，在这次事故中死亡的10名乘客的尸体已经全部被死者家属认领，其中6人遗体已被亲属带回。住院救治的55名伤员除一人病情危重仍在抢救外，其余伤者病情稳定。

7月22日16：10，记者在位于巴楚县三岔口镇国道314线1234公里处的事故现场看到，车牌号为新Q11582双层卧铺客车立在路基下，前挡风玻璃

全都破碎，左侧车身被撞成了弧形，车头前方一个小水坑里的雨水染成了红色。新Q12866客运车歪斜着停在公路上，它的车头整体破碎了，事发时，它猛烈撞击了新Q11582车体左侧，将其从公路上撞到路基下。在两车相撞的现场公路上，两大滩血迹已经变成了暗红色，路面上是一大片汽车玻璃渣。记者在现场采访时，新Q12866客运车正在被交警运走。

据介绍，这次特大交通事故发生30分钟后，巴楚县委县政府组织抢救小组赶到现场救援，伤员被及时送往巴楚县、喀什市和阿克苏市抢救。

该消息的主体和结尾围绕导语展开，它先用两个段落补充了导语中的相关新闻要素，如发生车祸的精确时间、两辆长途客车的车牌号和所属公司、死伤者的救援与善后处理。此外，它还补充了导语中未顾得上提及的事实：两辆客车相撞后的现场与处置情况。通过主体部分对导语的补充，使得该事件的信息变得清晰、准确、饱满、完整、全面，满足受众的知情权。

（2）避免重复

消息要短，这是消息传播信息功能的要求，也是受众对接收信息的需求。一般不超过1000字，多数消息控制在300—500字比较合适。但是当下冗长的消息比较多见，动辄上千字，甚至数千字，究其原因大多导语冗长，主体臃肿，语言不精练，叙事啰唆，而根本原因还是媒体管理粗放，记者职业素养不足。消息写作首先要写好导语，“立片言以警要”，因为导语是消息结构中最重要的部分，关系到一篇消息传播效果的成败，它吸引受众关注并令人有兴趣继续阅读导语之后的内容。对于事件消息，导语更应写得简洁明了，突出消息的最重要事实要素，最好控制在50字以内。如：

乌鲁木齐县永丰乡派出所收留一位走失的维吾尔族女孩

时间：2000年9月14日　记者：武斌　节目：生活大世界

本台记者武斌报道　一名走失的维吾尔族女孩得到了乌鲁木齐县永丰乡派出所民警的关爱，目前，这名少女身体健康，情绪稳定。

9月12日晚上9点多钟，永丰乡派出所民警秦国远等四人在执行巡逻任务时，发现在派出所不远的公路边有一个孩子坐在地上，蜷缩着身子。孩子的头发剃光了，戴着一个红丝巾，身上衣服单薄，下身穿着裙子，冷得直哆嗦。孩子被领到派出所后，女民警马艳琴、刘慧萍，炊事员罗婷用热水给孩子洗了澡，派出所的清真食堂给孩子做了可口的饭菜。

9月13日，借助翻译的帮忙，民警们才弄清楚，这位维吾尔族女孩名叫伊米娜尔·古丽，今年11岁，父亲名叫吐尔逊江，是建筑工人，母亲名叫帕夏·古丽，是农民。

据伊米娜尔·古丽说，她的一位亲戚半个月前将她从喀什带到了乌鲁木齐当保姆。民警发现，孩子背上有青紫色的伤痕，右手食指有刀切痕，一个脚趾烂了。民警们凑钱给孩子买了鞋帽和一身新衣服，怕孩子寂寞，还为她借来了两盘维吾尔族音乐磁带。

9月14日下午，记者在永丰乡派出所大院里看到，伊米娜尔·古丽坐在树下，穿着一身新衣服，正玩着民警们为她借来的手掌游戏机。民警秦国远告诉记者，他们刚刚为伊米娜尔·古丽买了40多元的瓜果。

据了解，乌鲁木齐县公安局正在与喀什市公安局联系，寻找伊米娜尔·古丽的父母。

该消息导语是对事件最重要事实的概括，主体部分围绕该导语进行了展开和补充，导语与主体的呼应与融合让事件变得准确、清晰、完整。着笔之前，记者应善于提炼主题，明确报道思想，精心谋篇布局，成竹在胸，成稿后应反复修改，力求消息语言通俗、准确、简洁，删除多余的字句，避免重复的表达，严谨细致，惜墨如金。

（3）围绕导语

在消息写作中，标题和导语是整篇新闻的指针，其中的关键词和关建句为全篇新闻定调，明示了新闻的主题，之后的主体到结尾都得围绕着标题和导语组织材料，进行取舍，与主题紧密关联的事实详写，与主题有关的事实略写，与主题无关的事实摈弃。

新疆农三师医院出生一名心脏长在体外的新生儿

时间：2001年2月23日　记者：武斌　节目：新闻联播、新闻60分

本台记者武斌报道　2月23号晚上8点50分，喀什农三师医院降生了一名心脏长在体外的汉族男婴。这名自然分娩的婴儿出生时体重3550克，

身长55厘米，生命体征与正常婴儿相似。经过农三师医院妇产科的特别护理，目前这名新生儿情况正常。

农三师医院妇产科主任熊建文27号在接受记者长途电话采访时说，这是他工作30多年见到的第一例体外心脏的婴儿。婴儿从出生后至今，吸奶、呼吸、排泄功能、肤色基本正常，反应灵敏，哭声很响亮，四肢的活动能力都正常。

熊建文主任告诉记者，现在他们担心的是：如果不尽快动手术将婴儿的心脏放回体内，会引起诸如心内膜炎、心脏功能受限、心肌炎等一系列并发症，另外，如果产生循环系统的并发症也会影响婴儿的肌体代谢和呼吸功能出现问题。目前，他们正打算将孩子的资料尽快寄往石河子医学院请胸外科专家会诊。

据了解，这名婴儿的父亲是边防军人，母亲是家属。他们表示，只要有一线希望，决不放弃孩子。

该消息的主体部分是围绕导语展开的，补充了与导语相关联的完整事实信息，勾勒了事件的全貌，始终以这名罕见的新生儿为中心进行叙事，一事一报，脉络清晰，线索单纯，主题集中，没有节外生枝。

（4）脉络清晰

导语与主体是一种主仆关系，主体应围绕导语展开，就如同把一粒石子投进水中，落点周围水波一圈一圈向四周蔓延开来。主体与导语是唇齿相依，融为一体的。主体内部也应该是彼此照应，休戚与共的关系，每一个段落都承担着补充、具象、解释、深化主题的作用，如手指一样各自独立却又融为一体，力求展开有序、脉络清晰。综合消息一般是在同一主题下包括一个宽广范围内的多个信息单元，其导语应该是总括全文子单元的信息要点。记者应根据消息事实与受众生活的接近性、紧密度、重要性来安排材料，组织段落。

新疆棉花种子供应充足，种子管理和品种布局好于往年

时间：2004年3月26日 记者：武斌 节目：金土地

本台记者武斌报道 今年新疆棉花种子供应充足，种子管理和品种布局好于往年。这是记者分别从新疆维吾尔自治区农业厅种植业处和自治区种子管理站了解到的信息。

据新疆农业厅种植业处副处长胡志芳透露，2003年收购储备的棉种达一亿一千五百九十九万公斤，可以满足1600万亩播种面积。而今年新疆确定的棉花指导性播种面积是1500万亩。

由于去年棉花行情好，今年新疆棉农种棉热情高涨。为了防止棉花种植出现过热现象，新疆今年制定的总体思路是：稳定高产棉区，退出低产和风险棉区。提高单产，增加总产。提高质量，增加效益。把高产优质作为主攻方向。

今年，新疆推广的优良品种是：北疆以新陆早12、新陆早11、新陆早13、新陆早9、新陆早10和中棉36为主；南疆主推中棉35，搭配新陆早12、中棉24、豫棉15等品种；长绒棉品种是新海14、新海16。

自治区种子管理站薛国庆科长在接受记者采访时说，今年新疆棉花种子管理和棉花品种布局都好于往年。各地严格执行了一个生态区域种植一个主栽品种，一到两个搭配品种，防止品种混杂和退化等措施，从品种上保证了棉农对优质棉种的需求。薛国庆提醒说，棉农只要到正规的种子公司购买，认清“三证”，索要发票，就可以避免上当受骗。

自治区农业厅种植业处的胡志芳告诉记者，今年新疆将推广100万亩的棉田自压、软管、微孔和滴灌等先进节水技术。目前，他们已经将这套先进节水技术和高密度亩产皮棉150公斤综合栽培技术规程印刷成册，下发各地指导棉花生产。同时，他们还要求各地要及时准确地预报并加强防治棉花病、虫、害，抓好各项技术措施的落实到位，保证今年新疆棉花生产顺利进行。

报道这篇消息，记者花了两天时间，分别采访了两个单位的权威新闻来源，在棉花种植前的关键时机对当地农民关心的棉花种子供应、棉花种子管理和品种布局等问题进行了及时报道，满足了农民受众的信息需求。该消息主体结构平稳、脉络清晰，过渡自然、简洁易读，与导语和标题相互呼应，形成一个无法分割的共同体。

（5）逻辑严谨

主体部分写作首先要紧扣导语，与导语有直接的逻辑关联，它也应遵循消息文化准确、简洁、清晰的原则，贵在适度。一般而言，主体部分内容较多，其段落之间的衔接有三种方法：其一，用段落内容蕴含的内在的逻辑关联自然衔接，即上下文的段落含义有内在的关系；其二，用连词或过渡句显性地衔接；其三，用小标题衔接段落单元。近年来，用两个或多个小标题贯穿主体的消息写作模式比较流行，但其弊端是，消息字数均超过了800字。

“中国西部第一关”今天正式开关

时间：2002年5月20日　记者：武斌、居玛巴依　节目：新闻联播

本台记者武斌、居玛巴依报道　今天上午，素有中国“西部边陲第一关”之称的克孜勒苏柯尔克孜自治州边境公路口岸——伊尔克什坦口岸正式开关。

伊尔克什坦口岸位于克孜勒苏柯尔克孜自治州乌恰县吉根乡的斯姆哈纳村，是国家一类口岸。伊尔克什坦口岸面对吉尔吉斯斯坦，是联通亚欧的一条重要通道，也是新疆南部向第三国开放的一个最大口岸。

1997年，中国和吉尔吉斯斯坦达成伊尔克什坦口岸临时开关协议。经过共同努力，双方在经贸、旅游等各个领域的合作不断发展。临时开关近5年以来，口岸过货量累计16万多吨，出入境人员累计5000多人次。

伊尔克什坦口岸正式开关后，每年货物吞吐能力可以达到50万吨，每年可接纳过境人员10万人次。它开辟了联通欧亚地区的新“丝绸之路”，对促进我国实施西部大开发战略，进一步扩大对外开放，促进我国与周边国家的交流与合作，促进睦邻友好合作关系具有重要意义。

新疆维吾尔自治区副主席艾力更·依明巴海、吉尔吉斯斯坦政府代表团团长卡西耶夫、乌兹别克斯坦政府代表团团长奥利波夫、中国驻吉尔吉斯斯坦国大使宏九印等200多位嘉宾出席了今天的正式开关仪式。

该消息的主体部分始终围绕导语展开叙事，以关键词“伊尔克什坦口岸”为中心，一事一报，提供比导语更为详尽的信息事实，让受众对该信息

有完整、全面的了解。消息也应该追求文化品位，追求写作的精致。一般的消息500字左右为好，毕竟方便受众接收信息。

第二节　消息结尾

1. 消息结尾的功能

（1）别有深意

故事讲完了，记者在结尾另辟景色，就像电视画面从主人公孤独绝望的表情特写镜头切换到室外一只鸟孤零零地伫立在凄风苦雨的树枝上，用这样一个空镜头带给受众联想，从另一个角度启发受众，深化主题。例如路透社1964年10月16日发自北京的消息《中国爆炸第一颗原子弹》在叙述事实后，引用了观察家对该事件的分析，按理说，消息可以自然而然结束了。但记者笔锋一转，描述了一个现场场景做结尾：

今天，记者看到兴高采烈的中国人拿着声明在大街上奔跑。

这个结尾从另一个角度表现了中国爆炸第一颗原子弹成功后民众的反应：他们手里拿着有关中国政府对发展和使用核武器的“声明”，即官方报纸，奔走相告。这么短短的一句话描述使得该消息在主要叙述中国政府对原子弹爆炸的态度和观察家的解析之后，从一个新的维度“民众怎么看”再现了场景，这就增加了消息的信息含量。

（2）卒章显志

新华社杭州2018年1月30日消息《杭州一“的哥”送回乘客遗落的400万元钻戒》讲述了1月29日，浙江外事出租车公司司机海艳军在车上捡到一个书本大小的灰白色手包，里面装有两枚价值总计400万元的钻戒。记者把故事的来龙去脉叙述清楚后，引用失主刘先生的感激之言，紧接着用一段出租司机海艳军的引语结束全文：

“早知道这么贵重，我应该更早和失主联系，这都是我们出租车司机应该做的。”海艳军说。

该结尾简洁生动，画龙点睛，它借用主人公之口将其拾金不昧的故事做了一个总括式的结语，对主人公之所以做这件事的精神境界进行了客观呈现，使主人公朴实而高尚的情操更为鲜明、突出，主题得以升华。这句朴实无华的引语使得受众看到了事实，也看到了事实背后支撑人物行为的本质根源。

（3）启示受众

人民网北京2018年1月30日消息《质检总局专项抽查烟花爆竹　不合格产品检出率为27%》报道记者从质检总局获悉，他们共抽查了江西、湖南、广西、贵州、云南、陕西6个省（自治区）281家企业生产的烟花爆竹，不合格产品检出率为27.0%。该消息的结尾是：

> 质检总局产品质量监督司处长刘杰提醒消费者，要到有销售许可证的专营销售点购买质量有保障的烟花爆竹产品，并根据燃放者年龄、燃放场地等实际情况合理选购烟花爆竹产品种类，购买标注有“个人燃放类”产品，选购时应认真查看警示语、燃放方法、燃放过程注意事项等标志内容。在燃放过程中，要严格遵照燃放说明，选择空旷、平坦、远离居民楼的地点燃放，特别要注意远离易引起火灾的山林、加油站、电网等危险源。

春节临近，又到了烟花爆竹产品的消费旺季。该消息报道及时，为受众提供了有效的信息服务。在报道完这次抽检的事实之后，记者刻意用一个结尾借权威消息来源之口启示受众购买烟花爆竹和燃放时要注意的细节，安全第一。这是继报道事实之后，记者表现出的社会责任感，借此为受众提供周到的信息服务。这是民生相关报道常用的结尾。

（4）汇集反馈

对于重大事件的发生，社会各界如何评析？消息结尾搜集各方反应、汇聚八面来风，有助于受众认识消息的价值。路透社1914年6月28日消息《奥地利王储在萨拉热窝被刺》叙述了震惊世界的大事：当天，19岁的波斯尼亚学生加夫里洛·普林西普用手枪连开7枪暗杀了奥匈帝国王位继承人大公弗朗西茨·菲迪南德和他的妻子霍恩伯格公爵夫人。我们知道，该事件导致了第一次世界大战爆发。该消息的结尾是：

> 整个欧洲似乎对这些暗杀活动有一种不祥的反应。从罗马教廷发来的报道说，庇护教皇重病在身，当他听到这个消息时正在祈祷。他昏厥过去并不得不由他人护送他回房间。威廉二世中断了波罗的海的一次赛马，匆忙回到柏林。弗朗兹·约瑟夫皇帝病倒了，他说，“可怕，太可怕了，我悲伤极了。”在伦敦，《每日新闻》写道：“这次暗杀对欧洲来说像一次雷鸣。”伦敦《泰晤士报》说它使世界的良心在发抖。

（5）预告未来

记者在报道的结尾还可以预告事实蕴含的未来发展的趋势。如《联合早报》2018年1月30日消息《王岐山当选湖南省人大代表　传或“出山”任国家副主席》在消息主体的最后采访了北京大学廉政建设研究中心副主任庄德水，请他就这一事实做出解读。庄德水称，按照宪法规定，出任国家副主席的人首先必须是全国人大代表，否则无法进行选举。该消息的结尾是：

> 不过，庄德水也指出：“王岐山当选人大代表并不让人感到意外，以前也曾出现过不在位的前党领导人当选人大代表。这并不自动意味着他会当国家副主席。”

庄德水对王岐山当选湖南省人大代表，有传言称他可能任国家副主席的信息进行了预测，为求稳妥、体现客观，他的预告没有把话说满，为结果留有余地。

中新网2018年1月31日消息《百米飞人转战冰雪　跨界夏奥冬奥　张培萌要当中国历史第一人》的结尾则在做出比较全面的分析之后对主人公张培萌的跨界做出了乐观的预告：

> 出色的身体条件、科学的培养训练体系，日益精进的雪车制造水平，符合国际标准的雪车赛道，相信距离张培萌站在北京冬奥赛场这一天的到来并不会太远。

预告未来要注意措辞不要绝对化，不要把话说满。上述结尾在科学分析现实的前提条件下对张培萌的转行表达了光明的预告，但最后一句话仍旧是有所保留的“相信……并不会太远”。这是一种或然推理，表达的是对不确定的两种结果的预测。

（6）拾遗补阙

BBC在2018年1月30日报道《两名登山者被困“杀人峰”　女子获救男子被弃》称，两名来自法国与波兰的登山者被困喜马拉雅山脉巴基斯坦段最险峰之一，法国女登山者伊丽莎白·贺沃尔（Elisabeth Revol）被直升机送往医院，针对另一位波兰同伴的救援行动却因为困难重重、极度危险被叫停。其结尾是：

> 南迦帕尔巴特峰位于巴基斯坦北部，高达8126米，是世界第九高峰。1953年首次有人成功登顶，此前有超过30名登山者在此丧命，因此登山爱好者称其为“杀手峰”。去年曾有一名西班牙人与一名阿根廷人在登顶过程中遭遇雪崩失踪，二人后被推定死亡。

该结尾属于消息背景，对于受众了解为何南迦帕尔巴特峰被称为“杀人峰”、为何那名波兰籍男登山者未获救起到了解释作用，所以它并非可有可无。有了这个与事实相关联的背景介绍，该消息传播信息才完整、清晰。

（7）澄清事实

记者在报道一件事时，结尾可以针对相关的流言、谣言用事实予以回应，减少受众对于不确定信息的焦虑感。例如中国空军一架飞机2018年1月28日在贵州绥阳县郑场镇境内飞行训练时失事，飞机彻底燃烧解体。联合早报网2018年1月30日消息《贵州坠军机 燃烧解体》的结尾是：

> 此外，网上一度有消息称，坠毁飞机为一架从广州飞往遵义的客机。对此，广州白云国际机场工作人员回复查询时说，白云机场出港航班均显示正常，没有坠毁事件。

该结尾不属于消息事件军机坠毁的组成部分，所以用了连词“此外”，但它是消息的衍生品，有网友在事件尚未公开透明时在网络上热议此事，针对其不准确的流言，消息报道在结尾有这样两句话回应能以正视听，遏止以讹传讹。

（8）信息增值

伊朗首都德黑兰2018年元月底遭遇数十年来最大的一次降雪。1月28日，德黑兰霍梅尼国际机场和梅赫拉巴德机场都被迫关闭，国际、国内几乎所有航班取消，不少中国乘客滞留。30日，中国社交网络上流传的一段视频显示，乱哄哄的机场里，一群中国乘客高喊“中国”，“疑似逼迫飞机起飞”。这招致不少网友批评，称这些中国乘客是“社会主义巨婴”。《环球时报》1月31日消息《中国乘客在伊朗机场“逼飞机起飞”？真相是“因祖国惦记”而激动》结尾是：

> 据了解，伊朗法律在很多方面的管控十分严格，机场隔离区属于严禁拍照录制视频的地方。据了解，当时有中国乘客在该区域拍摄，曾和伊警方发生了一些“不愉快”。

该结尾也是消息背景，对于该消息而言并非重要事实，似乎可有可无，但有它比没有好，因为它有潜在的信息：委婉地批评了个别中国游客不尊重当地法律而拍摄视频的行为，同时也给其他受众一个提醒，让大家增长了见识。简洁而有用，这是一种巧妙的信息增量。

（9）平衡观点

按照消息的客观性原理，报道有争议的事件时，记者应站在中立立场，将赞成和反对的意见公平、公正地呈现给受众，不偏听偏信，这就是消息报道的平衡技巧。例如：英国《每日电讯报》2011年8月22日消息《马丁·路德·金纪念雕像中国制造》称，高约9米的马丁·路德·金纪念雕像在华盛顿国家广场向公众开放，该雕像由中国湖南长沙的57岁雕塑家雷宜锌制作，引发了有民族主义情结批评者的酸葡萄心理。该消息的结尾是：

> 马丁·路德·金的儿子马丁·路德·金三世对外包工作表示支持。他在接受《今日美国报》记者采访时说：“我见过大约50尊我父亲的雕像，我得说其中47尊都算不上好。但这位艺术家不同，他干得很漂亮。”

> 然而，来自丹佛的雕塑家埃德·德怀特说，马丁·路德·金如果知道自己的雕像是由来自共产党政权的人制作的，会“在坟墓中不得安生”，“他会从坟墓里爬出来，走进他们的办公室，然后说：‘你们怎么敢这么干？’”。

结尾的两个段落尤其值得重视，引用了两个不同的观点，借以体现消息的客观性，展现了平衡的报道理念。不谙消息写作技巧的人往往在采访和写作中仅仅选用一种观点，忽略了争议事件中人们的不同观点，这种表述违背了事实真相，令受众误以为记者本人也持这种观点，使消息作品背离了客观性原则。

（10）推测原因

凤凰网财经2018年1月31日消息《浙江上虞一公司董事长坠楼身亡　公司市值93亿》称，30日下午5时许，绍兴上虞创业板上市公司金盾股份董事长周建灿坠楼身亡。其结尾是：

> 目前，金盾股份尚未就董事长“坠楼”一事发布公告。坊间传言，周建灿“坠楼”或与资金压力有关。

对突发事件受众比较关心人的安危，还有出事的原因。在事件尚未调查公布真相之前，记者不得已引用了未得到确证的信息呈现可能的原因，但应清晰地呈现消息来源，避免以讹传讹。

（11）揭示目的

央视新闻客户端2018年1月31日消息《英国首相特雷莎·梅飞抵武汉　开启访华之旅》的结尾是：

> 出发前，特雷莎·梅向媒体表示，此访将进一步密切两国关系，把握两国关系的“黄金期”。中国商机无限，英方希望可以帮助英国企业从中分得一杯羹。

这是特雷莎·梅首相上任以来对中国的首次正式访问，她率领的代表团包括40多家企业、大学和贸易协会，其中包括阿斯顿·马丁公司、迈凯伦汽车公司以及诺顿摩托车公司，规模空前。如此大阵仗目的为何？消息结尾用两句话简洁地做了交代，妙的是，该消息背景用了特雷莎·梅出发前直言不讳的表述，真实、客观、可信，让受众扫一眼便看懂了消息的意义和价值。

（12）出人意料

《联合早报》2017年12月13日消息《儿子与AV女优交往　老妈直呼：感谢上帝！》称，美国拉斯维加斯32岁男子阿德金斯（Mike Adkins）找了一个女朋友，她是美国色情产业圈里的重量级明星——成人片女星海兹（Allie Haze），她拍过超过350部“谜片”，包括成人版的星际大战，并赢得许多奖项。阿德金斯表示，自己不介意海兹与他人发生性关系，认为这仅是她的工作，并表示自己不会因此就畏惧和海兹交往。该消息留下了一个悬念：阿德金斯的家人能接受吗？其结尾是：

> 对于与AV女优交往，阿德金斯不在乎异样眼光，但他承认，跟妈妈讲这事，曾让他很紧张，因为不知妈妈会怎么回应。倒是他母亲看得很开，在得知儿子跟女优在一起后，幽默地表示：“天啊！感谢上帝！我还以为你要跟我说，她怀孕了。”

这真是一个出乎意料的结尾！这样的结尾令人惊讶之余，印象深刻。

（13）点明意义

联合早报网2018年1月31日消息《开封发掘出中国古代都城中最早方形瓮城　填补古代都城考古史空白》报道：为重现开封“城摞城”奇观而进行的北宋东京城顺天门遗址考古发掘，历经五年取得重大突破，发掘清理出中国古代都城中最早的方形瓮城，填补了中国古代都城考古史的一项空白。该消息结尾是：

> 刘海旺说：“这是北宋东京城遗址考古史上规模最大、发掘地层最完整的一次考古发掘，也是首次对东京城城门遗址进行的考古发掘。”此次考古也是古今重叠型城址考古的一次有益探索。

刘海旺是河南省文物考古研究院院长，针对“开封发掘出中国古代都城中最早方形瓮城”这一新闻价值的意义，非专业的多数受众对此也许难以理解，请权威专家在消息结尾用通俗的语言简洁地说明、解释其究竟价值何在，这样的消息背景有助于增加受众对消息的关注和理解。

（14）余音绕梁

美国福克斯新闻网2012年4月8日消息《“恐怖华莱士”名头很响亮》称，美国哥伦比亚广播公司传奇消息工作者迈克·华莱士7日去世，享年93岁。该消息称颂了这位曾21次捧得美国电视界最高奖艾美奖的《60分钟》栏目记者无畏的采访风格。其结尾是：

> 华莱士毕生都在坚持做新闻，直至90岁生日到来之前才因为心脏手术而放慢工作节奏。他在2006年3月宣布从日常新闻岗位上退下来，但承诺仍将偶尔做一些报道。
>
> 华莱士当时表示，他一直都发誓要等到“脚指头朝上的那一天”才退休，而“它们现在只是刚刚开始有点打卷……对我来说有件事变得越来越明显了，那就是我的眼睛和耳朵，还有其他一些身体配件，都不如从前了”。

该报道体现了人物消息写作的特点，即在结尾用主人公发人深省或振聋发聩的一句话产生余音绕梁的效果，令人荡气回肠，掩卷遐思。这样的直接引语展示了主人公对人生真谛的深切感悟，如黄钟大吕，激动人心，让受众产生共鸣。

（15）解决之道

联合早报网2018年2月2日消息《港大报告：年贸易总值逾13亿元　香港是野生珊瑚鱼贸易主要枢纽》称，香港海鲜市场上非法交易的野生珊瑚鱼包括苏眉、石斑及老虎斑等，主要供应国为印度尼西亚、菲律宾、泰国、马来西亚等地，还有少量从澳大利亚进口。多个物种的存续正面临威胁，持续过度捕捞水平超过自然繁殖率2.5至6倍。港大生物科学学院教授薛绮雯认为，每逢农历新年临近，不少华人更会选择享用活海鲜。薛绮雯坦言，以目前这种情况，野生珊瑚鱼这个物种根本不可能持续。该消息的结尾是：

> 研究报告还提出多项建议保护海产资源和珊瑚礁，包括港府需加强措

> 施遏止非法贸易；更新有关进口活鱼申报及查核的条例；更好地监察和管制活鱼物流等，贸易商及零售商也应出售来源明确的合法渔获。

该结尾针对存在的野生珊瑚鱼生存危机，引述研究报告作为消息来源，提出了解决野生珊瑚鱼生态保护迫在眉睫的建议，体现出记者的社会责任感，展示了消息“监视环境”的传播功能。

（16）应对措施

联合早报网2018年2月2日综合中新网与澎湃新闻的报道刊发消息《铁路春运客运量再创新高》，对2018年中国春运从2月1日正式启动的相关情况进行了报道。该消息的结尾是：

> 车站、机场在春运期间对安检措施进行了优化升级。目前，北京各大火车站进站安检，均统一实行旅客、物品“全覆盖”式安检，对旅客的腋下、腰部、腿部、脚踝等重点部位进行手检检查，戴帽子的旅客也要摘帽进行检查。为提升验票效率，自助实名制核验闸机今年被推广，即“刷脸进站”，此外，部分大站智能导航系统可提供自助查询。

该结尾对春运期间车站、机场优化升级的安检措施进行了具体的呈现，为受众提供了有用的服务信息。出门安全第一，这是受众最为关心的问题。

2. 消息结尾的写作技法

消息多用倒金字塔结构，按照材料从导语到结尾，即最重要到最不重要排序逻辑，事件叙述完整、准确、清晰了就戛然而止，不再赘述，记者只负责提供事实，不表达个人情感和观点。

这种自然而然的结尾让初学消息写作的人刚开始不太适应，因为从人们识字开始，从幼儿园到高中这个漫长的基础学习阶段，我们接受的叙事范文与写作训练都有一个非常明显意图的结尾，要么余音绕梁式，要么总结概括式，要么鼓动呼吁式。像消息这样把一件事叙述完就立即停笔的写法给人一种好像没有结尾的感觉，因此有教科书称消息“没有结尾”，只有导语和主体两部分。从我们熟悉的写作认知上看，称消息没有结尾会令人费解，其实，凡文章皆有头有尾才完整，因此，笔者不赞成消息无尾之说。

实际上消息的结尾多为自然结尾，它是整篇消息中最不重要的材料，与它之前的主体和导语段落相比较，其新闻价值最小。消息的结尾要与消息主题一脉相承，要么它是新鲜事实的组成部分，要么是衬托消息主题的新闻背景。如果与消息报道的一件事没有关联、也起不到衬托主题的价值，那么这样的结尾就是多余的，应毫不留情地删除。

美国好莱坞大片《拯救大兵瑞恩》本月21日起将在新疆上映

时间：1999年4月17日　播出：新疆台《生活大世界》

本台记者武斌报道　提起美国电影导演斯蒂文·斯皮尔伯格，你可能不会陌生。他导演的《辛德勒名单》和《侏罗纪公园》等影片闻名世界。据新疆电影发行公司今天透露，从本月21日起，斯蒂文·斯皮尔伯格的最新力作《拯救大兵瑞恩》将在新疆上映。

《拯救大兵瑞恩》的投资高达7000万美元。这部彩色宽荧幕立体声故事片以写实手法，逼真地再现了第二次世界大战的战场场景。影片叙述的是1944年6月6日，参加诺曼底登陆战役的美国二等兵詹姆斯·瑞恩的三个哥哥相继阵亡。詹姆斯·瑞恩本人在战场上生死不明。

为了不让瑞恩的母亲失去最后一个儿子，乔治·马歇尔将军命令不惜一切代价找到瑞恩，将他安全送回他母亲的身边。于是，约翰·米勒上尉奉命带领7名士兵深入敌占区寻找瑞恩。影片中所着力渲染的战争与人性的关系由此而展开。

影片《拯救大兵瑞恩》是梦工厂1998年出品的一部战争电影，由好莱坞影星汤姆·汉克斯、汤姆·塞兹摩尔和马特·达蒙等联袂出演。

据介绍，在今年3月21日揭晓的第71届美国奥斯卡颁奖典礼上，《拯救大兵瑞恩》囊括了最佳导演奖、最佳摄影奖、最佳音响剪辑奖、最佳音乐奖和最佳电影剪辑奖等五项大奖。

该消息的结尾只有一句话，它是新闻背景。不要它不影响这篇消息的完整，因为从导语到结尾的上一个段落（也是新闻背景）已经将《拯救大兵瑞恩》这部电影的剧情叙述完整了，之所以没有告知电影的结局是为了让观众有观影的期待。对于即将看到这部电影的区域内观众而言，前四个自然段的信息量够了，叙事是完整的。但有这样的结尾起到了烘托主题的作用，它为受众提供了多一点的信息——这部电影获得了奥斯卡奖五项大奖，这就给受众以更深刻的印象，增添了观看这部电影的兴趣和期望。如果该结尾与斯皮尔伯格和《拯救大兵瑞恩》没有关联，那就应该删除。

我们不妨将倒金字塔结构叙事的整体架构做一番回顾与总结：从导语到结尾，材料的新闻价值从重要到不重要依次递减。具体而言，消息的导语呈现最有价值的核心事实要点（中心新闻要素是What）——让消息引人注目，产生继续阅读下文的兴趣；消息的主体补充导语中提及但未展开的要素+补充导语未顾得上提及的其他新闻要素（中心新闻要素是How）——使消息叙述的一件事完整、饱满、清晰；结尾——服务主题，对消息主体部分拾遗补阙，使整篇消息没有漏洞。需要注意的是，在消息写作中，最重要和重要的事实都已经在导语和主体中呈现了，结尾应像“豹尾”一样轻盈。

3. 消息结尾写作忌讳

（1）忌偏离主题

除了杜师傅的创意雪人组，今天在杭州人的朋友圈里，各种雪人也是挨个登场，而其中的创意更是五花八门，比如眼前这位正在执勤的雪人警察、这对牵手的雪人情侣，正在爬树的雪熊宝宝，杭州的大街小巷成为雪人出没的欢乐世界。（杭州一保安用雪徒手堆出动物园　网友：太有才了　看看消息KNEWS 2018年1月28日 07：40）

该消息的主人公是保安杜师傅，按照消息一事一报或一人一报的原理，故事的主题只有一个：杭州某银行保安杜师傅堆了两个雪人记者——男记者扛着摄像机，女记者拿着话筒，栩栩如生，引来关注。但是这个结尾却是与杜师傅无关的，记者概述了朋友圈里其他杭州人晒的各种雪人、雪动物。此外，该消息的标题也不准确。

（2）忌表达情感

石岩街道办表示，接下来将协助唐女士一家申请相关的经济救助，切实帮扶其家庭解决实际困难。

不管如何

如今孩子得到了救助

也许这就是最好的答案

愿每一个孩子平安喜乐

（夫妻街头下跪"卖奶救女"背后故事让人心酸　《沈阳晚报》2018年1月28日）

消息被称为"纯新闻"，即客观报道，记者只呈现事实，提供信息，不表达个人的情感，因为记者的情感带有个人的主观偏向。

（3）忌表达价值判断

病魔无情，它总试图从我们身边夺走最爱的人。

但人心温暖，外婆的柚子，爷爷的房子，好心人的资助，还有妈妈的骨髓，他们像一颗颗星星一样，点亮着张竟方本已黑暗的人生。（老太为救白血病外孙女走10里路卖柚子　每天吃两顿红薯　芒果都市综合　2018年1月30日　01：31）

该结尾第一句不符合逻辑，难道病魔只夺走我们最爱的人？我们最不爱的人可以永生？实际上生老病死是人的自然规律，与好人坏人无关。第二句显得更为主观了，完全是记者对好人应该有好报的一种价值观的判断。正确的方法是，记者只报道事实，让受众得出结论。

（4）忌模棱两可

新浪网2017年6月1日消息《情侣入住佛山酒店　发现摄像头正对床》源自广东广播电视台，其结尾是：

据现场民警说，这个组装的针孔摄像头安装的手法很专业，它隐藏在电视机下面的一个网线插口，是正对着床，在床上做的一些事情是一览无余的，录制的信息是22号到今天。随后民警又对酒店中，其他几间客房进行排查，但没有发现其他的偷拍器材。对于客房中出现针孔摄像头一事，小洪说：酒店负责人不但一问三不知，而且还曾指责他们二人有意"栽赃陷害”。

该结尾无果而终，不明不白，给受众带来了疑惑。正是由于该结尾没有交代结果，导致众多网民在消息后跟帖留言，纷纷猜测究竟真相是什么，人人被逼成了“福尔摩斯”，消息变成了悬疑小说，有头无尾。其实，类似的消息结尾不是个别的。钱报网2017年5月13日消息《衢州一老板让妻子卖淫接客　还嫌弃她太贱要离婚》的结尾是：

可妻子不答应离婚，考虑到家里的孩子，徐某最终还是没有离婚，但荒唐仍在继续。

这个结尾模棱两可，没有交代清楚究竟真相如何，“荒唐”是个抽象的词语，令人疑惑不解，记者应该交代具体事实，如果无法采访到当事人的内心感言，可以采访法律专家，指明解决问题的方法，不能不了了之。记者不能只看热闹，给出一个烂尾消息。

10 第十章

消息写作的背景

新闻背景是紧扣新闻要素中“为什么”而展开，是对形成新闻事实的来龙去脉、因果关系、诸种矛盾之间内在的辩证关系，放在一定的相关环境和历史条件中予以剖析与揭示。通常被称为新闻中的新闻、新闻背后的新闻。

——刘海贵

2010年11月20日中国广播网刊登消息《中国遇袭轮船船长称共击退海盗5次攻击》称，中远“乐从”轮在阿拉伯海遭遇海盗攻击，船员释放钛雷，还用啤酒瓶、木板反击海盗，击退了对方5次进攻后脱险，最终得到了中国海军亚丁湾护航军舰的保护。这篇消息提到了读者不知道的“钛雷”，但没有解释它是什么。初读这篇报道时，笔者误以为“钛雷”是一种水雷或投掷的手雷一类的武器，但常识告诉笔者，民用船只不能携带军用武器弹药。于是在百度搜索，结果发现，很多网友提出了相同的疑问：钛雷是什么东西？百度一下，找到相关网页约15,600个，时间都是在上述消息提到“钛雷”之后，因为报道中缺乏相关新闻背景，受众无奈之下，只得上网求助。通过网上搜索，笔者才搞清楚，原来钛雷就是一种礼花炮。由此可见，一篇小小的“豆腐干”（消息）中也有“大学问”，忽视了消息背景，就会给受众带来疑惑，影响传播效果。

美国《纽约时报》专栏作家鲍勃·赫伯特称美国是“一个傻子的国度”，他引用一次盖洛普抽样调查的结果作为证据：

●60%的美国人不能说出下令用原子弹轰炸日本的总统（杜鲁门）。

●1/4的人不知道日本是原子弹的攻击目标。

●1/5的人不知道这种攻击曾经发生过。[①]

鲍勃·赫伯特引述这个调查的目的是什么呢？他启发我们，做新闻的人千万别高估了你的受众，你自己懂的知识未必其他人都懂，要让你的报道通俗易懂、晓畅易读，别忘记了对消息中涉及的旧事实、新知识、陌生的名词等提供解释和说明，即消息背景。

媒体报道的任何消息都产生于一定的环境和历史条件下，由此及彼，相互联系，不是孤立存在的。这些同消息报道中的人物、事件存在着关联的环

① 门彻．新闻报道与写作：第9版［M］．展江，主译．北京：华夏出版社，2003：336.

境因素和历史条件就是消息背景。

第一节　消息背景的意义

1. 明晰新闻价值

没有人知道一切，闻道有先后，术业有专攻。因此，媒体要有受众本位意识，对于报道中涉及的受众可能不了解、不知道的旧事实或新事实做出清晰的解释和说明，让受众不用查阅资料就能够一目了然，让消息的意义、价值和主题得以彰显，便于受众接收信息。日本共同社2014年5月5日消息《日本著名作家渡边淳一去世》共355字，除导语中的第一句话41字是最新鲜的事实，其他314字全都是有关渡边淳一的生平背景。这314字是旧事实，但它们是新鲜事实“日本著名作家渡边淳一因前列腺癌在东京自家的住宅内去世，享年80岁”引发受众关注的相关条件，换言之，对于渡边淳一家人和最要好的朋友这个群体之外的受众而言，没有这314字的消息背景，日本著名作家渡边淳一去世的新闻难以让最广大的受众注意到，因为世界这么大，不是每个人都读过渡边淳一的书，不是每个人都了解他。这样，就会有很多人不在意这篇新闻，该消息的传播效果就会打折扣。由此可见，消息背景虽然不是“消息”，但却是衬托消息这朵红花的绿叶，没有它，新闻价值难以显现。正是因为消息背景为受众提供了相关联的充分的信息，新鲜的事实才更清晰，消息的主题才得以突出。

2. 暗示观点立场

记者可以借助消息背景不露声色地暗示自己的立场、观点和倾向。这也是消息背景之所以重要的另一个原因。《环球时报》2017年12月7日消息《香港：拉扯“港独”分子重判三个月，枪击驻港部队罚两周》的标题采用了对比：反港独的4名人士指骂“港独”分子罗冠聪，并拉扯他的衣衫和背包等表达抗议被以“明显有意图使任何人感到害怕或破坏社会安宁”的罪名判刑3个月。与之形成对比的是，香港落选议员、亲台组织成员方铿强涉嫌用气枪击毁驻港解放军宿舍及官邸内的玻璃窗被判入狱两星期。该新闻叙事的多数篇幅都是消息背景——事件发生的经过、正反面的舆论、当事人的表述。记者自己没有发表意见，而是通过两件事的比较，用消息背景巧妙地表达了观点：法院审判不公正。

第二节 消息背景的功能

1. 说明性背景

在消息中呈现消息事实产生的有关联的政治、地理、历史、思想、物质条件等情况，对消息事件的来龙去脉进行阐述。使消息变得易懂易读，使消息的意义清晰明显。例如澳大利亚悉尼大学2018年1月30日推出性骚扰必修课程，内容包括教导学生在亲吻别人之前，须得到对方“热情的同意”。不过外界嘲笑这门课只是照本宣科的例行公事。为何悉尼大学要开设这样一门课程？又为何会引起关注？看完该消息的结尾，受众明白了该消息的意义和价值：

> 澳洲人权委员会去年公布一项全国研究报告后，大学内的性骚扰问题就被详细检视。对澳洲39所大学进行调查、访问了3万多名学生的这份报告发现，2016年全澳逾半学生遭性骚扰，7%的学生被性侵至少1次。（悉尼大学推性骚扰必修课：亲吻对方之前须获“热情的同意”2018年1月31日来源：海外网）

这段消息背景将悉尼大学开设这门必修课的原委阐释清楚了，受众由此理解了报道的意义，懂得了其主题所彰显的新闻价值的重要性、时新性和对全球大学生群体的接近性。

说明性消息背景常用旧事实让受众获悉事件的来龙去脉。例如：

> **信中建筑装饰材料及家具交易市场开业**
>
> 时间：2000年5月28日　记者：武斌　节目：生活大世界、城乡信息广场
>
> **本台记者武斌报道**　拥有40多年历史的新疆维吾尔自治区最大的木材加工企业——新疆木材总厂5月28日另起炉灶，办起了一家大型建筑装饰材料及家具市场。这是新疆木材总厂为在20世纪末扔掉亏损的帽子进行的一

次新长征。

位于乌鲁木齐阿勒泰路和312国道交汇处的新疆木材总厂从1994年起因种种原因，生产出现滑坡，到去年为止，累计亏损2700多万元。1996年被列为自治区特困企业。

今年，这个厂利用靠近火车北站，供货方便的地缘优势，四通八达的交通便利条件，以及附近业已形成建材大市场的机遇，投资1500万元，开发闲置厂房和场地，建成了目前拥有一万平方米的建筑装饰材料及家具交易市场。

按目前的规模，信中建材市场可以安置新疆木材总厂下岗职工24名。随着今后市场的进一步完善和扩大，还可以安置100名下岗职工。

该消息导语中的“拥有40多年历史的新疆维吾尔自治区最大的木材加工企业”，以及主体的两个自然段都是说明性消息背景，导语中的背景通过简洁介绍新疆木材总厂的历史，目的在于告诉受众：信中建筑装饰材料及家具交易市场开业对于这家老字号国有企业的重要性，是背水一战，凤凰涅槃，同时也给受众提供相关常识；主体两个段落的背景解释了这家国企改弦易张、重起炉灶的深层原因，这样就将这家市场落成的来龙去脉做了清晰说明，有助于衬托报道主题的价值和意义，使得消息全貌呈现得准确、完整，便于受众理解这篇消息，获得传播者预期的效果。

2. 注释性背景

注释性背景是对知识概念、术语行话、历史事件和人物、科学技术、风俗人情进行的通俗解释。其功能在于使受众获得知识，增长见闻，消除障碍，释疑解惑。受众在阅读消息时，用不着查字典，用不着在网络上搜索或提问就能够轻松地阅读消息，接收信息。例如浙江在线2018年1月29日消息《-8℃！准备好了吗，史上最强冰冻周来了！》中出现了一个专业术语“晴空辐射降温”，这个术语是气象学专业名词，除了专业人士，一般人不懂其究竟是什么含义。如果消息不做解释，难以明白，阅读迷雾指数上升，受众就会丧失阅读的兴趣。该消息对“晴空辐射降温”做了如下通俗解释：

通常情况下，白天地表吸收太阳短波→吸热升温；晚上地面向外辐射长波→散热降温。但是！如果有云……云就会再次向地面发射长波，补偿损失的热量，地表降温幅度就会减小。也就是说，有云，地表就有了“棉被”；要是遇上晴天没云……就相当于裸奔。而近几天，则是雪后裸奔。

记者用解释性的文字加上比喻，就把这个抽象的、陌生的专业术语变得容易理解了，受众因此理解了消息，也学到了知识，从中开阔了眼界，增长了见识。这使得受众对阅读消息产生了兴趣，满足了求知的欲望。

注释性消息背景有时比较简单。比如联合早报网2017年11月15日消息《东京遇假警察　中国男子1.9亿日元被劫》的导语，记者有心，将1.9亿日元与人民币的比值用括号注释得一清二楚：

日本东京警视厅搜查三课14日发布消息称，一名47岁中国籍男子报案称，装有约1.9亿日元（约1111万人民币）现金的行李箱在东京都台东区台东4丁目路上被3名男子劫走。

虽然看上去是不起眼的注释，但记者的受众服务意识和专业素养值得点赞。不然大家还得上网查询日元兑人民币汇率，多麻烦啊。

3. 对比性背景

事物在比较中特点愈发鲜明。俗话说，有比较才有鉴别。消息的意义在现在的事实与过去的事实、A事物与B事物对比之后能够更清楚地显示出来，这就是对比性消息背景。这些对比可以是正反、彼此、左右、前后、上下等方面，其功能使得消息主题在对比中更为突出，也更为深刻，给受众留下难忘的印象。联合早报网2017年12月15日消息《余光中病逝，两岸网民反应不大同》就使用了对比性新闻背景。该消息通过海峡两岸中国人对著名作家余光中的去世在网络上表达情感的差异进行了一番对比：

所有大陆网民几乎是一边倒地缅怀和难过，并对余光中表达感激和祝愿。

大陆微博上“余光中病逝”的搜索数也迅速超过60万。

相比之下，台湾网民是在推特和面簿上较多用“余光中R.I.P（安息吧）”表达缅怀，也有相当部分并不认同大陆的网民，表达了负面声音。媒体发现，台湾民众的反应在数量上远少于中国大陆。

这是对同一个人两种情感对比，也是此与彼的对比，从中我们分明感受到了大陆网民渴望两岸同心，祖国统一的心情，同时也为一部分中国台湾人受台独思潮裹挟而离心离德、对余光中赤子之心的淡漠感到哀愁。

第三节　消息背景的应用

消息背景在消息写作中没有固定的位置，它可以根据需要出现在标题中、导语中、主体中，也可以用作结尾。消息背景应用时可以集中作为一个段落，也可以分散穿插，总之，灵活运用消息背景的目的只有一个：使消息主题突出，呈现事实准确、简洁、清晰、有可读性。标题和导语突出消息的时新性，使用消息背景应谨慎，除非能够突出消息的新鲜和价值，凸显其吸引力。

法新社2014年7月7日的新闻《广东农贸市场仍买卖濒危动物》是一篇舆论监督报道。它采用暗访形式，跳笔结构，描写型导语，多信源体现客观性，引用丰富引语，新闻背景穿插应用灵活，有现场感，可读性好。记者深入现场搜集第一手材料，通过对现场的观察和精确的描写，多渠道获得消息来源，引用权威消息来源增强说服力，使用了简洁而富有个性的引语，营造精致的结构，导语和结尾有现场感，耐人寻味。报道富有趣味性，令人印象深刻。我们尤其需要注意的是，记者活用8个新闻背景，将它们分别穿插在第3、5、8、11、13、14、16、21这八个自然段中，而且都非常简洁，多数新闻背景是一句话，有两段是两句话。这些新闻背景起到了烘托主题、深化主题、突出主题的效果，值得借鉴。法新社的这篇报道提示我们，新闻背景宜分散使用，不宜集中堆积在一个段落里，否则会显得臃肿，影响新闻的易读性和整体结构的流畅自然。

11

第十一章

消息写作的语言

清晰的写作来自于清晰的思想。所以，想清楚你要说什么，然后尽可能简单地说出来。1.绝不要使用在印刷物里经常看到的隐喻、明喻和其他修辞方法。2.如果一个字能说清，不要用两个字。3.但凡一个字能删掉，一定要删掉。4.只要能用主动语态，绝不要用被动语态。5.能用常用词的时候，不要用外来词、科学术语和行话。6.绝不要用粗俗语言，为此可以打破上面任一规则。

——乔治·奥威尔

美国著名文化旅行家比尔·波特在《丝绸之路》游记中介绍骆驼时，引用了阿瑟·柯南道尔的话："你要知道，这种动物可以一天不吃不喝，且载重200多公斤行走30多公里。"[1] 这句话仅仅30多字，我们从中获得了骆驼的特性，即它在一天不吃不喝的条件下：1.可载重200多公斤；2.可行走30多公里。由此我们精确地了解到了骆驼在沙漠地区受到青睐的原因，这两个重要的知识点可消除我们对这种动物"不确定性的"认知。反之，如果我们说"骆驼耐饥渴、能负重，在沙漠地区行走速度快"这样的表述，受众就难以从感性和理性上准确、具体地认识这种动物的特点，对其"随机不确定性"的模糊认识就难以消除。因此，我们使用消息语言应遵循的原则是：简洁而不简单，精确而不模糊，具体而不笼统，通俗而不深奥，生动而不枯燥。简而言之，准确、简洁、通俗、具体的语言是消息写作的规范。

第一节　消息语言特点

1. 准确

准确意味着叙事符合事实真相。腾讯视频2019年8月12日头条消息《山东省应急厅消息：台风利奇马已致全省人死亡 7人失踪》引发网友热议，8分钟后该网站道歉并更正：目前遇难人数应为5人。在消息写作中，准确意味着构成消息的六要素精准无误，事实经过验证，故事完整无缺，信源清楚。例如：

① 波特. 丝绸之路［M］. 马宏伟，吕长清，译. 成都：四川文艺出版社，2013：68–69.

岳普湖一头毛驴身高2.5米

时间：2002年2月24日　记者：武斌　节目：新闻联播

新疆台记者武斌报道 说出来你也许不相信，岳普湖县思也克乡8村农民牙合甫·库孜饲养的一头公驴身高2.5米，比一匹蒙古马还要高大健壮，是当地公认的“驴王”。

5月23日，记者在岳普湖县看到了牙合甫·库孜的“驴王”，还看到了一头高达1.57米的母驴，它与“驴王”一样在当地远近闻名，人们戏称它是“驴后”。

据介绍，岳普湖的这些个头高大、身材健壮的毛驴是1958年用引进的陕西关中驴与当地土种驴杂交后培育而成，它生长快、抗病力强、耐粗饲、身高力大，既能拉车又能耕地，驴皮和驴肉也在市场上走俏。

目前，岳普湖已为这种杂交驴申请了注册商标“疆岳驴”。一头“疆岳驴”市价2000—8000元，相比之下，身高普遍在80公分的土种驴每头价格在300—400元。

为了提纯复壮，扩大规模，岳普湖县2000年建成了新疆最大的“疆岳驴”繁育基地，占地面积达5400平方米。现在，这个繁育基地的种驴存栏数达到了316头。

岳普湖县县委书记何海源告诉记者，他们力争用8年时间使“疆岳驴”从现有的全县总数35000头发展到20万头，形成产业优势，带动当地农民脱贫致富。

农民牙合甫·库孜说，他每年仅靠两头公驴配种，纯收入就有2万多元。

语言准确意味着事实信息完整无缺，任何模糊的叙事都会引发受众的疑惑或焦虑。上述新闻是笔者在现场实地采访的，新闻六要素准确无误（有精确的数据）。它有两个新闻来源：① 岳普湖县县委书记何海源；②岳普湖县思也克乡8村农民牙合甫·库孜（养驴专业户），是权威可靠的信源，有助于对新闻事实的还原，经得起受众追根溯源，验证真伪。它还用新闻背景呈现了该新闻的来龙去脉，说明了养驴产业在该地区的发展情况，衬托了新闻价值，烘托了报道主题。下面这篇视频消息的文字就令人难以淡定了：

马路上硬币撒一地　众人“弃车”捡钱致交通堵塞

2019年1月10日 15:21:58　搜狐大视野（图片新闻报道）　来源：梨视频

1月10日报道，1月8日，河南南阳，近百米的道路上硬币撒落一地，不少路人钻进车流蹲在地上捡硬币。

还有人将车停在路中下车来捡，一度引发交通堵塞。目击者称，很多人捡起硬币后，直接揣进自己兜里。过路货车纷纷鸣笛。

该消息文字写作质量低劣。其新闻要素匮乏，事实模糊不清，叙事不完整。新闻有六个要素：何时、何地、何人、何事、何因、如何。阅读该消息可以发现，它只有一个要素是清晰的，即：1月8日。其他要素要么不清晰，要么缺失，其何人要素和何因要素缺失，何地要素和何时要素模糊，如何要素不清晰。该消息新闻来源交代不清晰，令人无法相信其真实性。此外，“目击者”是谁？事件的结果是什么？都不清楚。

美国19世纪著名报人约瑟夫·普利策担心编辑、记者偏爱煽情新闻而不惜添油加醋，命令在城市版编辑部的墙上贴上了一幅标语：“精确，精确，再精确！”这个要求对今天的新闻人仍有启示。2017年6月9日，在美国伊利诺伊大学厄巴纳香槟分校交流学习的北京大学硕士章莹颖被同校的博士生布伦特·A·克里斯滕森绑架杀害。国内媒体在报道这一事件时，对章莹颖的身份出现了多种说法，如“访问学者”“学者”“中国学者”等，而实际上她是一名交流学习生。2019年7月18日，章莹颖案陪审团作出最终裁决，判处被告克里斯滕森无假释可能的终身监禁。在报道这次终审时，对于被告克里斯滕森的一个表情的叙述出现了两个版本，美国公共广播公司芝加哥频道WTTW称，“法庭宣判后，克里斯滕森低头微笑。”央视新闻也是这样报道的“克里斯滕森当场低头露出了笑容”。澎湃新闻也称“被告克里斯滕森低下头微笑”。而新京报的报道则称“凶手得知判决结果后无明显表情”。对于这个细节的表述媒体出现了两种说法，不免令受众困惑不解，不知道哪一种说法是准确的。叙事语言准确，应恪守新闻职业道德，采访全面扎实，力戒偏见、成见或歧见，严谨细致，力求字字句句有出处。

2. 简洁

美国著名作家兼记者欧内斯特·米勒尔·海明威的写作风格是“电报

体”，即借鉴消息语言的特点，不用修饰词，不用深奥冷僻的词，用小词不用大词，用短句、小段落，语言通俗简洁。他深有感触地说：“用短句，用短段，用有力的字眼，不要忘记文句的通顺。用主动语态，不用被动的语态写作。”简洁是对记者叙事能力的考验。美国汉学家比尔·波特写的《丝绸之路》第六章关于1992年甘肃武威的游记结尾就很有说服力：“武威是亚洲音乐传入中国的窗口，过去的凉州百姓半数人会弹琵琶。可是我们来迟了1000年。我们整夜听到的不是琵琶声，而是窗外水泥搅拌机的轰鸣声。武威正在努力追赶着20世纪的脚步，它足足落后了50年。”[①]这个段落有四句话，都是简洁平实的语言，蕴含了作者丰富的知识、幽默的性格和巧妙的叙事技能，它穿越历史、现实和未来三个时空，有欣赏、有抱怨、有无奈、有希望，信息量大，耐人寻味。用简洁的语言表达深刻的思想，并使之富有感染力，这是消息写作应追求的目标。例如：

> “住手！”警察一声断喝，丧心病狂的凶徒猛地听到民警的喝止，举着刀的手停顿了一秒。凶徒红着眼，旋即挥舞着寒光闪闪的刀带着划出的风声就向他扑过来。“砰”的一声枪响，警察果断扣下扳机，子弹击中凶徒，然而凶残的歹徒只是用手摸了摸中弹的部位，继续挥刀向他砍来。“砰！”第二声枪声响起，歹徒连中两枪，终于垂下了邪恶的胳膊，失去了作恶的能力，随即被闻讯赶来的支援警察和见义勇为的民众死死地摁在地上。

上面这段话叙事拖沓，一些表述带有记者的想象和夸张，使用了被动句。将这些不合理的语言进行修改，把划线部分的修饰词和不必要的连词删除，将带情感的“凶徒”换成中性词汇“犯罪嫌疑人”，这段话变成了：

> “住手！”警察一声断喝，犯罪嫌疑人举着刀，愣了一下，旋即扑向警察。“砰”！枪响了，嫌犯中弹了，但他摸了摸伤处，又挥刀砍向警察。“砰！”第二枪响了，嫌犯垂下了胳膊。闻讯赶来支援的警察和民众

① 波特．丝绸之路［M］．马宏伟，吕长清，译．成都：四川文艺出版社，2013：56.

将其摁在了地上。

原话有192字，修改之后仅有101字了，读起来朗朗上口，可以明显感觉到，它突出了以动词建构的短句的优势，使得这段话的节奏感增强了，表述更清楚了，表达效率提高了。用主—谓—宾结构的短句节奏感强，符合消息高效率传播信息的特点。消息语言应避免带有情感倾向的形容词和副词以彰显其客观公正。

消息语言应用简洁的句式。《参考消息》2014年3月16日有一篇美联社的消息《"胜利之吻"男主角去世》，其导语为："因声称是《生活》月刊一名摄影师在时报广场拍摄的二战时期著名照片'胜利之吻'中的水兵而出名的格伦·麦克达菲去世了。"这个导语仅一句话，足足56个汉字，只因修饰语多，要想一口气顺利读出不容易。其实，用三个短句将这句话转换一下，意思不变，阅读起来更为轻松：二战时期著名照片"胜利之吻"中的水兵格伦·麦克达菲去世了。这幅照片是《生活》月刊一名摄影师在时报广场拍摄的。格伦·麦克达菲声称是男主人公。语言简洁意味着用短句，用表示动作行为或趋向的动词，用具体名词，用主动句，用白描语言。

3. 通俗

通俗是大众文化的标志，消息作为面向所有公众传播的文化信息商品，通俗易懂是赢得市场的核心竞争力之一。消息语言朴实无华，直白晓畅，它忌讳晦涩难懂，忌讳深奥复杂，忌讳天书神谕，忌讳卖弄文采，忌讳学术语言。它主要使用最易懂的3000个基础词汇来写作，让受过基础教育、识文断字的人都能看得懂、听得懂。要用贴近生活口语的浅显文字叙事，不用冷僻的字词，让人读起来轻松有趣，容易理解。我们知道，在唐代诗人中，白居易的诗通俗易懂，传说他每写完一首诗都会读给老妇人听，对方听懂了，他才满意。当时，白居易的诗在日本最受欢迎，正因为其诗通俗而优雅。语言是为表现内容而具有价值的，过度玩弄语言技巧忽略了其承载的内容，效果会适得其反。有的记者喜欢将"祝融（火神）"写入火灾事故报道，喜欢用"摸金校尉（曹操发明的盗墓官职）"代替通俗易懂的"盗墓者"。这种附庸风雅的文风会给受众带来阅读迷雾。

新闻语言的特点是呈现事实，不讲空洞枯燥的大道理。不要被宣传思维误导，在消息中掺杂文件式的话语，用陈言套语取代表现事实的现场体验。不要反复在消息中夹杂个人情感和观点，而应用事实建构真实可感的事实，让受众自己感悟事实的意义和价值。如：

喀什地区首批商品甜瓜运往广州

时间：2002年7月6日　记者：武斌　节目：新闻联播

本台消息　记者武斌报道 7月6日，喀什地区今年第一次种植的首批商品甜瓜从麦盖提县阿孜库里乡启程运往广州。这批22.6吨的早熟甜瓜将在七天之后走上广州街头。

今年，喀什地区加大了农业产业结构调整力度，全地区种瓜55万亩。其中早熟商品瓜达10万亩左右，秋甜瓜达25万亩。为了让产品顺利走向市场，喀什地区要求各生产区严格按照技术规程操作，还派出乡镇干部现场蹲点抓管理，由瓜商请来技术员提供全程服务。商品瓜进入成熟期之后，喀什地委又召集工商、质检、检疫、金融、交通等职能部门现场开会，要求提供优质服务，禁止糖度低于12度的甜瓜销往内地。

记者在麦盖提县阿孜库里乡8村看到，首批外销的甜瓜色泽金黄、网纹细密、个头匀称。每个瓜的重量在3公斤左右。瓜商马玉中说，这正是广州市场对新疆早熟甜瓜的要求。

瓜农吾斯曼·阿不都热西提喜笑颜开地说，今年他种了13亩早熟商品瓜。每亩地产值800多元。7月20号，瓜地再改种市场欢迎的农作物，每亩地的产值总共可以达到2000元。

该消息396字，它将喀什地区首批商品甜瓜运往广州这件事背后的新闻价值用准确的、具体的、完整的事实清晰地呈现出来，新闻来源清楚，语言简洁。消息写作应尊重新闻传播的规律，用受众喜闻乐见的语言，用有生活气息的语言建构事实。

（1）对专业术语提供解释

消息要让有文化的人都看得懂，就应少用术语，如果不得不使用术语，得提供解释。人民网2012年12月27日消息《女友错进男友双胞胎哥哥房间 发生关系怀孕生子》中提及一个生物学专业术语“同卵双胞胎”，该消息在文末对它做了简洁、清晰的解释。这样，受众读完这篇消息就不会有疑惑了，也从该名词解释中获得了科学知识。

（2）对人物（地理）背景进行说明

《新京报》2017年11月10日人物消息《"屡屡得逞"的副部级院长单霁翔走红》在结尾提供了其学习、工作、从政的经历，有利于受众对新闻人物的全面了解，满足人们的好奇心。同样，消息中涉及一个陌生的地点，也应提供简洁的说明。

（3）对新科技、新知识提供解释

记者在写消息时，要对人们不熟悉的新科技、新发明、新知识等作出简明易懂的说明。参考消息网2017年12月13日报道《大叔们醒醒，日本已经完败于中国》中，作者提及了四个与日本文化相关的知识点，译者在其后分别都加括号并做了注解，如东日本大地震（2011年）、有都八喜（日本一家大型电器连锁店）、经济高速增长期（日语中"经济高速增长期"通常指战后50年代至70年代日本经济快速稳定发展时期）、悟空（此处指日本动漫《七龙珠》中的悟空）。正是受惠于译者的上述括号内的解释，这篇见闻才变得通俗好读。

（4）用旧事实为新事实提供说明

记者写作消息时要有受众服务意识，如对一件动态事件的报道，在告知受众最新的结果时，要想到有的受众可能对该事件并不一定了解，有的受众也许因为该事件持续时间（过程）较长而记忆模糊了。因此，在写最新的报道时，应将该事件的原委简洁明了地呈现在新闻之中，这样不至于让受众疑惑。封面新闻2019年8月13日《吴谢宇"弑母案"最新进展：拒见律师，案发后本想自杀》的结尾，对这起发生于2015年7月11日、曝光于2016年2月14日的凶案做了两句话的说明。用旧事实为新事实提供说明的另外一种类型是，对一件新鲜事件的发生提供之前发生的相关联的旧事实，有助于受众由点到面地领悟到记者报道这件事的新闻价值和主题的意义。如本书第一章提到的云南网2017年4月3日消息《云南元谋县14人煮食草乌炖肉中毒　致2人死亡》为了体现该消息的传播价值，警示政府和受众关注"草乌中毒"现象的危害，就应提供这件事之前发生过的类似事实，用一句话把2016年该地区发生过20起中毒事件致4人死亡的旧闻附在新闻中，由表及里地衬托出了该新闻的价值。

（5）用修辞手法使抽象物形象化

在消息写作中，对于科技、医学等专业领域的报道，用对比、比喻、拟人等修辞手法便于受众理解，避免其枯燥乏味。法新社1981年8月25日消息《日内瓦湖的污染》的导语使用了拟人手法：

> 如果把日内瓦湖当作病人，那么医生将诊断：“严重的慢性消化不良和呼吸道感染。”

新加坡《联合早报》2017年5月4日科技消息《取样速度比国际同行快2.4万倍　中国构建世界首台光量子计算机》有一段话应用了比喻：

> 量子计算机是指利用量子相干叠加原理，理论上具有超快的并行计算和模拟能力的计算机。曾有人比喻说，若现在传统计算机的速度是自行车，量子计算机的速度就好比飞机；例如，一台操纵50个微观粒子的量子计算机，对特定问题的处理能力可超过全球目前运算速度最快的超级电脑“神威太湖之光”。

4．清晰

用简单而精准的词语，用具体而紧凑的句子叙事，晓畅连贯，明确易懂，这样的语言才能有效传播。消息叙事如何做到清晰呢？首先，我们在采访的时候就要通过提问、倾听、观察，掌握全面完整的事实信息，同时弄懂每一个具体的信息，决不能为了面子不懂装懂，一定要不耻下问。只有自己对事实了解透彻了，才能在报道中清晰地呈现事实。社会学家曹锦清20世纪90年代在河南农村调查时，看到村口路边墙上到处写着“3513工程”，他问过多位村民，他们都说不清楚。有一次他碰到一位村会计才搞清楚它的确切含义①。记者采访与社会学家田野调查有相通之处，得有好奇心，对于观察到的现象、提问中发现的疑惑进行核实求证，搞清楚它们的具体含义，这样在写作时才不会“以其昏昏使人昭昭。”

其次，记者在吃透采访材料的基础上，要根据立意用流畅的文字，符合

① 曹锦清．黄河边的中国：增补本上［M］．上海：上海文艺出版社，2013：63.

逻辑地叙事。看看新闻2017年5月27日《诡异报警电话传出惨叫声　17岁少女险遭强暴终获救》的文字表述读起来令人劳神费力，阅读迷雾指数高。例如：

> 据犯罪嫌疑人王某讲，他今年38岁，小学文化，家住延安市延川县农村，家里有6个孩子，他排行老五，15岁时他因为参与盗窃被判刑入狱，在服刑期间又将一名狱友打死，被改判无期徒刑，2016年10月才刑满释放。在监狱里面他整整呆了22年，出狱后他无脸再回老家，便只身来到延安市打工，对新鲜的世界他完全不适应。

这段话对事实的叙述有断裂，让人迷惑。犯罪嫌疑人何年因参与盗窃被判入狱？当时判刑几年？何年在服刑期间打死一名狱友？何年被改判无期徒刑？他为何在2016年10月刑满释放了？从该结果猜测他被判无期徒刑后多次减刑，为何会被减刑？他何年来到延安打工的？……有网友留言："就想问下，被判无期徒刑的惯犯为何还能危害别人？"该网友的疑问其实正是上述这段话呈现的事实不清晰导致的，原因在于记者的思维不连贯，导致信息支离破碎，受众无法得出一个完整的事实"拼图"。

消息叙事语言离不开数字。数字是事实证据，简洁有力。数字也是新闻价值的组成部分。如：

> 经侦查，民警在报案后不到一小时就抓获嫌疑人李某，并追回了被盗物品。而令民警吃惊的是，该嫌疑人不仅生活优越，家里价值百万以上的房子更是有好多套。

该句中涉及的三个数字都是模糊的，如"不到一小时""价值百万""好多套"。如果前两个数字难以精确，最后一个显然不难做到，记者采访时问一句就能够解决。对比一条获奖的消息语言：5分钟前，一列银灰色的地铁列车，在仅距地面2.8米的地下，首次穿过世界最大的广场——天安门广场。这个句子中的数字都是精确的，对事实的呈现是具体的。

需要注意的是，消息不是统计报表，没有必要把一堆数字硬塞给受众。

记者在消息中使用数字需要权衡，只用最有说服力的、最重要的数字。整数和小数字容易记忆，倍数、分数和百分比也相对容易记忆，过长的、复杂的数字就很难令人感兴趣了。记者应对数字进行分析归纳，精挑细选，从中找出能够为消息服务、有说服力的数字，尽量少而精，只用最重要的，能反映本质事实的数据，可通过换算使之变得简单，如新华社2017年5月10日消息《文在寅当选新一任韩国总统　将火速上岗》导语中用百分比取代了费解的精确数据：

截至当地时间10日凌晨2时45分左右，在已统计的88.7%的选票中，文在寅得票率为40.3%，排在第二位的自由韩国党候选人洪准杓获得25.0%的选票。文在寅得票率的领先优势已超过尚未统计的选票比例，确认当选。

用人们熟悉的事物进行类比可使数据形象化，容易理解。如《钱江晚报》2018年2月1日消息《浙大一男生1年借书296册次　父母忍不住劝他多玩游戏》中的一段话：

一年365天借阅296册次书，相当于每天看0.81本书。除掉浙江大学2017年的108天寒暑假时间，在校期间257天，相当于每天阅读1.15本书。

对于抽象的数据我们还可以用说明其价值和意义的方法使人们认识到数字的重要性。如《温州医药集团报》2011年12月1日消息《我市药品不良反应监测上新台阶》的结尾：

截至11月14日，全市共上报药品不良反应5625例，比去年同期（3630例）增长55.0%，其中新的及严重的共计1474例，占总报表数的26.2%；上报医疗器械不良事件388例，比去年同期（291例）增长33.3%，其中严重伤害事件及其他须通知企业的事件共计38例，占总报表数的9.8%。

这段话不长，但用了10个数字，令人看一眼就觉得无趣，没有兴趣阅读了。可以改写为：“截至11月14日，温州市共上报药品不良反应5625例，比去年同期的3630例增长55%。这一数据标志着温州市药品不良反应监测比以往更严密、更有利于保证百姓的健康水平。”数据的使用应该服务于主题，少而精，有说服力，应该通俗、形象地赋予其表现力，简单地罗列数据不利于受众阅读和接受信息。

新闻语言与文学语言不同，其准确体现在对事实的叙述符合原貌，还体现在对事实信息的精准表述上，比如“姚明高得离谱”不如说“姚明身高226厘米”；“绍兴夏天热得要命”不如说“绍兴今年夏天最热的时候气温达到了41℃，柏油路面都被太阳烤软了”；“两人很多年没见面了”不如“两人自从2011年大学毕业之后就再也没有见过面”。

清晰与模糊是对立的。清晰的语言应该是具体的、可感的，它所传递的信息是精准的。这是它与以情感人、以含蓄营造意境的文学语言的区别所在。

第二节　消息语言常见问题

老记者徐铸成说：“文章要力求流畅易懂，少用怪字、僻典；要避免别人常用的词汇和习惯用语；切忌把句子拉得太长，一句话说不清的，宁可分为两句话、三句话说。” 消息语言应以精确为基础，力求通俗、简洁、明晰、具体。当下消息报道中常见的语言表述失当有：

1. 用词不准确

> 从目前预报来看，本周日杭城最低气温0℃，最高也只有6℃撑撑场面，下周一最低气温只剩−1℃。下周二至周四，最低气温分别是1℃、−1℃和0℃，光是看着这一串数字，就觉得寒意已经扑面而来。

短语“扑面而来”通常表示某种具体的事物如风、浪等从正对着自己的方向快速靠近。

这句可将“寒意”改为“寒气”。

> 两国幕僚加入会谈，详细内容未对外公布，但特朗普在记者会上形容

双方有商有量，气氛融洽。

该句话中“有商有量”不妥，语言具有约定俗成的惯例，“商量”是固定搭配，拆开重新组合不符合语言的应用规范。

乱丢垃圾的陋习，是一种城市文明顽症，哪怕像机场这样干净漂亮的窗口之地也未能灭绝。

根据其含义，应将“城市文明顽症”改为“城市不文明顽症”。此外，“未能灭绝”宜改为“未能幸免”才符合这句话的含义。

2. 句式杂糅

前几日，杭州还是暖阳高照，转眼间，西部高山区已经飘起了雪花。

这句话不符合语言表述的习惯。“前几日”与“转眼间”是对同一个事物的过去和现在发生变化的对比呈现，如“前几日，杭州还是暖阳高照，转眼间，今天飘起了雪花”。而该句话却是针对两个事物的，前一个是A事物的过去，后一个是B事物的现在，这样的表述在语义上不合常理，令人费解。因此，根据客观事实，叙述应改为A事物的现在+B事物的现在：“这两天，杭州下雨了，而浙江西部高山区飘起了雪花。”

前天夜里，在临安一些高山区，飘起了雪花。昨天早上起来，天目山景区、大明山等海拔1500米以上的山区，已经是银装素裹。

第一句因为用了介词结构，使句子缺少了主语。第二句又是一个缺乏主语的句子，“谁”昨天早上起来？其实，不管你早上起来还是不起来，下雪是自然现象，与人是否起床无关。用“已经是”纯属多余，“银装素裹”简洁有效率，本身就是事实的结果。改为：“前天夜里，临安一些高山区飘起了雪花。昨天早上，天目山景区、大明山等海拔1500米以上的山区，银装素裹。”

灵璧一老人对儿媳起色心，被拒后残忍杀害，潜逃10年终落网。

该句话在句式、用词上都有失误，导致语意不明。副词“残忍”带有记者的情感，应删除。动词“杀害”后缺少宾语。应改为：灵璧一老人对儿媳起色心，被拒后杀害儿媳潜逃，10年后最终落网。

3. 主观臆测

听得出她确实心地善良，“国内那边是半夜了吧”，知道记者在连夜采访，她关切地问候说。

一个人是否善良，衡量的标准应该是口言善、身行善，尤其是后者。仅仅凭借长途电话听到一个陌生人的话是很难判断对方是否心地善良的，只能说对方表达了善意。该句话应将“听得出她确实心地善良”删除，后面的话表述准确、客观。

一辆车，非要霸占两个车位；明确挂牌，上书“消防入口不得停车”，还有车非得就停这；又或者是不管三七二十一，自己停了痛快，挡住别人去路也不管……

这种事儿，估计每位车主都遇到过，甭提多烦心了。记者有时车被堵了，打电话通知对方来挪车，左等右等半天不见人来，一懊恼，就会冒出“你不仁我不义”的想法。

不过，也就是想想，嘴上嘀咕几句，要么耐心地等，要么绕道走。任何事都有一个度，就算对方不对在先，也不能成为我们犯法的理由。

镇海有位环卫工人，脾气比记者火爆多了。有车挡道，他绕道了几次后，终于忍不住，把气撒在了车子上——划车。

小区里挡道，不犯法，顶多受到道德谴责，可划车却是犯法的。环卫工人老孟，昨天被镇海法院以故意破坏财物罪判决罚款五千元。（出入口屡被豪车堵住　环卫工人气急之下划车警告　钱江晚报　2014年3月4日）

这是一篇消息的导语，足足写了311字，十分啰嗦。记者的叙事不符合消息语言应简洁、导语要简短的基本要求，多数文字是记者自己的主观想法，记者以此来推测消息主人公的行为心理违背了新闻客观真实。其实，只须用一句话概括事实即可：镇海法院昨天以故意破坏财物罪对一名故意划伤他人车辆的环卫工人判罚五千元。

4. 表达意见

霸气！王毅外长联大惊艳演讲：绝不接受讹诈！

应改为：王毅外长联大演讲：绝不接受讹诈！“霸气”可以通过事实告知受众，不需要记者来表达判断。“惊艳”用于女性娱乐人物身上合适，用于中国外长出席会议的场合显然不准确，也不礼貌。

死不悔改！香港国泰机组人员竟怂恿罢飞内地航线。

应改为：香港国泰机组人员怂恿罢飞内地航线。有立法会议员直斥国泰航空内部安全监管问题严重。记者作为公众代言人，应以中立、平衡的角度做新闻，自己不表达情感和观点，可以借用他人之口表露情感或观点。

校长本应为全校教师树立榜样，关爱学生，而方某却乘教学生订正作业之机对学生进行猥亵，简直丧尽天良。

消息被称为“纯新闻”，即以客观、公正的文风为圭臬。记者只需要叙述事实，把结论留给受众。该句应改为：校长方某趁教学生订正作业之机对学生进行猥亵。

5. 叙事拖沓

家住杭州八卦新村的钟先生，和隔壁这一家子，往日里很少打交道的，可是前天和昨天两天，他却两次成为隔壁这对母子的“救星”。钟先生在杭州陶瓷品市场做生意多年，大家都喜欢叫他钟老板。昨天晚上9点多，钟老板打算入睡，被一阵敲门声惊醒。开门看到邻居小伙脸色苍白，整个人靠着门边，朝他说吃不消了。钟老板走进他家一看，小伙母亲穿着睡衣，口吐白沫躺在床上，已经昏迷了。钟老板见状不妙，连忙拨打了120。这一幕，钟先生已经是第二次看到了。“前天晚上10点多，小伙子给我打电话，说他们不行了。我进去一看，两个人都有气无力的，旁边都有呕吐物。”钟老板说，母子俩其实前天就曾食物中毒。钟老板赶忙叫了车，将两人搀扶下了楼送往医院。由于一时联系不到其他的亲人，母子俩在医院里的检查，拿化验报告都由钟老板一人在帮忙，他还先行垫付了几百元的医药费。

这段叙事有354字，节奏缓慢，语言不够准确，叙事不清晰，信息传播效率低下。实际上，用232个字就能将这件事叙述清楚：昨天晚上9点多，家住杭州八卦新村的钟先生打算入睡，突然他听到一阵敲门声。开门一看，邻居家的青年男子靠着门边，脸色苍白，说吃不消了。钟先生走进他家，看到该男子的母亲穿着睡衣，口吐白沫躺在床上，已经昏迷了。钟先生连忙拨打了120。这已经是钟先生第二次救助这家人了。母子俩一天前就曾食物中毒。当时，钟先生叫车搀扶他们下楼，陪同他们去医院检查，帮忙拿化验报告，还先行垫付了几百元医药费。钟先生说，他平时与这家人很少交往。钟先生在杭州陶瓷品市场做生意多年，大家都叫他“钟老板”。

6. 不合逻辑

翟天临宜宾救灾，却因学术造假被质疑作秀，网友：一码归一码。

翟天临学术造假东窗事发在先，去宜宾救灾在后，这两件事在逻辑上没有必然联系。转折词“却”多余。该句应改为：翟天临宜宾救灾被质疑作秀，网友：一码归一码。

文章、马伊琍离婚，华为却在上热搜？网友调侃：这广告费太贵了！

这句话在语意上有断点，导致语言上下句之间缺少衔接令人费解。应改为：文章、马伊琍使用华为手机在微博公开离婚信息，华为因此上了热搜。

网友调侃：这广告费太贵了！

十三年前，梁晶浪走失，父亲梁华耗尽力气，为寻女客居他乡；十三年后，中凤敏在美国长大成人，一则寻亲信息，让父女相认。此前，南方+发布了美国女学霸寻找原生家庭的报道，在中山东凤镇走失的19岁少女中凤敏希望通过媒体寻找她的亲生父母。

这段叙事令人费解。主角应该是两个人：父亲和女儿，但第一句话却有三个人的名字：梁晶浪、梁华、中凤敏，最终相认的是父亲梁华和女儿中凤敏。问题来了，这个叫中凤敏的人是谁？看到后来才搞明白，原来，中凤敏的原名叫梁晶浪。记者应将梁某女儿的曾用名和现名交代清楚，保持“同一律”，否则读者无法搞清楚她们是同一个人。

人吃动物的唯一理由似乎就是人类比它们强大智慧，但是如果强大智慧就是干掉弱小生物的理由，那么希特勒屠杀病残儿似乎就合情合理。

这句话逻辑不成立。人吃动物不需要理由，这是大自然食物链的天然安排，是人类繁衍生存需要蛋白质营养的需要，希特勒杀人与之类比不合理，因为人与动物不是同类。人是高等动物，具有生物属性，也具有社会属性，受道德和法律秩序的约束，希特勒杀人是灭绝种族的犯罪行为，而动物是自然中的低等的生物种类，只有生物属性，适应于丛林法则。

2月13日早，小新打开房门时，发现屋门没有反锁，便转身往外跑，结果被在家的李某某发现后拽进屋，按倒在床上想非礼她。

这句话前后矛盾，因果关系不明晰，令人难以理解。

7. 误用转折词

而在二维码发明20周年之际，欧洲专利局甚至将2014“欧洲发明大奖”隆重颁发给腾弘原。

用转折词“而”和副词“甚至”属多余，显示主观情感，导致句子不简洁。

李尚平的妻子刘珍（化名）虽然离开了家乡益阳，后改嫁他人，但7月10日，她87岁的母亲去世时留下了最后一句话：“李尚平的案子破了没有？”

该句中的“虽然”和“但”都是多余的。删除后才是通顺、流畅的。

虽然是少数民族，热依扎却拥有着青春可爱的脸庞。

该句中的两个转折词误用导致语意出现歧义，谁说少数民族就不配拥有青春可爱的脸庞？按照新闻语言准确、清晰的要求，应改为：热依扎是哈萨克族，拥有着青春可爱的脸庞。

8. “的”“地”“得”分不清

李克强：要严查违背科研和伦理得不端行为。

该标题中的“得”应为“的”，“不端行为”在此句中是名词短语。“的”“地”“得”乱用的现象比较多见。“的”修饰名词，“地”修饰动词，“得”修饰副词。

9. 矫情空洞

金秋送爽乐开怀，丹桂飘香好运来，文朋诗友汇泉城，挥笔为民写大爱，10月31日下午，在山东新闻大厦新闻大会堂灯火通明，金碧辉煌，中国第二十届山东品牌文化论坛暨首届传统文化创新论坛在山东新闻大厦五楼新闻大会堂举办。

有人将开会发言的那种思维套路带入了消息写作中，动不动爱“拽”几句像诗非诗的空话来为消息增色，其实效果适得其反，毫无意义，直接表述即可：10月31日下午，中国第二十届山东品牌文化论坛暨首届传统文化创新论坛在山东新闻大厦五楼新闻大会堂举办。

> 他，一个人，为国宝汝瓷找到了家；一个人，解开了长达700年的历史谜团；一个人，解开了国宝汝瓷的“气泡悬案”；一个人，让日本自觉全文翻译，把中国人的著作在日广泛发行；一个人，为祖国培养了无数的人才……

用排比句煽情不如用平实的语言呈现事实客观、有说服力。如：他解开了国宝汝瓷精确产地长达700年的历史谜团，还解决了汝瓷的“气泡悬案”。日本学者将他的著作翻译成日文广泛发行。不仅如此，他为祖国培养了大量的人才。

10. 陈言套语

在校报、企业报、社区报等媒体上，充斥着各类活动的动态消息，大都缺乏信息含量，使用了过多的陈言套语。比如某校报2019年3月1日消息《陈文申书记到崔永元口述历史研究中心调研指导工作》长达916字，其中陈言套语有600多字，例如以下片段：

> 在听取汇报后，陈文申书记首先充分肯定了研究中心取得的各项成绩，并对今后的发展规划提出了建议。他指出，中国特色社会主义进入新时代，中国恰逢百年未有之大变局，我们有幸参与其中，实属难得。作为一个传媒人，记录历史、还原真相是我们永恒的使命，希望研究中心继续能秉持家国情怀，记录更多普通人的家国记忆，为我们的子孙后代留下更多的精神财富。其次，陈书记对口述历史学院的发展规划也提出了意见。他指出，学校的“双一流”建设是在结合国家发展需要及学校优势学科的双向坐标中推进的，口述历史研究院的建立恰恰在这两个维度中都有很大发展空间。希望研究中心在今后的工作中，更多地同国家战略结合起来，继续为生民立传、为国家存史。

这299个字多数是空话、套话，压缩提炼，只需要111个字：

陈文申书记说，记录历史、还原真相是传媒人的使命，研究中心应继续秉持家国情怀，记录更多普通人的家国记忆，为我们的子孙后代留下更多的精神财富。他希望研究中心在今后的工作中，更多地同国家战略结合起来，继续为生民立传、为国家存史。

消息的语言一定要为传播信息服务，简洁明了，不能拖泥带水，不能套话连篇。消息语言一定要鲜活，要让受众喜闻乐见，会议报告或者工作总结式的表达方式只能令受众厌烦，起不到传播效果，不可取。

11. 不符合句法

如果没有把乌纱帽看得很淡，就不能坚守到最后。

这个句子是条件状语从句，两个分句都是否定句，主句缺少主语，令人费解。应改为：如果把乌纱帽看得很重，我就不能坚持到最后。或者改成：乌纱帽在我眼里不重要，所以我坚持到了最后。或者：我不在乎官职，只埋头做事，所以坚守到了最后。

韩国对日本政治小动作也没比较少。

“没”和“比较少（不多）”均含有否定的意思，搭配在一起不合理。应改为：韩国对日本政治小动作也不少。或者改为：韩国对日本的政治小动作也挺多的。

不久，梁思成不顾所有人的反对，将林洙娶了妻子。

语言有约定俗成的范式，不能任性乱写。该句应改为：不久，梁思成不顾所有人的反对，娶林洙为妻。

12. 误用否定句

下面这句话不长，但读起来感觉很纠结，语意不清晰：

甚至不少市民本来不认为政治需要改革，现在也不得不认为要改革。

病根出在记者应用了3个否定词“不”。它们犹如米饭中的沙粒，败坏了受众的胃口。改为：甚至原来认为政治不需要改革的市民现在态度也改变了。

> 那些侥幸进得美国的，没有不是埋头苦干，胼手胝足，经年累月地在洗衣房里、在厨房的炉火旁辛勤劳动，积得一点钱就托人带回家乡。

应改为：那些侥幸进得美国的，都是埋头苦干，胼手胝足，经年累月地在洗衣房里、在厨房的炉火旁辛勤劳动，积得一点钱就托人带回家乡。用双重否定句不如用肯定句，后者更易理解。

13. 虚构事实

1991年11月1日就读于美国爱荷华大学的中国博士留学生卢刚开枪射杀了3位教授和副校长安·柯莱瑞以及一位和卢刚同时获得博士学位的中国留学生山林华，在枪杀五人之后，卢刚随即当场饮弹自尽，该事件震惊中美社会。2007年4月17日“水木清华”在《“卢刚事件”真相：中国留学生在美连杀六人》是这样描写卢刚的：

> 整整6年，他没有离开过爱荷华大学，现在他就要和它告别了。他望着窗外，天上刚刚起风，毫无趣味。一种恶心的、报复的快感笼罩着他。
>
> 他把手再次伸进口袋，那里有一把0.38cm口径左轮小手枪，全部荷满了子弹。“只要够用就行。”他想。

这些文字读起来打动人心，有煽情效果，但作者在现场看到了这一切吗？没有，你凭什么写出来的？记住，除了在现场亲眼看到的事实可以这样写，否则，你必须提供消息来源：谁（目击者、亲历者、知情者）告诉你的，你是否对此求证过。

14. 渲染刺激

> ①莫小棋用刺绣礼服搭配中国风珠宝，美胸惹眼。
>
> ②2014年她登上男性时尚杂志《男人装》的封面，好身材令人喷血。
>
> ③一大波美女来袭，满屏都是胸！

④41岁马伊琍暴瘦成飞机场，网友：手不提着点衣服都要掉地上了！

消息语言应“用事实报道事实”，渲染煽情、极度刺激的语言违反新闻的客观性法则。

15. 误用被动句

两名90后，因各自感情问题、生活压力产生自杀情绪，竟准备通过杀害他人的方式逼迫自己自杀。就这样，永嘉一名滴滴司机惨遭他们的毒手。昨天，温州中院一审宣判，两被告人被判处死刑！

第三句话中有两个“被”，令人费解。应改为：昨天，温州中院一审宣判两名杀害滴滴司机的被告人死刑！

这句话中出现了两个“被”，其实，在汉语的表达习惯中，被动句是比较少用的，这一点不同于讲究文法的英文，英文中被动句多，尤其是科技报道。被动句为什么要少用？关键是它需要受众思考片刻，对句式进行转化，以便搞清楚是谁实施了某项行为，即行为主体是谁，对于依靠耳朵接受消息的广播媒体而言则理解难度更大。在汉语的表达习惯中，被动行为未必需要标明“被”，受众对此不难理解。比如人们口头常说：“他死了，头上中了一枪。”这句话里并没有“被”，其实它是被动句，是别人对“他”开枪打死了他。

16. 复杂长句

短句的优势是，好理解，节奏鲜明，这也是中国语言的特色。在消息写作中应少用或不用长句，因为句子结构复杂了，易读性差，阅读者难以理解。例如下面这段话：

我们知道，互联网的发展已经由最初的网络化（所谓“连接一切”，中国自接入国际互联网以来，虽然现象级意义上的变化林林总总，但究其实质，无非是构建起了三大网络：内容网络、人际网络以及物联网络）、数字化（大数据成为互联网世界的神经传导系统，市场洞察、用户洞察或为创新发展的关键，大数据方法应运而生、大行于世），演进到今天的智能化发展（譬如作为时下热点的“机器新闻写作”）阶段上。

这一句话有185个字，用词书面化，读起来吃力，看完要动一番脑子才能搞明白这句话的确切意思。应改为五句话：我们知道，互联网的发展已经由最初的网络化、数字化，演进到今天的智能化发展阶段上。网络化其实就是“连接一切”。中国自接入国际互联网以来，现象级意义上的变化林林总总，实际上就是构建起了三大网络：内容网络、人际网络以及物联网络。数字化意味着大数据成为互联网世界的神经传导系统，市场洞察、用户洞察或为创新发展的关键，大数据方法应运而生、大行于世。如今，数字化已经演进到了智能化阶段，比如作为时下热点的“机器新闻写作”。

时隔不久，采访报道女排事迹的新华社记者、高安中学老学长卢琰源来探望他的老师、这名少年的母亲许兰芬，带来了很多张和女排队员的合影。

这是一个比较典型的欧化的长句，令人阅读理解起来十分吃力。其主语“卢琰源”和宾语“许兰芬”之前附加了过多的修饰语。应改为三个简单句：当年，新华社记者卢琰源采访报道了中国女排首次获得世界冠军的事迹，他曾经就读于高安中学。时隔不久，卢琰源来探望他的老师许兰芬，带来了很多张和女排队员的合影。巧合的是，许兰芬正是这位少年的母亲。

17. 定语过长

有人喜欢在一句话的主语或宾语前叠加一连串的定语，这种冰糖葫芦式的修饰语增加了受众的阅读障碍，影响了读者对句子的理解。例如：

他擅自越权，替不受市民欢迎，屡次出乱子，甚至连买卫生纸这回事，都变成全球报纸笑柄，因妻子有美国公民身份关系，可以随时根据欧盟指令2004/38/EC的欧盟公民及其非欧盟国及家属自由行动权利，定居任何欧盟国家的前司法局副局长拉票。

这句长句中，“前司法局副局长”之前的定语长达91个字，语意不清晰，令人读起来吃力，一时半会摸不着头脑。不如改为简单句：他越权替前司法局副局长拉票。

18. 人格歧视

凤凰网2018年12月11日新闻标题《武则天墓前61个无头石像之谜 竟被农民破解》中“竟”这个字令人不舒服，难道农民就不配发现石像之谜？新浪网2016年11月22日“看浙江”首页预告的30条消息中，关于外地人的消息有4条，其区分符号十分明显，都用了“在浙”和“在杭”这样醒目而令人费解的字眼。在消息标题和内容中将本地人和外地人刻意用“贴标签”来区分，这其实是一种地域和人格的歧视，形成外地人的自我评价降低，群体形象被异化，不利于社会的和谐，不利于族群的融合，是一种传播的负能量。媒体有责任和义务消弭社会阶层的藩篱，建构一个想象的共同体。

19. 滥用网络词汇

互联网本身就是偏向于科技功能引用的媒介，其传播特点是用户生产内容，门槛低，叙述语言出现了富有时代特色的“颜值”“给力”“任性”“卖萌”等广为流传的词汇，同时也出现了“小鲜肉”“香肩”“嫩模”“酥胸”“事业线”“娇妻”“大婚”等暧昧的词汇，还有“傻逼”“撕逼”“装逼”“逼格”“草泥马”等等粗俗的词汇。对此，新闻人应保持对汉语言的热爱和敬意，按照约定俗成、科学严谨的态度，避免赶时髦，盲目跟风。《都市快报》2018年12月8日消息《杭州34岁男子菊花痛 没想到得了全球罕见怪病》中的“菊花”是网络词汇，代指人的“肛门”。新闻中使用这个小众网络词汇且不加引号，是不规范、不严谨的。记者应懂一点语言学基础理论知识，理性地对待网络俗词、俗语，别被网络流行文化带偏了，祸害了汉语文化的纯洁。

20. 误用第一人称

消息叙事使用第三人称，体现记者客观公正，以中立的态度报道事实，记者是事件的观察者、还原者和记录者。《都市快报》2018年12月8日消息《杭州1货车撞翻79岁骑电动车大伯 颅内出血有生命危险》中，记者以第一人称叙事，如“我赶到现场时”“我在中间车道斑马线往南10米左右的道路上，还能看见一摊血迹。”这样的表述使得记者参与了新闻，虽然亲切，但将情感代入了事实中，不符合新闻客观性法则所倡导的公正、平衡的叙事范式。

12

第十二章

消息特稿化模式

优秀的写作——直接而清晰、平实而直白——是报道的重要成分。优秀的写作没有陈词滥调和多余的废话。它不会刻意地追求某种效果。它并不是吸引读者来注意自己，而是让读者注意它所讲述的故事。

——［美］梅尔文·门彻

明代的徐师曾在《文体明辨序说》中称：“夫文章之有体裁，犹宫室之有制度，器皿之有法式也……苟舍制度法式而率意为之，其不见笑于识者鲜矣，况文章乎？”可见，写作的体式创新应建立在承继传统经验、尊重既有规范的基础之上。从20世纪90年代起，都市报、晚报以区域性新闻接近受众受到市场欢迎，其讲故事的文风得到宠爱，消息特稿化流行起来。这种标题看上去是消息、挂着消息特有标识电头（消息头）的报道从形式上已经完全变了，整篇报道加多个小标题，总字数普遍超过一千字，最长的3000多字也不鲜见。进入互联网时代，随着社交媒体的崛起，传统媒体失去了传播平台和传播渠道的优势，2012年起国内报业进入了广告断崖式下滑，消息写作质量下滑现象变得更加严重了，加小标题的长篇消息成为流行体。

第一节　反叛传统范式

新华社记者李尚志在《“通讯式消息”的由来》中宣称：这种将短消息与长篇通讯杂交而成的文体是他最先尝试的。他说，20世纪80年代，到北京参加“两会”报道的香港记者提出，内地媒体的消息干巴巴的、可读性差。“经过一段时间的思索，我觉得，消息是新闻的主体，明快简洁；通讯是新闻的重武器，丰富多彩，这二者各有千秋，所以我便萌生了把二者的优点结合起来的念头：把稿件写得比消息长一点，以便于容纳一些生动的故事和细节、情节；尽量把稿件写得比通讯短些，吸取消息写作上的简要明快的特点。这样既可适应社会生活节奏加快、节省报纸版面的需要，又可把一些重要的情节、细节和故事告诉读者，增加新闻的可读性，克服干巴呆板的毛病。”①

① 李尚志.“通讯式消息”的由来［J］. 新闻记者，2003（8）.

在1983年3月12日，植树节当天，邓小平等中央领导到北京十三陵水库东坝头蟒山阳坡的中直机关造林基地植树。李尚志在这次报道中借用通讯写作中的细节和场景描写手法，探索突破以往程式化、刻板化的时政消息写作窠臼，将参加植树的中央最高领导集体的植树情节故事化呈现，力求文风轻快活泼。“形式是消息，但全篇又分了五部分，每部分都有小标题，看起来又很像是通讯，特别是把中央领导同志的谈笑风貌、生动活泼的现场情节都写了出来。”[①]这一创新文体突破了以往时政消息呆板的程式化模式而在国内受到了好评。李尚志的体会是，“只有那种非发消息不可的重大活动，为避免所发消息冗长、呆板、可读性较差，令人读来枯燥无味，才尽力设法写成通讯式的消息，文中有了几个小标题，摆在版面上也好看。”[②]

因国内媒体目前已经普遍采用“特稿”取代了“通讯”，所以在以下论述中本书将李尚志“发明”的“消息通讯化”改称“消息特稿化”。实际上，这种注重现场场景、细节的故事化消息实际上是借用了特稿的包装，已经不是传统意义上以传播信息为主的消息了。李尚志可能没有料到，自己的这种创新重大政治活动报道的新文体会在10余年后成为报纸追求的消息写作新模式，直接导致了简明扼要的倒金字塔结构被颠覆和解构。1995年1月1日，中国第一张都市报《华西都市报》创刊，它全面系统地创立了报纸市场化的运作理念和全新的竞争策略，开启了中国报业的“都市报时代”，全国各地纷纷模仿，都市报旋即风靡全国，形成了“都市报现象”。当时，中国的改革开放进入了“社会主义市场经济”的新阶段，媒体市场化运作的改革大潮澎湃，电视、广播、报纸（都市报、晚报）纷纷面向市场，社会效益与经济效益一起抓，媒介竞争激烈。西方特稿报道的理念引入国内，《中国青年报》《南方周末》等开始抛弃以宣传为本位的通讯体裁，转向报道小人物为主的特稿，讲故事成为媒体竞争的重器。商品经济嗅觉敏感的都市报、晚报开始借鉴新华社李尚志探索的时政消息特稿化的模式，将其推广到消息写作中，形成燎原之火。

本来，时政消息事关国计民生，影响面广、影响人多，以倒金字塔结

---

① 李尚志.“通讯式消息”的由来［J］. 新闻记者，2003（8）.

② 同①。

构简洁、快速地传播最新鲜、最有价值的重大政治活动、政局变化、政治人物兴衰、政坛丑闻等硬新闻，颇具吸睛效果。新华社记者李尚志对时政消息特稿化的探索实际上是无奈之举，因为时政消息比较敏感，记者担心违反新闻政策，把政治正确放在了首位，这就导致时政消息选材逼仄、写作刻板，主要集中于报道领导人的会议、视察、出访、外事等活动，使得登在头版显要位置的消息仪式化、程式化、套路化，形成了僵化的模式。而受众或许并不喜欢这种消息。有高校学生做过对比，将一个时间段的《人民日报》国庆头版比较，版面几乎一模一样，新闻照片的框架、角度、尺寸、位置没有变化，关于国庆的重要消息只是个别新闻要素如时间、人物等有差别，消息的语言和结构是一样的，记者只须将该模板复制粘贴，每年的此时将个别新闻要素置换一下即可。因为记者担心犯政治错误，摘抄会议文件成了最安全、最便捷、最高效的新闻生产路径，久而久之，记者思维固化，媒体的议程设置失去了对受众的吸引力和舆论引导，不甘寂寞的记者开始在报道形式上创新，这就是新华社时政消息特稿化的生产逻辑。

这种探索其实是记者在确保政治正确的自我审查前提下，在接受新闻政策约束和满足受众需求之间的一种平衡妥协，即把政治活动内容完善后，同时扩展消息的内容空间，把对话、场景、细节、引语、轶事、人情味等特稿的报道元素融入硬新闻之中，让原本干巴巴的消息变得形象、生动，使得原来刻板、高冷的时政消息有了人情味，画风这么一变，受众自然感到新鲜有趣，这便是新华社时政消息特稿化的自我救赎。但是，这种文本脱离了简短、快速、高效的倒金字塔结构，必然导致消息的变形：加小标题、字数突破千字。它不是经典结构的消息，也不是借鉴文学手法并以人情味、娱乐等见长的特稿，前者突出信息价值，后者着力于讲故事，它仅仅是借用特稿的写作手法让仪式化的硬新闻变得软一点，离受众近一点。这种探索其实是记者改良报道形式，使之适应市场化的调整。但它只具备形式的深度而回避了内容的深度，一定程度上背离了新闻规律本位而在形式上取悦受众。

第二节　违反新闻规律

倒金字塔结构是记者职业素养的核心，学习新闻写作，第一步就是要掌握倒金字塔结构。倒金字塔结构源于19世纪60年代美国南北战争时期，后来由美联社倡导而定型，它以客观性和简明扼要的传播优势被全球新闻界所认可。“倒金字塔体很有意思。很多记者一生中花费相当长的时间来掌握这一结构，而后又在剩下的时间里质疑这一结构。不管诋毁者如何去批评它，倒金字塔体仍然对消息以及普遍的新闻报道有着持久的影响。”[①]按理说，在中国改革开放迎来信息高速公路的时代背景下，倒金字塔体应该进入黄金时代，因为它最适合快速、高效地传播信息。但进入20世纪90年代，它在国内受到了冷遇。分析其中的原因，有以下几种：

第一，倒金字塔结构短消息只是勾勒事物的样貌，寥寥几笔，不过300—400字，简讯才100—200字，主要用叙事手法，无法展开情节，也无法呈现细节，文风不如特稿活泼、生动、形象，不能讲故事，给人以毫无趣味、干巴巴的刻板印象。市场化的媒体需要用有趣的、受众喜闻乐见的消息来吸引受众，为媒体换来市场影响力，拉动广告效益。第二，都市报、晚报在20世纪90年代进入了“厚报时代”，一起步就是几十个版，重大节日甚至出现上百个版，版面多了，对新闻报道的需求量随之上升，一城一地多个同质化报纸竞争，新闻资源有限，以倒金字塔结构写短消息，填充版面都来不及，写加长版消息对于编辑部而言更是担心无米下锅。第三，市场化媒体成了吃青春饭的“打工记者”的训练营，因收入成为吸引青年记者的求职因素，导致人员流动大，人才队伍青黄不接。“打工记者”队伍中不少人并未学过新闻，报社没有时间和精力对新人进行培训，于是“招之即来、来之能战”导致新入行者无法即时学会倒金字塔体，而采用讲故事的写作方式比较容易上手。第四，倒金字塔结构看似容易，精通却难。“新闻专业的初学者通常很难掌握倒金字塔体，因为采用倒金字塔体结构报道消息时，除了要求内容简明扼要之外，还要求有分析和评估——布鲁姆分类学的高级阶段。”[②]什么是布鲁姆分类学呢？它是由美国普林斯顿大学的心理学教授丹尼尔·卡尼曼（2002年度诺贝尔经济学奖获得者）和特沃斯基（Tversky）1979年提出的行为经济学的重大成果之一，它针对长期以来沿用的理性人假设，从实证研究出发，从

---

① 萨利赫. 新闻写作的艺术［M］. 陶娟译，北京：中国人民大学出版社，2017：147.

② 同①。

人的心理特质、行为特征揭示影响选择行为的非理性心理因素。在写作中，布鲁姆分类法的初级层面是记忆知识，即在没有真正理解概念内涵的情况下复述知识，其后的几个阶段是：理解—运用—分析—评估—高级思维技巧。“如果你具备了必要的批判思维技巧，你就不仅能复述信息，而且能整合并运用信息。写思想文章时，重要的是上升到布鲁姆‘倒三角’的高级层面，综合评价信息。”[①]由此可见，倒金字塔结构短消息是一种思想文章，它需要你立刻判断事实，发现焦点，对杂乱无章的信息快速进行梳理，即刻分辨出其新闻价值的排列顺序，按照由重要到不重要的降序将碎片化材料根据报道主题高度浓缩，去粗存精，有序组织成一个整体，实现一事一报的准则。这个思考与写作的过程要求既快又准，只有进阶布鲁姆分类学的高级阶段的人才能应用自如。对于新闻学专业的新手尚有难度，非新闻学专业的人而言一两年之内难以掌握。在面对重大历史抉择时，消息虽小，分量却很重。第五，新闻媒体的考核评估机制。国内媒体长期以来采取对记者的工作量化考核方法是，根据报道的数量和体裁打分，写得多、写得长获得的考评分数才高，获得的报酬相应也高，这就给了以简短为优势的倒金字塔体以最致命的一击。

20世纪90年代中国报业在改革开放的大变局中进入了面向市场的高速发展之路。以都市报、晚报为代表的城市日报成为报业市场的新宠，它们以受众本位为导向，报道内容贴近市民生活，注重新闻价值中的接近性和趣味性，以突出平凡人的生活故事、为受众提供服务信息等软性内容为主。按照传统的倒金字塔结构，市井百态的内容一篇300字左右即可，不可能有讲故事的空间，有的内容按照新闻价值不值得写，这就给不缺广告商的市场化报纸带来了难题：报纸版面增加了，内容生产供应不足。在这种挣扎与变革的渴望中，新华社探索的消息特稿化给城市市场化报纸带来了启发，它解决了面对贴近市民的新闻素材如何写作的难题，原来用倒金字塔体写作消息没法展开故事，用特稿写作又显得分量不足的两难矛盾找到了突围的中间地带，于是，借用特稿讲故事的写作手法写消息，娓娓道来，呈现细节，市民喜欢，打工者爱看，报纸不愁没有销量，广告节节攀升，报社也不愁版面稿源了，

---

① 萨利赫．新闻写作的艺术［M］．陶娟译．北京：中国人民大学出版社，2017：147.

消息特稿化成了全国都市报、晚报追逐模仿的写作潮流。报社的量化考核将这一趋势推向了取代倒金字塔结构的新刻板范式地位，将消息故事化。这就使得消息特稿化文本引领了新闻生产。于是，倒金字塔结构从20世纪90年代报业市场化竞争加剧后开始逐渐被解构，进入21世纪后，原来在报纸唱主角的倒金字塔结构短消息日渐稀少，只有新华社、《人民日报》等国家级媒体、各级党报还在沿用。

中国人民大学新闻学教授杨保军认为："新闻活动特别是新闻传播活动，是人类监测环境、守望社会的一种特殊认识活动，它有着自身稳定的、规律性的思维方式，这种思维方式，可以命名为新闻传播思维方式。新闻传播思维的基本规律之一，就是倒金字塔结构式的思维。"他从三个方面阐述了这一命题：1．倒金字塔思维：确定新闻内容的基本思维路径；2．倒金字塔思维：选择新闻传播方式的思维模式；3．倒金字塔思维：定位新闻受众的核心思维框架①。杨保军教授对倒金字塔结构的论断高屋建瓴。的确，倒金字塔结构的精髓实际上是按照新闻价值的重要性建构事实的逻辑顺序，这一思维方式体现在编辑部对新闻策划的过程中，体现在媒介经营管理的思路上，体现在报纸新闻在版面的排序上，也体现在广播电视新闻节目和新闻报道议程设置上。这种思维方式成为新闻人内化的思想和职业生活方式。因此，给予倒金字塔结构再高的评价都不为过。从某种程度上说，所谓新闻文化就是倒金字塔文化，即"在新闻写作中，记者应该增加信息的价值含量，删除冗余信息和重复信息；在有限的篇幅内加大信息量，满足受众的多元信息需求，并采用受众乐于接受的方式传播新闻，以获取新闻传播的最佳效果。"②

第三节　导致篇幅冗长

在流行轻阅读文本，微博微信风行的当下，本应简洁的消息在国内却出现了"逆生长"：主题松散，信息量小，导语臃肿，主体和结尾啰唆，语言

---

① 杨保军．倒金字塔——新闻思维的规律性结构［J］．新闻战线，2008（6）．

② 许颖．消息写作如何"有血有肉"［J］．新闻与写作，2015（3）．

乏味，节奏拖沓，效率低下。早在1946年9月27日，胡乔木就在《解放日报》上发表文章《短些，再短些！》，建议“消息要4/5是500字左右的”。20世纪80年代末期，消息界提倡写现场短消息，设立了全国评奖机制以促进消息文风的简洁。但从90年代中期开始，长消息之风日盛，文中加多个小标题变成了写作时尚。这种既不是消息，也不是特稿的臃肿浮夸的文风草率任性，文字水平粗粝，销蚀了新闻文化的底色，损害了新闻文化的品位，不是新闻业健康发展的生态。

1. 事件叙事叠加场景与对话

这种写作模式是，先详尽叙事，讲述事件的来龙去脉，然后叠加现场采访的对话，将两种文本结合，以渲染、煽情的手法展示故事。《新快报》2013年1月9日消息《女子一夜情后未收到报酬　诬告男网友行窃被判拘役》2273字，其写作结构是采用了六个小标题：①承诺给3000元事后却开溜；②交友：网上金钱诱惑一夜情；③现场；④痛哭谢法官：不敢再犯；⑤对话：他为什么要骗我，我已经很惨了（当时经济压力太大了；他骗的不止我一个人）；⑥花絮（父亲：没想到她有那么多苦处）。该消息的导语与第一个小标题内容实际上已经将新闻的主要事实呈现了，但记者在第二个小标题内容中挖掘事件细节，接着在第三个小标题内容中描写现场场景，展示画面感，在第五个小标题内容中回顾事件的细节，在第六个小标题内容中将额外的信息增补到报道中，对采访的材料一网打尽。这种叙事模式主题集中，脉络也比较清晰，叙事生动，可读性好，但叙事重复，津津乐道于个人隐私，有满足受众窥探心理的倾向，小事化大，细腻琐碎。

2. 事件叙事呈辐射状延伸

这种模式的写作如同章鱼的触须，四面八方延伸。《北京青年报》2018年12月7日消息《“霸座”乘客首次被拘留》2447字，它有四个小标题：①事件：列车女乘客“霸座”辱骂乘警；②处罚：“霸座女”被拘留不少网友支持；③现象：“霸座”行为屡现广东立法禁止；④专家：要加大惩戒力度还要加强宣传教育。第一个小标题内容记者主要写网友发的现场视频，这是新闻来源，应该简写，三言两语概括即可。第二个小标题是记者采访核实的内容，应该是全文的重心，也是对事实简洁、完整的叙事，按照经典的写法，这一部分应该是建构该消息的主要部分。新闻内容称，该女乘客因为霸占列车座位被大连铁路警方处以行政拘留，据此，第三个小标题的682字内容不该写入新闻中，明显不相关，需要的话，记者可以将其作为新闻之外的链接。第四个小标题内容需要，但一两句话即可，用不着写544字。该消息的第一个小标题和第二个小标题内容出现了较多的重复，这也是导致冗长的原因。实际上，该消息300多字即可准确、简洁、清晰、完整地呈现事实，但记者为了迎合流行的消息特稿化写作模式，发散性思维，呈放射状地将与消息沾边的几乎所有信源都一并收入囊中，恰恰忘记了得与失、多与少的辩证关系。记者在新闻采写中，需要发散思维，同时也需要集中思维，收放自如才能完成优质新闻的采写。

3. 事件叠加其他新闻背景

其特点是，记者先用400—500字将事件浓缩做导语，相当于一篇完整的消息，之后在主体部分用多个小标题详尽展开对事件过程的叙事，结尾部分用一个小标题附加相关的其他背景事实作为延伸内容，塞入非新闻事件的背景事实。如澎湃新闻2018年12月7日消息《微信“美女医生”推荐切包皮，男子手术台上被加项目花8万多》有3042字，其507字的导语将事件做了完整概括，主体到结尾分为四个小标题：①做580元包皮环切手术，手术中被加治疗项目；②暂缓缴费申请单“美女医生”只是咨询员，逢人就推荐包皮手术；③今年媒体已报道多起包皮手术医疗投诉，均为民营医院。其中，第一个小标题是对该事件过程的展开；第二个小标题的内容是对记者采访调查过程的详细叙事，实际上消息写作不需要记者展示调查过程；第三个小标题内容长达784字，概括列举了2018年媒体报道过的另外四起医托坑骗病人事件，这部分内容与“男子手术台上被加项目花8万多”没有事实逻辑上的关联，完全不需要。

4. 事件背景在先新闻殿后

新闻背景是为烘托新闻主题，衬托新闻价值而存在的，它在新闻中起到“解释”“说明”新闻要素“为何”的作用。《北京青年报》2018年12月7日报道《朝鲜外相访华，中朝定下明年一件大事》，从该标题判断，它应突出最新鲜、最重要的事实信息，但是它写了3286字，从开头到主体一半多篇幅是新闻背景，最后才是新闻。它由四个小标题组成：①朝鲜外交的核心人物；②年内7次访华；③访华时机和行程安排；④会晤议题。从小标题可以看出，该文的第一到第三个小标题内容都是新闻背景，有1466字，第四个小标题才是最新鲜的内容，但记者拖泥带水写了1821字。在第四个小标题的叙事中，作者再次细分为四个部分：第一，中朝关系。第二，朝核问题。第三，朝美互动。第四，中国角色。在“第一，中朝关系”的第三段，作者才告知受众“中朝定下明年一件大事”究竟是什么，这其实是本文最核心、最关键的事实要素，本来应该作为导语出现在开头的，而这个精华的段落竟然在该篇报道中位于第24个自然段。由此可见其叙事效率的低下和叙事节奏之缓慢。这对于希望在最短时间获得最重要信息的受众而言，十分考验耐心与毅力。

5. 叙事与评论融为一体

消息客观性要求记者“在报道自身之外的对象时，不能用自己的意识、意志、情感等改变对象的本来面目，即不改变对象自身的内容”①。《华商报》2018年12月11日消息《长庆未央湖学校1600名学生挨冻》有四个小标题：①家长：没暖气没空调孩子直喊“冷”；②学校：跑了一个多月没接通气源；③调查：区相关领导曾到校协调采暖；④“孩子们的事情没有小事”不是句空话。前面三个小标题是按照记者采访的流程做了比较详细的叙事，第四个小标题581字内容是一篇新闻短评，按照消息写作事实与观点分离的要求，评论应该单独成篇，规范的报纸会将新闻评论作品呈现在评论版上，以示“观点”与“新闻”文体的不同功能。客观性法则起源于19世纪30年代，美联社为了赢得市场竞争发展出超党派、价值中立的新闻报道方式，逐渐衍生出强调事实与意见分开、排除个人价值、新闻报道仅限于客观事实的理念，“在新闻界，新闻记者及其作品要获得称赞和荣誉，是否达到了客观性是重要的衡量标准，构成客观性的主要成分已经形成了一个公认的结论”②。在长篇消息中融入新闻评论违反了新闻客观性原理。

6. 事件过程叙事琐碎化

这种结构的特点是，记者对素材不加提炼，事无巨细地叙述一件事的全过程。以南海网2012年3月28日消息《温州7名游客在海南遭色情敲诈　6名嫌犯被抓》为例，它有四个小标题：①包围山庄，色情案犯一网打尽；②书记

① 杨保军. 新闻理论教程［M］. 北京：中国人民大学出版社，2005：157.

② 孙健. 报刊客观性：一种崇高的理想［M］. 上海：上海社会科学院出版社，2014：170.

批示，坚决打击色情宰客；③连夜突审，打掉兴隆一块毒瘤；④寻找刺激，误入歧途后悔莫及。该消息长达2901字。从这四个小标题即可看出，它对该事件叙事采取了从事发到结案全流程的记录，对破案的过程交代宛如流水帐。有数百字内容讲述当地领导如何重视保护游客利益、当地案发如何频繁等，连当地干部打电话安排工作的引语都如实写出来，加上掺杂了空话套话，导致主题与标题不吻合，主题不集中。从事件本身来看，这起案件并不复杂，破案过程比较顺利，缺乏冲突性，没有曲折或离奇的情节，因此，去掉小标题，删繁就简，其信息容量就是一篇300字的消息。实际上，该消息的第一个小标题就将符合主题的大部分材料呈现出来了，根本用不着其后三个小标题的内容。

7. 以橱窗展示方式叙事

该结构的特点是，记者从导语开始，将许多事实信息“亮点”一一展示，星罗棋布，令人目不暇接。《钱江晚报》2018年6月15日消息《浙大城市学院今年转公费招生　各专业收费标准已确定》按照其信息量写200字左右即可，但记者为了展示这所高校19年的光荣历史，将其写成了2826字。记者满足于将该校所有成就拿出来集中展示的叙事，如同超市的橱窗展示商品一样。其导语就有607字，是笔者所看过的最长的导语。它有三个小标题：①浙大城市学院，也有自己的“双一流”；②一批批青年才俊从这里起飞；③在家门口就能享受到留学教育资源。浏览这三个小标题就可以判断，它们与主题（也是标题）无关，有广告词的感觉。其开头连续展示了三位毕业生的成就，最后一个小标题连续展示了五个不寻常的毕业生事迹。这样的写作没有烘云托月，为主题服务。

8. 事件与专业知识杂糅

该结构的特点是，先叙述一件事，由此衍生出对相关主题知识的重点报道，这就出现了双主题，导致新闻主题分散。《都市快报》2018年5月28日消息《爱穿着高跟鞋讲课　浙52岁女教师不得不提前退休》的标题就是写作的焦点，但读完这篇长达2225字的报道，与之关联的仅仅731字，它题不盖文，焦点模糊。这篇报道有三个小标题：①年轻时爱穿着高跟鞋讲课　52岁女教师不得不提前退休；②原来不是平足的也有可能发展成“平足症”　尤其是女性更年期后要特别注意；③预防平足症你现在就可以按以下5个要求开始做了。仅看这三个标题就会发现，第一个小标题是一个主题，第二、第三个小标题是另一个主题。第一个小标题叙述的事实是2年前发生的，没有时新性，而后两个小标题的内容主要是传播爱足的健康知识，并无时效性。对比发现，第一个主题731字的叙事是由头，如果删除，该报道主题就变成了一个，即浙江大学医学院附属第二医院骨科中心主任医师苗旭东提醒长期站立的职业女性要特别注意保护自己的足部。实际上，记者应删除731字的陈旧事件报道，以次日的“5·29全球爱足日”为由头，集中笔墨以特稿形式写女性如何“爱足”的主题。

9. 以天女散花方式叙事

该结构以多事件多主题方式叙事，令人不知所云。浙江24小时2018年6月5日消息《温州女子摘杨梅时从树上坠落　口吐白沫抢救无效死亡》有两个小标题：①兴致勃勃去采杨梅，结果从一米多高的树上坠落；②听说杨梅核“清热解毒促消化”，连核吃下去却导致肠梗阻。光看这两个小标题就发现，该消息跑题了，两个小标题根本没有逻辑关联。令人惊异的是，第一个小标题内容就包含了三件事：同一天当地有三个人采杨梅时不慎跌落树下，其中一人送医不治身亡：“6月1日上午8点多，在瓯海区郭溪街道的山前山上，一名女士摘杨梅时从树上掉下，当场口吐白沫面色发紫，头部大量出血，任凭怎么呼叫都没有应答，送医后经抢救无效死亡。”读完这篇新闻发现，这篇930字的消息标题就是围绕这第五自然段的79字来写的。该消息的第二个小标题讲的是第四个人因误信杨梅连核吃有益健康结果导致肠道梗阻做手术的事。一篇消息讲了四个人的事，前三个是采杨梅的故事，第四个是吃杨梅的故事，主题跑到九霄云外去了。消息的标题实际上就是全文的焦点，写作的内容应围绕标题进行。

在上述这些近年来流行的消息特稿化写作模式中，第6、7、8、9四种问题最为严重，它们违背了写作最基本的规范，降低了新闻文化品位。消息写作特稿化将消息与特稿混合杂交，通常以三个或四个小标题的形式展开叙事，导致关键事实重复，而且多个小标题本身就是在助长记者将短消息写成千余字或数千字长篇消息的风气，为消息写作冗长文风推波助澜，导致短消息在媒体上越来越稀少，消息写作从标题、导语、主体、结尾、新闻背景等整体性臃肿。消息写作本来是依靠上下文、段落与段落之间内在的逻辑衔接的，自然连贯，脉络清晰，根本无需小标题。近年流行的长篇消息中加小标题的模式导致消息内在的连贯被人为割裂，每一个小标题内容自成一体，叙事节奏变得缓慢，记者不得不重复关键信息以连接各个片段。

消息特稿化违反了消息写作的基本原理，如“一事一报”“事实与观点分离”“呈现清晰准确的新闻来源”“客观、准确、公正、平衡”等规范，使得记者不再用心提炼消息主题，不再精心建构消息角度，不再悉心提炼素材，不再细心锤炼新闻语言，导致消息写作品质的粗放、低劣。《华尔街日报》前编辑迈克尔·豪尔顿说：“我觉得，倒金字塔体是一种非常有用的结构，适用于很多报道。曾经有一段时间，记者觉得必须远离倒金字塔体，因为这一结构限制了故事写作，记者觉得我们的写作应该更加偏向杂志风格、更加偏向特稿的风格、更加感性。我认为这非常好，我同意上述所有观点。但问题是，如果读者看到报纸上的文章都是杂志风格，千篇一律，那就有点审美疲劳了。有些报道非常适合采用倒金字塔体，倒金字塔体更适合强有力的、迅速有效的行文。”[①]对于重大事件报道，如天灾人祸，最适合的写作形式其实非倒金字塔结构莫属。

从传播效果来看，消息写作特稿化是误区，冗长的消息违背新闻传播规律。“在消息的写作上，记者应该把主要精力用在如何选好角度和写好导语上。写好导语，不但可以把最主要、最有亮点的内容放在最前面，而且还可引导读者在很短的时间内，把愿意关注的消息读完，符合青年人快节奏的阅读方式，其作用是给消息加几个小标题所不能匹敌的。”[②]老子说，“大道至简”。西方有谚语称，“简洁就是美”。行文简洁需要作者付出艰巨的劳动，要善于根据主题从海量的信息中甄别、筛选，有舍才有得。

新闻写作需要记者站在受众的角度换位思考，对新闻传播效果进行预判。倒金字塔体之所以成为消息写作的经典结构，就在于它简明扼要传播信息，它确保了新闻生产的规模和效率，体现了工业化、信息化时代新闻快餐的标准化、稳定化生产优势。如果记者陶醉于自说自话，任性自由，把消息写作当成文学创作，沉浸于个人化的风格，那就会打破媒介文化的传播规

---

① 萨利赫．新闻写作的艺术［M］．陶娟译．北京：中国人民大学出版社，2017：209。

② 李梓．消息中加小标题弊大于利［J］．新闻采写编，2017（3）．

律，影响其传播的效率，也难以满足受众对有用信息的需求。“标题短，导语短，段落短，句子短，篇幅短——这是新闻传播规律和我们这个快速变化的时代对消息写作的要求，更是奔忙于快节奏生活中的广大读者的要求。因此，我们的新闻作者没有理由再大唱‘长风’歌，而应多唱‘短歌行’。”[①]

① 李晓红. 消息应以“五短身材”为俏［J］. 秘书之友，2005（7）.

13

第十三章

“融”时代消息写作

我们可以用年轻人喜欢的方式报道新闻，以吸引年轻受众。只要报道不是特别严肃、冗长和晦涩，年轻人就会读。

——［美］杰克·富勒

纽约时报集团主席兼《纽约时报》发行人小亚瑟·苏兹贝格（Arthur O.Sulzberger Jr.）认为，“新闻应是一项每周7天，每天24小时不间断的工作。”[1]人类新闻传播事业进入互联网新媒体时代，这种理想变为了现实。如今人们利用手机接收和传播信息，新闻消费模式嬗变，导致受众阅读碎片化，这就使得传统媒体向数字化转型势在必行，媒介融合成为大势所趋，融合新闻已经成为媒体在新时代增强用户黏性的必然选择。美国南加州大学安尼伯格传播学院教授拉里·普赖尔（Larry Pryor）认为，“媒介融合存在于新闻编辑部里，其中编辑人员合力为多平台打造多样的新闻产品，并以每周7天每天24小时的周期，用互动性内容为大众服务。在我看来，少了任何环节都不是新闻意义上的融合。”[2]向受众提供他们需要的内容是媒介融合的一个关键因素，也是媒体市场竞争的优势。记者要善于使用不同方式在多平台上准确、快速地传播信息，报道真相。

第一节 “融”时代消息写作的特征

1. 标题吸睛

在数字媒体上，新闻的标题与内容分隔在两个空间，为提升新闻阅读点击率，网络新闻编辑得刻意在修改标题上下功夫。新浪新闻2018年12月15日的新闻排行榜前四条消息标题如下：

1. 华裔顶级物理学家遭戴手铐走一趟　人生被美国毁掉

---

① 奎恩. 融合新闻报道［M］. 张龙，等译. 北京：北京大学出版社，2015：10.

② 同①。

2. 加拿大风波愈演愈烈之际韩要悄悄给中国“设局”

3. 4天内三位省委书记接连造访华为

4. 最年轻副市长上调公安部后市委书记也进京了

5. 人生有个癌症“黑色5年”　这个年龄段的人要小心

与传统媒体直白通俗、简明扼要的标题对比，数字媒体的标题常用悬疑、暗示、误会、诙谐、幽默等技巧引发受众的好奇心，突出悬念，渲染旨趣。如第一个标题故意没有点明该消息主人公的名字——世界知名超导专家、美国天普大学物理系教授郗小星，也没有概括他犯了什么事遭遇这种困境，更没有讲明他现在的人生结果；第二个标题就更用心了，因为加拿大应美国要求非法拘押华为CFO（首席财务官）孟晚舟引发两国外交风波之际，韩国外交部更加重视与中国的外交，打算专门设立“中国局”，提升对华关系，这两者本来没有联系，只是时间上巧合而已，但编辑独具慧眼，借助中加关系冲突引发国内舆论沸腾这个热点作为陪衬，将两件事巧妙地联想起来，用“设局”这个双关语有意给受众营造一种心理“误判”，以为是“陷阱”，好奇心驱使下会赶紧点击阅读，结果是舒心的消息，忍不住会心一笑，恍然大悟，原来这个“设局”是对“设立中国局”的简化；第三个标题和第四个标题故意不交代新闻要素“谁”“干了什么”；第五个标题有意隐去“哪5年”“什么年龄段”。这些都是数字媒体的惯用“伎俩”，故意制造悬念，不直截了当地把最重要的事实信息清晰地告知受众，勾起受众渴求事实真相、揭开谜底的欲望，目的是为了吸睛效应。还有一种网络消息标题的形式是，从消息中寻找离奇的、反常的、令人意外的细节做标题，哪怕这仅仅是报道中的一句话而已，如有网站将一位研究铁路技术的知名教授的报道题目修改为《工作累了就听周杰伦的院士　让中国高铁领跑世界》就是从消息结尾处挑了一句当事人的业余爱好的话做标题，因为编辑认为一个年事已高的科学家听周杰伦的歌似乎反常，也许这样该标题会吸引受众。

在传统媒体时代，取标题就是一件高难度的事，记者和编辑常常为想出一个好标题大伤脑筋，比写好一篇消息都难。在数字新媒体时代，要制作出上述这样巧妙的标题同样不容易，其难度甚至超过了传统媒体的标题。如果不下功夫，会导致标题出现失误，例如：

"最拼10后"零下10摄氏度穿背心拍戏走红　寒冬刺骨惹人心疼（新浪浙江　2017年12月21日19：54）

评析："10后"令人费解，一句话中两个"10"各具含义太复杂。不如改为：幼童零下10摄氏度穿背心拍戏网上走红。

浙江现最珍稀鹿类之一黑麂　从未在外国动物园展出过（浙江新闻客户端　2017年12月22日08：07）

评析：原标题不准确，有意渲染煽情。应改为：浙江安吉发现国家一级重点保护动物黑麂。

慈溪消防大队免费赠药18年　自制烫伤药声名在外（慈溪发布　2017年12月22日07：52）

评析：缺少宾语。应改为：慈溪消防大队免费为市民赠送烫伤药18年。

甬男子患肝癌　医生提前给幼儿做去指手术只为和父告别（看看新闻KNEWS　2017年12月22日08：16）

评析：语法有误，令人费解。应改为：医生提前给一幼儿做手指矫正手术抚慰其患癌父亲。

杭姑娘请姨妈假被要求检查（新浪浙江　2018年4月23日）

评析："姨妈假"表述不规范，令人费解，应改为：杭州一女士月经不适请假被要求当场验证。

杭州1开车20多年男子一个急刹　25吨钢带砸中副驾儿子（新浪浙江　2018年4月23日）

评析：前半句数字过多，语言不简洁，改为：杭州一司机急刹车导致25吨钢带砸中副驾驶儿子。

杭州卖了11年iPhone的老司机 想改行去种奶油草莓（《都市快报》2018年10月05日）

评析：用网络词汇“老司机”容易引发歧义。应改为：苹果手机滞销 杭州一手机经销商想改行种草莓。

金华一头牛魔王受惊吓冲上高速 交警紧急处置（新浪浙江 2018年12月19日）

评析：“牛魔王”有特指含义，即《西游记》中与铁扇公主把守火焰山的妖怪。用它来指代一头牛，显然不妥，这是编辑过度渲染的失误。

国内融合新闻流行标题开头用一个判断词加叹号，这不符合消息客观性的本质特征。数字新闻在标题上挖空心思、制造噱头赢得点击量，初衷没错，但一些商业网站哗众取宠，断章取义，故弄玄虚，胡编乱造，甚至用“黄色新闻”的标题形式招徕受众就成了为人不齿的“标题党”了。如2016年4月24日，新浪娱乐自行编发一篇消息的标题是《baby胸部丰满 金钟国盛赞：中国最好女演员》，故意突出艺人杨颖（Angelababy）被赞为“中国好演员”是因为“胸部丰满”这样的荒诞逻辑，用词露骨低俗。新媒体的标题当然可以“新”，但得遵循消息传播的规律，不歪曲事实，不渲染情色，不以庸俗、低俗、媚俗的炒作来提升流量，这是底线。制作标题应遵守基本原理：题文相符，流畅易读，简洁准确，语法正确，符合逻辑。

2. 界面亲民

移动传播带来“低头族”现象，手机阅读无处不在。在这样的社会场景中，新闻传播必须以人性化的方式接近受众，赢得市场。手机屏幕小，受众浏览当日消息一般是利用碎片化时间匆匆一瞥，属于轻阅读，注意力容易分散，精力不集中，采用传统报纸排版方式密集呈现信息肯定不受待见。字号、字体、颜色、文本表现形式等得适合手机传播的特点，例如将一组新闻标题中新闻价值高、引人关注的消息标题加黑，将消息文本中的核心段落加黑，用诗歌的文本形式展现消息内容，一句话一个自然段，让手机阅读变得爽心悦目，满足用户体验。

上海《东方早报》转型为数字媒体“澎湃新闻”，2014年7月22日正式上线，起初其网站上列出了47个栏目（标签），显得比较繁杂，现在已经简化了。打开其手机应用软件首页，其顶格左上角是品牌标识“澎湃”，从左到右平行排列着供用户选择的栏目：要闻、推荐、视频、时事、财经、湃客、思想、生活、科技、体育、评论、国际、订阅、浙江（各地地方频道）、专题共15个栏目。最下端从左到右依次是“视频”“问政”“问吧”“我的”4个栏目，主要满足受众参与互动，增强其用户黏性。顶格栏目条下端滚动展现当日6篇头条新闻和其他重要新闻，均为图片+下端标题形式，图片占满手机屏宽，高度为3厘米左右，有视觉冲击效果。在这6篇重点新闻下方是当日新闻推荐，采取的形式均为“左图+右标题”形式，图为成年人大拇指指甲盖大小，消息通常为3篇，其后是一个两厘米高、与手机屏同宽的图+标题专题栏目。手指向上滑动，当日新闻会源源不断地呈现，均为图+标题形式，每单元2—23篇消息不等，之间穿插与屏同宽的“图+标题消息”。其版面上每篇消息都是“左图+右标题”，在界面上高度和宽度相等，每篇新闻上下左右均有明显留白，其中上下间距比左右间距多一倍，消息“图+标题”上下之间有一根隐隐呈现的分隔直线。

澎湃新闻界面看上去匀称清爽、井然有序、平稳有致、美观大方，画面与文字清晰，易读性好。点开每一篇消息，醒目的3号加黑宋体字标题有两行字，下方为3厘米高度、与手机屏同宽的照片，少数消息有视频和图片，每个自然段之间上下左右有同宽的留白，上下之间的留白接近两行字的宽度，左右留白为一行字宽度。每篇消息结尾的下面是四个分享按钮，然后是多篇与该篇消息主人公身份相同关键词的超链接消息，最后一栏是即时评论，受众可以跟帖留言，在写评论的对话框右侧平行并列三个按钮，它们分别是“正文”“点赞”“分享”。

人民日报微信公众号消息的呈现方式与澎湃手机界面相似，不同是“右标题+左图”，标题为黑体加粗，每3篇消息间隔一个宽屏压题图片消息，其消息的呈现方式是，标题用3号黑体字，内容为5号黑体字，文中小标题用蓝色字小四号黑体字，消息重点句涂红，消息中穿插多幅图片（新闻照片、漫画等），段落之间上下左右的留白十分明显，有的消息用红色黑体字做小标题，用蓝色黑体字“划重点”。总之，看上去视觉形象清晰美观。新华社微信公众号与之相似。

3. 介质融合

“媒介融合就是充分利用素材，即我们眼中的新闻与实时信息，通过多种渠道为受众服务。”①互联网以其强大的科技赋能，使得传统媒体中报纸、广播、电视等各具特色的传播介质聚合为一体，一次性采集，多样化生成，一篇消息可以融合文字、图表、音频、视频等所有传播介质优势，形成多渠道分发，多平台展示，满足用户的体验需求，充分体现互联网时代媒介融合的巨大优势。“互联网和手机对于传统报纸和电视的替代性越来越强。只要有手机在，没有报纸的日子并非那么难以忍受；只要有电脑、平板电脑和互联网，没有大屏幕彩电的日子也没那么难熬。人们对移动和社交的迷恋，甚至已逐渐成为一种‘文化症候’。新媒体，正在成为人体的新延伸。”②

深圳大学教授辜晓进2016年专程赴美国调研美国大报的转型与重生，他发现，美国报业数字化的突出特点是，以数字优先重塑编辑部，以流程再造为数字转型的核心，融合新闻报道主打视觉新闻。《纽约时报》2016年6月23日向员工发布的备忘录中宣称：“视觉新闻正在我们的日常新闻报道中迅速扮演着更加重要的角色。我们期待《纽约时报》在我们的建议下大大增加视觉报道和视觉叙事的数量。”③辜教授在美国近距离观察《纽约时报》2个月后发现，该报的网站、主客户端和视频App等数字平台上，每日新闻报道中都有视频新闻，包括VR在内的视频。2016年10月，《纽约时报》还推出了包含电视、电影、新闻在内的网络电视Watching。为了强化视觉新闻，《纽约时报》第一次聘请海外的“高人”担任总裁，他就是来自英国BBC的总编辑汤普森。10年前，《纽约时报》的融合新闻是“图+文”，而今“一篇新闻中不仅有文字，还常常嵌入音频、视频、图表、幻灯片等传播形式。它们不是个

---

① 奎恩．融合新闻报道［M］．张龙，等译．北京：北京大学出版社，2015：11．

② 柯罗茨．融合新闻学实务［M］．嵇美云，译．北京：清华大学出版社，2016．

③ 辜晓进．重走美国大报：美国报业转型：颠覆与重生［M］．广州：南方日报出版社，2018：346．

别现象，而是每天都有，或者几乎所有重要报道都有。转型带来的这种真正意义上的超文本呈现，正在给人以前所未有的阅读视听体验。”①

多媒体融合，多元素呈现，多平台发布，视觉优先，新闻报道以丰富的表现形式使用户产生黏性，增强消息的传播效果，以流量变现赢得生存发展机遇，这是当下美国报业转型的探索。辜晓进教授调查发现，《纽约时报》的视频团队人数超过了60人，计划增至100人，其中八成以上都在编辑部工作。“照片、视频和音频可以让受众全方位地了解新闻，还能超越简单的文字层面所表达的情感。这些元素可以为报道及其语境提供一种感觉或基调。基调和语境是新闻故事讲述中的附加值。”②美国报业融合新闻对图的应用更为细致，图包括现场新闻照片，标明事发地的谷歌地图，电脑生成的柱状图或饼状图、曲线图、数据表格等等辅助报道变得更加简单、清晰。

对比美国报业转型融合新闻实践，国内尚有较大差距。点开2018年12月16日澎湃新闻头条推荐的6篇新闻发现，第一篇转自新华社的《以习近平同志为核心的党中央引领改革开放纪实》是纯文字版；第二篇介绍一部纪录片的消息《八集大型政论专题片〈必由之路〉第五集：立国之本》配有视频；第三篇转自新华社的《改革开放，发展中国、造福世界》同样是介绍这部纪录片的，有视频；第四篇消息《一本证书的故事》配有视频；第五篇《把新时代改革开放继续推向前进》配了三幅照片；第六篇消息《40年家国协奏曲 城的实力记忆：从小岗村到海南经济特区》配有视频。从这6篇头条新闻检查结果看，6篇消息中有4篇有视频，这算是非常高的比例了。当然，这里面有特殊原因，即这些视频本就是央视或新华社制作的纪录片。澎湃新闻日常消息的传播生态仍旧以“图+文”为主，多媒体融合元素不足，文字消息中插入视频片段或音频片段微乎其微。国内其他报纸媒体数字平台常态化的融合新闻呈现也是“图+文”。此外，我们的这种媒介融合还有一个现象就是插入文字消息中的图片常常不是新闻照片，而是网上搜索找来的与报道内容主题有关联的图片，包括社交媒体截图、电视剧截屏、表情包、漫画等，娱乐性强，

① 辜晓进．重走美国大报：美国报业转型：颠覆与重生［M］．广州：南方日报出版社，2018：346.

② 柯罗茨．融合新闻学实务［M］．嵇美云，译．北京：清华大学出版社，2016：130.

削弱了其新闻属性。

4. 文风活泼

在传统媒体时代，新闻报道以文风严肃、语言庄重体现“以正确的舆论引导人”的使命和觉悟，而在社交媒体时代，网友晒幸福、卖萌、搞笑成为一种流行的文化时尚，为了跟上这个节奏，融合新闻借鉴了这种轻松、有趣的报道基调，关注新闻中的娱乐元素，借以来吸引用户。新华网2018年12月15日综合《新京报》、延边交警、新浪微博等信息制作的融媒体消息《800克！699公里！8个多小时！》的文本是：

800克！
699公里！
8个多小时！
这是一场爱的接力！

（插入央视微博对该报道的一幅截屏图片）
就在两天前
“看见#车牌号为陕A·N3X05#请让行！
生死时速，一个小生命正在等待救援”
这样一则消息刷爆了网络
情况危急！
河南一名800克的早产儿
感染了罕见病菌
于15时左右送上转运车
前往北京八一儿童医院治疗
小小的生命
却要遭受这样的痛苦
让人不由得感到揪心与难过

（插入《新京报》照片：医护人员在为“巴掌宝宝”出发做准备）

速度就是生命!
为了孩子能以最快速度
顺利抵达医院
在河南高速交警
开通的"应急绿色通道"上
一辆警车带头开路,一辆警车护航
车队尾部还有多辆警车交替随行

(插入河南高速公安微博直播截图)

同时通过微博不间断进行直播
提醒沿途司机让出"生命通道"

(插入河北高速交警微博直播截图)

急救车中
随车记者更是一路直播
救护车的位置
呼吁路上司机让行

(插入腾讯新闻直播截屏图)

网友们在得知相关信息后
虽然没能参与现场救援
也都纷纷行动起来
在各大平台上
尽力扩散救护车的车牌号码
为救小宝宝努力着

(插入三位网友微博截图)

在所有人的努力下
载着“巴掌宝宝”的急救车
沿京港澳高速一路疾行

（插入动图截屏）

800克虽然轻
但生命从不用轻重区分
从河南、河北到北京
这场跨越三地699公里的“生命接力”
持续了8个多小时后
终于有了令人安慰的结果

（插入新京报记者拍摄的新闻照片：12月13日夜，载有“巴掌宝宝”的救护车抵京）

据14日消息
目前孩子生命体征一切平稳
准备接受下一步的治疗
事情发生后
网友纷纷留言
为“生命通道”点赞：

（插入7名网友的微博截图）

这样温暖人心的“生命接力”
对我们来说其实并不陌生

（随后附加了3个类似的新闻故事，略）

这篇460字的消息叙事结构借用了诗歌的表现形式，将传统的沙漏结构消息的句式进行了重新排列，变成了一首“叙事诗”，除了寥寥几个叹号（笔者不赞成使用叹号）、引号和冒号，其他的句尾省略了标点符号，加快叙事节奏。它配以“图+文”的多媒体报道形式。在新华网微信公众号上，这篇消息的阅读量超过了100，000+，点赞6201次，用户留言1244人次；百度搜索找到相关结果约196，000个。可见，它的传播效果好，影响力大，信息到达率高。其文本体现了移动传播环境下的“轻阅读”特点：碎片化段落、图文并茂、简洁简短、节奏明快，消息来源以图片和文末注解呈现。在手机屏幕上，这样的文本焦点突出，轻松有趣，版式简单，留白较多，清晰易读。根据其新闻价值，如果采用传统的文本呈现模式，没有这么丰富的配图，也许它不会有如此之高的阅读点击率，不会成为“爆款”产品。如果其多媒体元素呈现更丰富，如增加视频、音频以展示该消息的视觉画面、现场音效，其真实感、现场感和冲击力就会更加出彩，带给用户立体、直观和在场的审美感知。值得注意的是，对于这种时效性要求不高的社会新闻可以花时间、花精力“大兴土木”以融合新闻的方式呈现，而对于新闻价值重大的硬新闻，抢第一时间是首要的。2018年10月30日20：25新华社微信公众号发表了一句话消息：

别了，金庸

2018年10月30日　新华社

据金庸身边工作人员确认，著名作家金庸30日在香港逝世，享年94岁。

这篇消息仅31字，压题照片是金庸的黑白照片头像，当天阅读量也超过了100，000+，点赞23，238次，留言1.2万人次。当天23：16，新华社微信公众号再次发表悼念金庸的消息《笑傲江湖，此生不枉！》，这篇消息的多媒体融合元素就比第一篇抢时效性的一句话消息丰富了。压题照片下是《笑傲江湖》电影主题曲《沧海一声笑》音频，可点击收听。之后是呈诗行排列的文字消息，回顾了金庸的一生。文中穿插了8张图片，其中3张是根据金庸小说改编的影视剧海报，2张是歌颂金庸成就、表达缅怀之情的书法作品。这篇消息在次日做了重新编辑修改。其点击量同样达到了100，000+，点赞13，487次，留言4982人次。由此可见，数字媒体融合新闻更注重人情味、趣味性和娱乐化，多媒体呈现报道元素，可将传统文本“化整为零”，拆成碎片化的诗行排列形式，适应手机屏幕移动阅读，亲近用户，用心服务。但是，新闻的硬核——新闻价值才是决定消息传播的首要因素，对于新闻价值重大的消息，如突发事件，传统的报道原则如快、短、新、活永远也不会过时，内容决定形式。抢快，文字快讯一句话，准确、简洁，高效，无疑是首选的报道方式。先抢占舆论制高点，再对事件进行追踪报道。我们留心会注意到，融合新闻标题的文风基调十分明显，加叹号，是一种动员式的、情绪式的营销策略，这与传统媒体讲究消息的客观文风不同，不是那种“纯新闻”范式了，对非重大事件的报道采用软性的语态，展示友好与亲和力，以此来打动用户。这些微信公众号、微博、客户端消息写作虽然还保留着传统新闻文化的基因，但出现了变异，一篇消息拆成碎片化零件呈现，其原来集中起来显示的倒金字塔或沙漏结构就不太明显了，刻意贴近用户心理，追求活泼、生动、有趣的文风，小清新、萌萌哒的自媒体时尚尽在不言中。有的模仿网民的创意，在一句话中将某一个字或两个字用拼音代替，或者借用网络词汇，故意抖机灵，“皮”一下，目的都是为了吸引年轻的手机用户阅读新闻，像那句歌词“只是因为在人群中多看了你一眼，从此不能忘掉你容颜”一样，引来回头率，最终成为数字新闻的迷妹或铁粉。

5. 互动交流

互联网媒体的开放与互动之便捷、高效是传统媒体时代所无法比拟的，这是传统媒体转型互联网，在新的平台和渠道凤凰涅槃、浴火重生的必然。在媒介融合背景下，传统媒体的App数字客户端在推送多媒体融合新闻时为争取用户的青睐，会在每一篇消息结尾设置多个功能键，便于用户转发信息扩大影响面，同时还有即时点赞、互动留言评论的功能。对用户的留言评论及时回应，体现平等交流的善意是赢得好感和美誉度的经营策略。2017年6月21日新华社一篇45字的一句话新闻“引爆”了评论区：

刚刚，沙特王储被废了

沙特国王萨勒曼21日宣布，废除王储穆罕默德·本·纳伊夫，另立穆罕默德·本·萨勒曼为新任王储。

这篇消息在新华社微信公众号发布后，有人认为其内容中“废除”应为“废黜”，系笔误。但这不影响它造成轰动的传播现象，因为该一句话消息有一个监制、三个编辑，引发了眼尖的网友吐槽，编辑立即回应，其回应的机智与幽默十分拉风，使得这篇本来并不出彩且有瑕疵的消息骤然火爆起来，网友纷纷来围观并惊呼：“我是不是关注了一个假的新华社？”坦言之，这次新华社编辑所展现出来的互动交流的技巧远胜于消息本身的吸引力和传播力，这种在消息写作中无法显露的个性和率真借助于新媒体即时沟通反馈的平台优势得以张扬、彰显出来，令受众看到了传统媒体时代所无法看到的国家通讯社从业者的另一面：原来他们也是有血有肉、有情有义的人啊！由此可见，在新媒体时代，人性化、情感、个性化的互动多么重要。

新华社机敏和风趣的回答既维护了自尊，又不伤害用户的热诚，顺带着巧妙地宣传了新华社，随即编辑和网友的互动交流越发频繁、有趣、真诚、热情，如此俏皮、可爱引无数英雄竞折腰，堪称一次成功的产品营销，使得新华社微信公众号当天圈粉无数，成为传媒“网红”。该案例是一次值得研

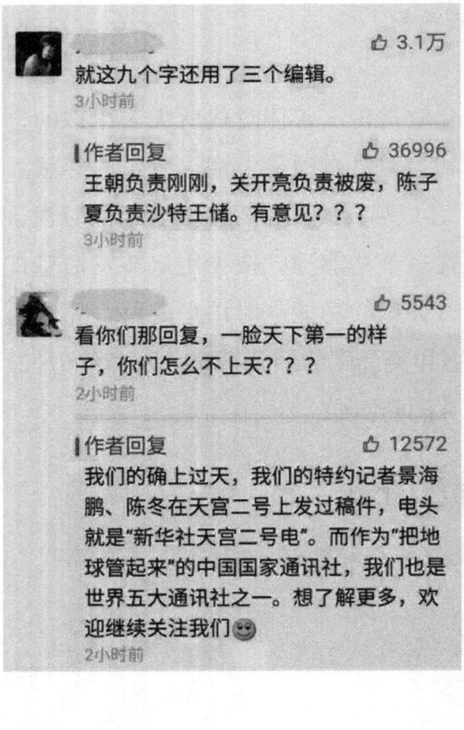

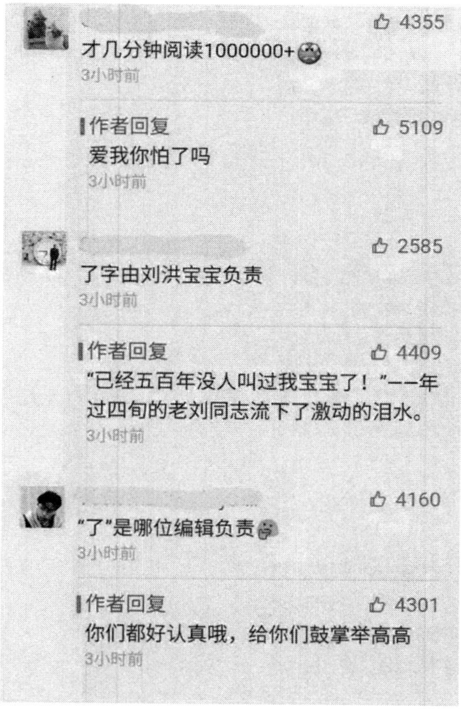

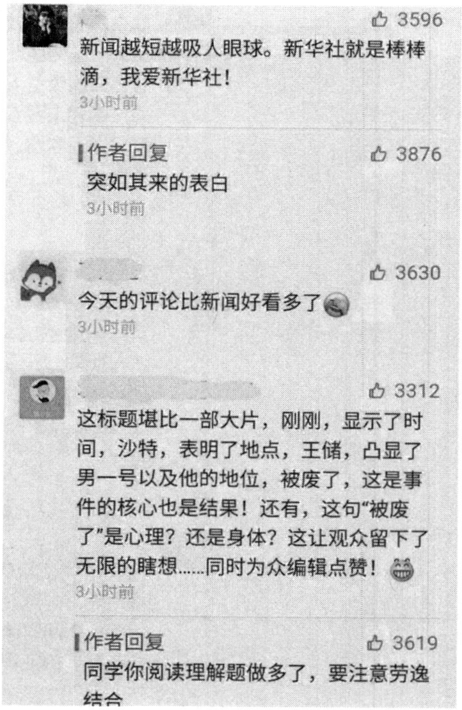

究和借鉴的新媒体时代新闻传播实战的经典。

传统媒体时代媒体掌握着绝对的话语权，拥有独家的新闻传播平台和传播渠道，养尊处优，以“我说你听”的话语传播方式陶醉于自说自话的场景中，加上体制的保护优势，技术对即时反馈的限制，传受双方处于不平等的地位，媒体对“受众本位”意识没有比心的体会与渴望。到了网络新媒体时代，技术赋权使人人都是传播者，媒体不放下身段就会失去影响力，因此，媒体与网友平等、亲善、真诚、友好的对话回应能够大大强化用户黏性，这样的互动有时比消息本身还有价值，双方产生共鸣，使得新闻与用户的相关性变得紧密起来，让消息生产成为传播者与用户共建的产品，大大扩展一篇消息的内涵和外延，产生超声波扩散效应。

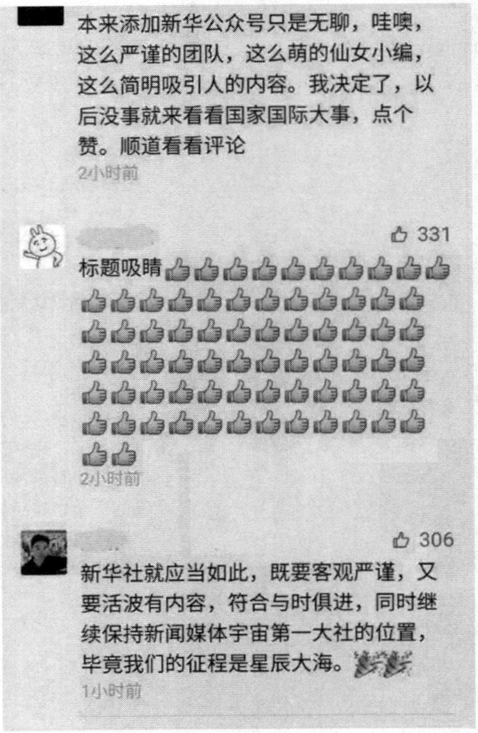

“对网友跟帖的回应越及时就越能满足用户的心理需求，大部分回应可以在一天之内完成，如果能在一个小时内做出回应效果将会更好。”①新华社的这次报道经验启发我们：在互联网移动传播时代，新闻报道的流程拉长了，除了写作，与用户的沟通交流也是新闻生产的一部分。“社交媒体平台要用心打理经营。……你也许想要将60%—70%的时间用于和受众对话、交流或者聊天，剩下的时间用于推广你的作品。”②在新媒体时代，媒体要放下高高在上的架子，以平等的姿态，主动与受众互动，体现社交媒体的个性化特点，积极“求关注”“求转发”“求互粉”，以用户（受众）为中心，真诚沟通，用心服务。新浪新闻2018年12月19日转载的融合新闻《两电动车相撞出事故　广西一轿车司机自首：好像我撞的》的结尾附上了加好友的二维码，同时发出动员令：同意的请点赞！这种主动出击的热情值得肯定。传受

① 刘冰．基于社交媒体的新闻应用［J］．新闻出版，2016（7）．
② 萨利赫．新闻写作的艺术［M］．王宇光，等译．北京：中国人民大学出版社，2017：266.

双方的互动还有助于结成“命运共同体”，通过“共谋”完成对动态新闻事实的完整建构。

第二节　“融”时代消息写作的异化

加拿大传播学家马歇尔·麦克卢汉（Marshall McLuhan，1911—1980）认为，新媒介的内容是旧媒介。在移动互联网时代，传统媒体以融合新闻生产转型、重生，用多元呈现、多渠道展示报道内容贴近用户，但这并不意味着新媒体在写作报道上与传统的新闻规范分道扬镳。“成功的媒介融合的一个关键词是向受众提供其需要的媒介内容。”①而今，新闻写作失范、异化的现象比较普遍，500字左右的短消息少之又少，取而代之的是千余字甚至数千字的长篇消息，新闻文化简明扼要的范式正被主题失焦、结构松散、流程失序、娱乐煽情、媚俗失态等种种劣质媒介内容所肢解。

1. 主题失焦

消息写作遵循一事一报的原则，这是新闻写作的基本原理，即每一篇消息都应该有一个明确的焦点，叙事干脆利落，直奔主题，否则，记者写作的文章就是碎片化材料的堆砌，是混乱的、无序的，受众无法从中获得一个完整的、集中的、有价值的事实信息，不知所云，无所适从，增加了对事实的不确定，产生信息焦虑症候。下面这篇源自浙江新闻客户端的消息就是典型案例：

浙江山区最冷达-7℃　明日气温将触底反弹

2018年1月12日　07：46　浙江新闻客户端

又到周五啦！

这个周五不简单呐，因为它如假包换是今冬最冷的一天……有了前两天的冷空气“打底”，再加上晴朗天气缺少云层保暖，这天比冷空气刚到时还冷。

据省气象台消息，今天早晨全省大部最低气温-2℃到-4℃，有冰冻；山区最冷可以达到-7℃，有严重冰冻！浙北北部地区白天最高温度4℃—6℃，浙南和东南沿海地区9℃—11℃，其它地区6℃—8℃。比昨天还低！

① 麦克卢汉．理解媒介：论人的延伸［M］．何道宽，译．南京：译林出版社，2011.

冷不仅仅是浙江的事。心怀天下的天气君发现，号称“全球最热”的撒哈拉沙漠竟然也冷到……背着我们下雪了！

当地时间1月7日，撒哈拉“沙漠之门”艾因塞弗拉小镇迎来了40年内第三次降雪。虽然积雪停留不久，但比浙江飘的几朵雪花好多了，至少能堆得起雪人。

民以食为天。冬天本来就是胡吃海喝的季节，这天气……会不会使蔬菜供应满足不了我们的胃？

这里请大家放心，超市的蔬菜都是可以从全国各地统一调配的，虽然最近降温明显，但本周并未出现严重冰雪天气，对蔬菜的种植和运输影响都不会太大噢。

所以，别害怕，别担心，请甩开膀子吃吧……

雪后寒，风后暖。前几天的大风刮过后，这一波降温终于走到尽头啦！

明天起，气温将触底反弹，一大波“升温”排着队对你虎视眈眈。全体队友准备好迎接战斗！

还不赶紧约上小姐妹，吃点麻辣烫、打点小麻将，让我们好好醉生梦死放松一下？

虽然最近天气奇冷，但是西湖吴山、孤山、植物园等地的腊梅都已经渐次开放，超山梅花节也已经拉开序幕，吃饱喝足的朋友，要不要约一波啊！

该新闻没有焦点，废话连篇，空洞、乏味。标题其实就是本文的主题，仅有第二自然段的前两句87个字契合主题，是对受众有用有益的信息，也是本文的焦点，其余500字皆可删除。令人焦虑的是，如今这样失去焦点、材料杂乱堆积的冗长消息并不是少数。“如果没有焦点，记者和受众双方在阅读、收听或观看报道的时候都会有一种沮丧感。”①当下媒体的传播平台和传播渠道发生了变化，但新闻是叙事，需要记者有过硬的文字水准，写作能力是记者的职业能力，这一点没有变化，写作应围绕主题组织材料，这也是基本常识。美国达拉斯晨报资深媒体人、总编辑迈克·威尔逊认为：“内容当然为王。不信奉内容为王的记者不会成为好记者。对从事新闻工作的人来说，

① 柯罗茨. 融合新闻学实务［M］. 嵇美云，译. 北京：清华大学出版社，2016：16.

写作永远是至关重要的技能。”[①]报纸也许会消亡，但新闻不会，因此，专业媒体生产优质的新闻是支撑新闻事业永续的使命，它需要记者具备优秀的叙事写作技能，而寻找焦点，提炼主题是记者写作优质新闻的基础。

2. 结构松散

结构是记者将碎片化材料按照报道主题需要进行有序组织的形态，它一旦形成，就会有相对稳定的形式。记者在写作之前就应该构思一篇消息的结构，在写作过程中，仍然需要思考如何根据新闻价值确立消息写作最合适的结构。其实，找到最有价值的事实写好简明扼要的导语，消息的结构就变得明晰了。消息的结构是由导语确定的，导语决定了消息写作的材料安排逻辑，引导着全文的走向和脉络。我们可以将这种成熟而稳定的消息写作结构称作“范式”。在新媒体时代，有的媒体人对消息写作的传统经典结构产生了质疑，误以为打破这些结构的束缚才能赢得受众青睐，实际上这是在重走新闻业最初起步时就经历过的老路子，渲染铺陈，叙事节奏慢，信息传播效率低。例如2018年10月7日 14：09“浙江24小时”新闻《“欠杭州一个道歉的平文涛”，今天早上被找到了！他居然又在西湖边乱画》采用了散文写作结构，长达857字：

“欠杭州一个道歉的平文涛”，今天早上被找到了！
他居然又在西湖边乱画

2018年10月7日　14：09　浙江24小时

“十一”长假的第一天，西湖边发生的乱涂乱画至今令大家愤怒。

在北山街保俶路口的圣塘景区靠近湖边，有一块石碑，石碑上刻有“杭州西湖”四个红字。它算得上是西湖边的网红石碑了，很多游客都爱和它合影留念。

10月1日早上，西湖景区湖滨管理处的工作人员在巡查时发现，石碑的左上角，多了几个红色字。字体弯弯扭扭，大致可以看出是“平文涛”、“无砂之禅”七个字。管理人员在拍照收集好证据后，即刻进行了清洗。

---

① 辜晓进. 重走美国大报：美国报业转型：颠覆与重生［M］. 广州：南方日报出版社，2018：217.

这个消息一经浙江24小时报道后，引起了强烈反响，大家都在说“平文涛，你欠杭州一个道歉！”

就在今天（10月7日），我们从湖滨管理处得到消息，这个乱涂乱画的“平文涛”已经被找到并且控制住了！

10月1日的事情发生后，湖滨管理处马上联系了辖区派出所进行相关调查，并增加了巡查频率。

湖滨管理处的工作人员告诉钱报记者，辖区派出所通过多种侦查手段进行了调查，10月2日基本锁定了嫌疑人范围，之后一直在查找相关嫌疑人的踪迹。“我们在巡查时也特别对此类不文明的行为加以了留意。”湖滨管理处的工作人员表示。

意想不到的是，今天早上，这个“平文涛”竟然又在钱王祠门口的石碑上画字了！

“今天上午9点不到，我们巡逻到钱王祠附近，一位早锻炼的阿姨跑过来告诉我们，有人在石碑上乱涂乱画！”湖滨管理处监察二分队的副分队长王露说，他们马上跑过去，这一次被乱涂乱画的石碑在钱王祠的大门口钱王雕像的旁边。“我们控制了正拿着记号笔在石碑上画字的人，并通知了辖区派出所。”

辖区柳浪派出所收到消息后迅速出动，9点10分左右，将嫌疑人带到派出所。

经警察确认，这个穿绿色短袖T恤，中等个头的男子正是之前乱涂乱画的“平文涛”。

钱报记者随后从警方了解到，嫌疑人平某某，36岁，河北邯郸人，截至发稿，案件还在进一步调查中，他们将根据情节严肃处理。

而钱王祠附近石碑上的字迹，湖滨管理处工作人员已经清理干净。

“非常感谢早锻炼那位热心阿姨，没有她的及时发现和报告，‘欠杭州一个道歉的平文涛’可能没这么快被发现和控制。同时，我们也希望再次通过钱江晚报呼吁，希望大家文明游览，共同守护西湖的美。”工作人员说。

这篇857字的消息写作没有遵守新闻写作的规范结构，是散文写作。实际上，如果按照经典的沙漏结构写作，这篇消息会更为简洁、紧凑、集中，更适合当下社交媒体碎片化传播，信息的传播效率高，也节约受众的时间。

按照托马斯·库恩的说法，“范式是示范性的以往成就”，“范式是共有的范例”。按照他的解释，除非老的范式在一个科学共同体内不再是“共有范例”，阻碍了事物的进程，无法良好运转，由此爆发危机并不断持续，就需要新的成就来指导研究，于是发生“范式转化”，即新的范式取代过时的范式。倒金字塔结构、沙漏结构等一直是全球新闻业这个“科学共同体”尊崇的消息写作常用范式，在其诞生地美国也没有被新范式所取代。上述消息写作的“范式转换”其实是不成功的，它结构松散、逻辑欠严密，传播效果低下。

修改稿如下：

在西湖景区涂鸦的男子被抓获

今天（10月7日），记者从西湖湖滨管理处获悉，10月1日在“杭州西湖”石碑上乱涂乱画的“平文涛”已经被警方抓获。

在北山街保俶路口的圣塘景区靠近湖边，有一块石碑，石碑上刻有“杭州西湖”四个红字，很多游客都爱和它合影留念。

10月1日早上，西湖景区湖滨管理处的工作人员在巡查时发现，石碑的左上角，多了几个红色字。字体弯弯扭扭，大致可以看出是“平文涛”“无砂之禅”七个字。管理人员在拍照收集好证据后，即刻进行了清洗。

这个消息一经浙江24小时报道后，在网络上引起了强烈反响，大家都在说：“平文涛，你欠杭州一个道歉！”

事情发生后，湖滨管理处马上联系了辖区派出所进行相关调查，并增加了巡查频率。

今天上午8点多，湖滨管理处监察二分队将在钱王祠大门口钱王雕像旁用记号笔在石碑上画字的人抓获，把石碑上的字迹清理干净，并通知了辖区柳浪派出所。

经警察确认，这个穿绿色短袖T恤，中等个头的男子正是之前乱涂乱画的“平文涛”。该男子36岁，河北邯郸人。（406字）

对比上述笔者采用沙漏结构修改的406字消息，就会明白：新媒体时代，我们仍旧需要简洁、优质的叙事。经典的倒金字塔结构和沙漏结构在消息写作中仍然具有难以取代的优势，是新闻文化以简明扼要为特色的基石。“由于网络突发新闻的出现，我们或许可以预见倒金字塔式新闻报道的回归，因为这是在网络上采集新闻较为快速而有效的方式。……但是太多的新闻学院和太多的记者认为新闻报道是一个文学创作过程。文学性新闻在周末版报纸和长篇报道中是有必要的（如特稿，笔者注），但是在工作日，我们需要给读者提供的是倒金字塔式的新闻报道和新闻重点。新闻的整合需要将大量的新闻数据和信息在一个主题下浓缩成百字以内的篇幅，或者将所有的新闻和在一个地区或国家发生的相关事件总结成一页篇幅的报道。……我们需要明白读者的需要和他们的诉求是什么。有时，工作繁忙的人只希望看到总结形式的新闻和对新闻事件的概述。”[①]在传播突发事件消息时，倒金字塔结构简明高效的特点是其他任何写作形式无法取代的，对此，新时代的媒体人应该有清醒的认识。美国爱默生新闻学院副教授珍妮特·柯罗茨在《融合新闻学实务》中忠告：“在所有形式的报道及撰写简短、快速的新闻中，新闻基本原则仍然适用：收集信息（使用可用的报道工具和技能），以最佳的方式为受众提供最好的服务（撰写现场新闻时使用最佳范本）。”[②]

3. 流程失序

在传统媒体的编辑部，对新闻把关十分严格，一篇消息要经过这样的流程：记者采访前申报选题—编前会审题、策划—实施采访—提交稿件—部门负责人把关—版面编辑把关—值班编辑把关，重大选题最后还得经过总编辑的把关。印刷成文之前还要经过专业把关人的校对。这一套流程自从新闻业诞生之日起就逐渐成型并得以完善延续下来，它保证了新闻生产的内容质量，至少把错字病句等差错降低在受众可以接受的范围内。正是得益于这样一种新闻文化的专业流程，传统的新闻业随着人类社会对信息的需求而筚路蓝缕、上下求索，以真实客观的媒介信誉和公信力发展进步，推动了世界文明的进程。而今，在互联网引发传播格局的巨变中，媒体显露出了浮躁与浅薄，把关人的优秀传统在消失，新闻文化粗陋化的趋势令人不安。“环境的喧哗，精神的浮躁，造就文体的失范。我们的新闻正处于这么个失范的时代。时代在进步，文体也需要改革。但是，改革不等于破坏。可惜，我们的许多

① 奎恩．融合新闻报道［M］．张龙，等译．北京：北京大学出版社，2015：223-224.

② 柯罗茨．融合新闻学实务［M］．嵇美云，译．北京：清华大学出版社，2016：70.

糙、粗陋的毛病，被人们用文体改革的借口掩盖了。而这时，网络这个新媒介，又以一个暴发户的趾高气扬，冲击着我们的新闻阵脚。相比之下，报章的水平自在许多网络文字垃圾之上。因而，更助长了新闻写作与编辑‘萝卜快了不洗泥’的风气。”①在当下的新媒体上，新闻中出现错别字、语句不通、文法错误的问题已经令人见怪不怪了。以下列标题为例：

杭州大雪朋友圈摄影大赛正式启动 西湖断桥瑟瑟发抖（《都市快报》2018年12月8日 14：14）

宁波男子花15万找越南女友 一起生活十几天就逃跑（《宁波晚报》2018年12月17日 07：26）

浙江1孕妇因车祸成植物状态 奇迹产下健康的女婴（中国新闻网2018年12月17日 07：37）

易烊千玺简单白T穿出高级感 头戴发带凸显眉目清秀（新浪图片2018年10月16日 17：58）

浙1多肉大盗偷走五千株名贵品种 多次以参观为名踩点（澎湃新闻2019年1月10日 07：09）

标题1中两句话之间缺乏连贯，令人费解，第二句是拟人修辞，用在标题中不合适；标题2中第二句少了主语“越南女友”；标题3将“植物人”简化成了“植物”，概念错误，修饰词“奇迹”也应删除；标题4将“T恤”简称“T”令人费解，此外，何为“高级感”，是观众的感觉还是当事人的感觉？标题5中记者将“多肉植物”与“大盗”简化合成为“多肉大盗”引发歧义，令人费解。

消息写作最重要的是导语的写作，它是全篇消息的起点，决定了全文的结构。但现在冗长的导语和“没有新闻”的导语比比皆是。例如冗长的导语：

高铁“霸座女”“霸座男”屡现成为社会关注热点。近日，在包头开往大连的K56次列车上，又出现一名“霸座女”。与此前“霸座”后果不

① 陆士华. 新闻文体迷失的时代［J］. 传媒，2002（5）.

同的是，这位乘客的拒不让座，换来了更加严厉的行政拘留处罚。这也是首个因为霸占列车座位被大连铁路警方处以行政拘留的铁路乘客，不少网友为当地铁路警方的行为点赞。针对治理铁路“霸座”行为，专家表示，要严厉惩治与宣传教育相结合。（铁路“霸座”乘客首次被拘留 《北京青年报》2018年12月7日）

该导语177字。硬新闻导语宜用概括式，即摘取最重要的部分要素。清华大学李希光教授认为应控制在50字以内。其实，用两句话即可：

一名“霸座女”在包头开往大连的K56次列车上被大连铁路警方行政拘留。这也是首个因为霸占列车座位被拘留的乘客。

以下是没有呈现新闻价值的导语：

当地时间12月1日晚，国家主席习近平与美国总统特朗普在阿根廷布宜诺斯艾利斯举行会晤。会晤后，中方经贸团队相关负责人对记者表示，两国元首讨论了中美经贸问题并达成了共识。（中美就经贸问题达成共识 决定停止升级关税等贸易限制措施 新华社 2018年12月2日）

这个导语写作不佳。硬新闻导语应该告知公众事件的结果，该导语没有将达成“共识”的结果展示出来，等于没说。换言之，该导语没有把最具新闻价值的事实直截了当地说清楚。合格的导语应该是：

当地时间12月1日晚，国家主席习近平与美国总统特朗普在阿根廷布宜诺斯艾利斯举行会晤。会晤后，中方经贸团队相关负责人对记者表示，两国元首决定，停止升级关税等贸易限制措施，包括不再提高现有针对对方的关税税率，及不对其他商品出台新的加征关税措施。

硬新闻注重的是传播信息的高效率和快节奏，新华社的导语却将最有价值的事实放到了第三自然段。写不好导语，就标志着记者不会写消息。熟悉消息写作原理的人都知道，新闻有“6个要素”——5W1H（何人、何时、何地、何事、何因、如何），一篇消息要将这些要素交代清楚，让受众看了明明白白。但如今，有记者在消息写作中居然连6个要素也交代不清。例如：

山东女研究生南京受骗　劝老爸辞职加入传销

2014年7月3日　通讯员 宁公宣　金陵晚报记者 董红伟

警方介绍，近两年，传销组织为了逃避打击，不再像过去那样限制人身自由，而是大打“亲情牌”，以感情留人。而居住也不再像以往一套房子内住很多人，而是以三五人为一个“家庭”居住，并配发统一的集团工作号，并允许保留私人号。

比如浦口警方前不久解救的一个陷入传销网络的研究生小袁，她把亲生父亲骗来南京加入传销，全程行动就是“自由”的。

据参与解救的民警介绍，小袁和她父亲都是山东一个乡村中学的老师，小袁考上了某大学的研究生。可在她来了南京一趟后，竟打电话回家说不去念研究生了，而是要留在南京赚钱，还劝父亲也辞职来南京。

6月18日，父女俩在南京见了面，可女儿只顾着带着他到夫子庙、中山陵游玩。一圈拜访下来，袁某的父亲发现，女儿是陷入了传销网络。劝说无果后，他只好报警求助。

警方调查发现，袁某加入的是一个自称为“1040工程”的传销网络。这个网络的组织和领导者宣称，一次性投入69800元，两年内回报1040万元。后来，警方经过多番劝说，好不容易才把袁某从传销网络拉出来，送他们父女回家。

读完这条新闻，其写作的不专业令人失望。新闻导语是整篇新闻中最重要的部分，它应该是对最重要新闻事实的提炼，用简洁、准确、具体、凝练的语言将新闻事实的精华概括出来。而这篇新闻的导语是对该新闻相关背景的介绍，是该新闻最不重要的事实，放在结尾是合适的，删除也不影响人们对该新闻的理解。纵观这篇新闻，最重要的事实是：南京警方接到一位父亲报案，他的女儿骗他加入传销队伍，警方劝说使该女研究生悔悟，并将父女俩送回家。此外，该新闻基本的新闻要素交代不清楚。例如，该女子在何地读研究生？读了几年了？如何被传销网络拉进去了？为什么会如此痴迷？她是否按传销者的诱惑投入了“启动”资金？办案警察的姓名（新闻来源）？这个“1040工程”传销网是否受到了查处？它是一个怎样的传销组织？有何特点？有多少人上当受骗？警方是如何说服该女研究生的？警察的引语？该女研究生的引语？其父的引语？能否用具体的语言代替“好不容易”有多不容易？警察如何送他们回家的，是开车送回去还是买了火车票送他们去了南京火车站？该女研究生有经济损失吗？……这些问题记者都采访到了吗？传统媒体编辑部的新闻生产流程应该在新媒体时代得到尊重和弘扬，避免大量不专业的消息在互联网上“存档”献丑，败坏新闻的文化品位。

新加坡联合早报网编辑的下面这篇短消息就比较专业：

驻伊美军直升机坠毁13亡

2007年1月21日09：05　联合早报网

（综合讯）明报网消息，驻伊拉克美军发表声明，美军一架直升机周六下午在巴格达东北部坠毁，机上13人全部遇难。

声明说，事件发生后，美军封锁了现场。目前，坠机原因还在调查之中。

同日较早时，美军发表声明说，1名美军士兵在巴格达北部遭遇路边炸弹袭击身亡。

截至目前，本月至少有40名美军士兵在伊拉克死亡。（编辑：黄爱莲）

国内外多家网站当天都报道了这条消息，字数大都在1000字左右，而联合早报网的编辑黄爱莲从香港明报网获得这条消息后，精简到了五句话，包含了消息来源、时间、地点、结果、背景等消息写作的基本元素，采用了倒金字塔结构，几乎找不出一个多余的字，每一句话都做到了具体、准确、通俗，而且采用了跳跃式的段落结构，段落大都为一句话所构成，方便读者阅读，值得学习。

由于传统媒体编辑部新闻生产流程的失守，国内消息写作失范的现象近10年来发生较多，具体来说，诸如消息中没有新闻来源，消息中的新闻要素缺失，消息没有新闻背景或新闻背景泛滥，消息中重复叙事、空话套话多，消息没有一事一报，消息的事实不完整、不清晰，消息中没有人等等。国内新媒体对转载的报纸消息只修改标题，有时将标题修改得更差了。

在时下新闻生产中，人工智能技术与大数据、云存储、虚拟/增强现实等新兴科技带来新闻内容生产和分发的变革。“当下以社交媒体主导的新闻传播环境带来点击量、分享量、传播规模等评价指标，导致劣质新闻对优质新闻的驱逐，具有公民意义（civic values）的新闻内容在这一体系中受到歧视。”①如果任凭这种异化的现象侵蚀报业文化，报人的新闻理想将无处安放。

4. 娱乐煽情

互联网个性、相对自由的传播环境使得人们有了展示娱乐才华的机会，媒体也开始跟风。进入“后真相时代”，网络上宽松的话语环境将人们懒得思考，痴迷于简单的情绪表达而忽略事实真相的社会心理放大了。这使得轻松娱乐、幽默搞笑的短视频、段子文化大行其道，受到受众的追捧和舆论的狂欢。正经的新闻在这样的社会氛围下也开始变得不正经了，娱乐煽情的风气浸润着新闻业，消息写作也开始偏向。《纽约时报》专栏作家弗兰克·里奇对此批评说：“娱乐业的标准如今不仅规定了如何报道新闻，而且规定了报道什么新闻……传媒……逐步以娱乐业的标准取代了新闻事业的标准。明星表演、离奇情节、名人绯闻、票房利润的要求挤走了为公众利益服务和发掘事实真相的新闻理想。”②客观地说，娱乐是人的天性，是媒体服务于受众的功能之一，它有利于释放生活压力，让心情变轻松，有益健康，促进社会文明和谐，但娱乐不应违背科学，不应违反公序良俗，这是底线。

《都市快报》2018年12月20日消息《杭州大伯上超市东西一件没忘　就忘了2岁孙子》说的是来自河南的两位老人既要打工，还要帮两个儿子照顾4个孙子孙女，因为生活压力大，操劳过度，去杭州一家超市购物离开时把一个孙子忘在了购物车中。这本来反映的是底层社会小人物的艰辛，但被新浪浙江转载时，标题前加了三个字“太逗了！”。《钱江晚报》2018年9月30日消息《杭州大妈身陷野猪夹！面对救援队员，她一句话让所有人乐了》讲的是65岁的徐女士上山为孙女摘野生猕猴桃和板栗时，不小心被猎人布下的

---

① 仇筠茜，陈昌凤．黑箱：人工智能技术与新闻生产格局嬗变［J］．新闻界，2018（1）．

② 门彻．新闻报道与写作：第9版［M］．展江，主译．北京：华夏出版社，2003：720．

野猪夹夹住，报警后获救，在山上被困几个小时，一只脚受伤，她担心救援队收费就顺口问了一句："你们辛苦了，收多少钱？"这本来也是一个令人感慨的底层百姓的不幸遭遇，记者却将它当成了趣味新闻来写，着实令人心凉。《金陵晚报》2008年12月17日C叠09版的消息《酒后驾车撞向"缺腿"农用车——摩托车手变成"人肉"千斤顶》，这则标题就显得太残酷了，缺乏人文关怀精神，有点耸人听闻，也令人毛骨悚然。《台州晚报》2017年5月13日融媒体新闻《台州一只母猪护子心切咬伤主人命根子　致其裤裆处鲜血淋漓》使用了7幅网络下载的象征图片和诗行排列的文字，它说的是一名当地60多岁的养猪专业户去小猪圈里抱小猪分栏时，私处意外被一头母猪咬了一口，伤势严重，"最大的一处伤口竟有3厘米大。此外，还存在尿道损伤和阴囊破裂的情况"。令人吃惊的是，记者的主题竟然是歌颂这头母猪有"母爱"："这母猪为了保护猪仔也是拼了呀！以前只听说过母牛护犊，谁知，母猪也如此，看来，天下母亲都一样的伟大。"如此情真意切地关心猪胜过关心人，记者犹嫌不足，结尾浓墨重彩抒发情感，歌颂母猪：

虽然猪咬伤了人
但也让我们看到了感人的母爱
世间万物
都有母爱
让我们为伟大的母爱点赞

同情不幸者，给他们以人文关怀，有利于凝聚共识，营造和谐社会，建立一个"想象的共同体"。这应该是媒体的操守和底线。无论如何，媒体不能拿人的痛苦和不幸当笑话，更不能以娱乐的态度搏出位赚眼球。

与新闻娱乐化失范相对应的是以煽情和刺激的方式做新闻拉升流量的行为。2011年6月19日搜狐新闻首页一篇消息标题是《成都赴韩航班遭韩国士兵密集枪击　险被击落》。这条引自《新京报》的新闻原标题为《成都赴韩航班遭韩士兵密集枪击　误认为朝鲜军机》，其导语说得很清楚，韩军的枪击对飞机毫无威胁。当日的《参考消息》刊登该消息的标题是《韩国士兵对客机开火10分钟》。新浪新闻标题是《韩军辩称误射航班因其脱离航线　2名士兵射99发子弹》。凤凰网的标题是《韩误认成都飞韩客机为朝军机 枪击10分钟》。这些标题都符合客观事实。新闻中对枪击事件做的补充交代是：客机飞行高度远在枪弹射程之外，机内乘客毫无感觉，而且事后是韩军方告知机场，此事才被媒体获知的。对比之下，搜狐新闻编辑为了提高点击率，对该消息标题进行了夸张的“创作”，其标题完全脱离了事实真相，夸大煽情，实在离谱。新媒体为了吸引受众眼球，对传统媒体新闻标题进行修改可以理解，但不能置事实于不顾，夸大其词，无中生有，这与新闻的客观性原则背道而驰。

真实客观原则是消息写作的铁律，平实而准确的叙事才是消息的风骨。“为故事写作需要相信故事，相信你自己；为故事写作要求仅忠实于故事本身，而忘了你自己；为故事写作意味着调整自己的声音，使它不会与你的人物的声音竞争。只有不自信的作家，才想要像他的采访对象那样风趣和富有戏剧性；只有不自信的作家，才禁不住向读者强调他自己的感受；只有不自信的作家，才不能舒缓地引导读者从故事中得到顿悟，而使读者认为是靠他才得到感受的。”①

5. 媚俗失态

媒体是社会的良心，是社会公器，它守望着社会的公平和正义，它承担着激浊扬清、扶正祛邪的社会责任，引导舆论、传承文明、监督社会、传播文化是媒体的义务。新媒体时代，媚俗的消息层出不穷。这与媒体为追求注意力经济，获得利益的功利心息息相关。如迎合受众对离奇、荒诞事情的好奇心夸大事实，无中生有。2018年12月19日，微博账号为思明博警的人发的一条短消息《小偷偷电动车被电死 家属索赔20万元且一分不能少》上了热搜，引起了广大网友们的热议，媒体纷纷跟风报道。中新网在次日通过武汉市中级人民法院发表的情况通报发布消息称，武汉市两级法院没有受理过媒体近日报道、评述的充电电瓶车被盗触电身亡赔偿案。这是一篇虚假新闻。类似以苦难、悲情、怪诞、奇异等为卖点的煽情新闻误导公众舆论。经过社交媒体转发，借助情绪化传播，误导公众舆论。

① 佛里德曼．媒体的真相：致年轻记者［M］，梁岩，王星桥，译．北京：中信出版社，2007：97．

媚俗的新闻刻意渲染“情、色、膻”等感官刺激，在标题和内容上哗众取宠吸引网民眼球，刻意用一些带香艳、暧昧的词汇渲染事实，如“酥胸”“事业线”“胸器”“波霸”“爆乳”“香肩”“嫩模”“大婚”“翘臀”等等消费女性，追求点击率，这种媚俗的消息写作背离了新闻客观性法则。媒体以渲染“美女”“性”等作为暗示符号赤裸裸地吊受众胃口，这是在迎合少数人猎奇或窥视的心理，把大众文化引向歧途，是一种为流量不惜牺牲名誉的失态失格。

在媒介融合时代，媒体的社会责任感越发显得弥足珍贵，消息的规范和原理也越发显得富有针对性和现实意义。“内容对所有的媒体来说都是最为重要的。跟内容相比，发送方式是其次的。高质量的新闻内容可以吸引不同媒介形式的读者，这些媒体也是广告商可以购买的对象。在全世界范围内，高质量新闻的未来依赖于那些聪明并且专注的记者和编辑们写出的高质量的新闻报道。值得再次强调的是，内容从来不是王者；在这个世界上有的是足够的内容。有了高质量的内容才能王权在握。这就是为什么像《纽约时报》这种媒体机构要每年花费2.5亿美元用于制作独特的内容。对那些不愿意花钱来制作高质量内容的媒体，它们的未来只能是对新闻的更多重复的包装，甚至是陷入整个新闻市场的谷底。”①

在新媒体时代，简洁、优质的叙事仍旧是新闻文化的灵魂。经典的倒金字塔结构在消息写作中仍然具有难以取代的优势。传统媒体向新媒体转型，走向融合媒介，需要再造流程，但这种转型是根据新时代、新技术而对传统新闻文化的扬弃，不能把孩子和洗澡水一起泼掉。

任何创新，首先是继承原有文化中的优秀传统，汲取其精华，同时接受新思想，创造新文化。媒体存在的价值是为受众提供优质内容，承担社会责任。纸媒在向新媒体转型“再造流程”的进路中，应不忘初心，牢记使命，保持定力，珍惜编辑部以往严谨、认真的把关流程，始终把坚持新闻的客观和真实作为生命线，把优质内容生产作为媒介重生的圭臬。总之，传统媒体向新媒体转型不能走偏了，失序会导致失范，进而失态，最终失格，媒介融合转型就会陷入邯郸学步的尴尬困境。

---

① 奎恩. 融合新闻报道［M］. 张龙，等译. 北京：北京大学出版社，2015：225.

14 第十四章

消息写作关键词

一则新闻不仅仅是一桩发生过的事情，而且是重要、重大且新鲜的事件。经验丰富的记者训练有素，具备极强的新闻辨识能力。

——［美］迈克·华莱士，贝丝·诺伯尔

在人类新闻传播史上经过漫长探索而形成的消息写作的基本原理有着长久的生命力和稳定性，这些凝结着人类智慧的范式只会在科技革命的推动下变得更加人性化，更有生命活力。正如客观真实是新闻业的命脉一样，优质的消息写作是新闻业生存与发展的永恒价值。“撰写新闻要用主动、简明的语言，更强调短的句子和段落。新闻内容的结构，是把最具新闻价值的资讯放在最前面。”①“永远要在第一段就紧扣住读者的脖子，在第二段把手指伸进他的气管紧握不放，然后把他抵在墙上，直到看完最后一句。”②（Paul O'Nell）在本书的最后，让我们对消息写作的原理做一次总结吧。如何写好一篇消息？这些关键点供你参考，那就是：准确、清晰、完整、客观、公正、平衡、集中、简洁、通俗、溯源、逻辑顺、节奏快、角度巧、段落小、信息实、用活引语、用第三人称、易读。

第一节　准确

准确与消息真实有直接的关联。海外网2017年12月11日一篇关于美国总统特朗普的消息标题是《特朗普的白宫生活：每天看8小时电视　喝12罐可乐》，其导语是：“继上周被曝出曾在电梯中强吻美女主持人之后，美媒上周六（9日）又曝出总统特朗普的特殊癖好，指其每天要花8小时收看电视节目，此外，他每天还要喝掉12罐可乐。”其主体部分的内容是：“近日，《纽约时报》访问了60名特朗普的幕僚、同事、朋友及国会议员，发现现年

① 哈尔卡普．新闻学原理与实务［M］．董素兰，顾淑馨，译．台北：学富文化事业有限公司，2011：233．

② 哈尔卡普．新闻学原理与实务［M］．董素兰，顾淑馨，译．台北：学富文化事业有限公司，2011：226．

71岁的特朗普除了热衷社交网络之外，还十分喜爱看电视，最多的时候每天竟然要花8小时收看电视节目，最令人震惊的是，他每天要喝掉12罐健怡可乐。据相关人士透露，特朗普每天只睡5至6个小时，早上五点半起床后他便会在白宫的卧室里看电视，每天至少要花4小时看消息，偶尔能看上8小时。”

对比后我们会发现，该消息的标题和导语与消息内容提及的事实并不一致，按照消息来源，特朗普看电视8小时是“偶尔”的行为，标题和导语的“每天看8小时电视”显然是与自己报道的内容冲突了。标题和导语是消息最重要的部分，起到了一语定乾坤的传播效果，给受众的首因效果十分突出。概括事实不准确会误导受众，影响媒介的公信力。我们知道，特朗普喜欢使用推特攻击美国主流媒体“说假话”，其粉丝数量为4402万，影响力不逊于美国公共媒体。在新媒体时代，消息写作不准确会受到网民的质疑和批判，做新闻绝不能草率马虎，准确与真实性有直接关联，职业新闻人一定要体现专业主义精神，力求报道的所有事实都经得起验证。

在消息采访与写作中，消息的六个要素“何人”“何时”“何地”“何事”“如何”“为何”要准确无误，符合事实原貌，贴近真相，任何浮皮潦草的叙述都会令受众费解疑惑，让受众看不清真相，甚至会误导受众对事实的理解，影响公众舆论，产生不良的传播效果。常见的消息写作失误包括对消息要素事实的表现有缺失，遗漏数字事实或对数字事实呈现模糊，不精确。这与记者采访草率马虎，不全面、不扎实有直接关联。《钱江晚报》2012年11月20日消息《国际武术大赛冠军在与邻居争斗中被菜刀砍死》标题看上去耸人听闻，极富刺激性。其实该消息遗漏了事实，根据其他媒体后续报道：争吵斗殴的双方都擅长武术，都是所谓的“练家子”；该消息在标题和导语中刻意突出被杀者梅某“曾在武术比赛上勇夺三金一银，还在国际武术大赛中获得七项全能冠军”并未准确交代具体的比赛名称和比赛主办单位，如今挂各种名称的比赛太多，并非都有信誉度。

该消息的导语没有提炼出消息的核心事实，对于消息背景的交代也不准确。从随后的其他媒体的报道中得知，犯罪嫌疑人叶某也是武术好手，在该消息中却没有交代这个重要的背景。其实，多采访几个人，如前任武术协会负责人、当地武术界名人、当事人双方家人、周围的邻居等，消息就不至于材料不足。记者应该以公正的态度做新闻，即站在中立角度，不预设立场，不选边站，对双方的事实准确呈现，不偏向任何一方。俗话说，“七分采访，三分写作”，该消息在采访中比较粗放，对于事件的原因没有调查清楚，信源单一。多信源有助于消息的真实、准确、客观、平衡。此外，该消息缺乏现场观察。很明显，这是一篇“急就章”，记者没有掌握完整全面的材料仓促成篇，连当事人的年龄都没搞清楚。

第二节　清晰

有时，生活中不善言谈的人在愤怒和紧急情况下会超常地表达自己的思想。强烈的表达欲望驱使他出现这种突变，自然异于平静状态。我们会发现，越是简单的话越清晰。比如一个人遭遇突发事件呼救的时候：“来人啊！救命啊！”这就启发我们：简单的、紧凑的、连贯的、精确的语言清晰易懂。同理，要写好一篇消息，就得有沙里淘金的本领，用最少的文字把最重要的信息提炼出来，浓缩精华。“条理清晰的写作、有理有据的内容及背景描述是一个新闻记者的基本功，这是亘古不变的。”[①]来看一篇消息：

发生在阿图什附近的卡车与火车相撞事故原因已经查明

卡车超车抢道 撞上了行驶中的火车后翻下路基

时间：2002年8月25日　记者：武斌　节目：新闻联播、新闻60分

昨天下午（8月25日）北京时间18点50分左右，在阿图什市前方38公里处，一辆拉沙子的10吨卡车撞到了正在行驶中的喀什开往乌鲁木齐的K888次列车。请听本台特派记者武斌从阿图什发回的后续报道《发生在阿图什附近的卡车与火车相撞事故原因已经查明》。

“8·25”撞车事故的原因已经查明：出事前，在肇事的新N09465号卡车的前面行驶着另一辆拉沙子的卡车，这辆卡车在公路与铁路的交叉路口紧急停车，扬起漫天灰尘。新N09465号卡车在视线不清的情况下盲目超车

① 奎恩. 融合新闻报道［M］. 张龙，等译. 北京：北京大学出版社，2015：219.

抢道，撞上了行驶中的火车后翻下路基。

目前，受轻伤的新N09465号卡车肇事司机马木提·吾守尔已被当地公安机关拘留，一名轻伤乘客已经出院，两名身体多处骨折的伤员正在医院接受治疗。

事故发生之后，列车上的工作人员及时采取措施，要求700多名旅客待在座位上，避免了混乱。随后，阿图什火车站的工作人员、克孜勒苏柯尔克孜自治州和阿图什市的领导及医务人员迅速赶往现场救援，为旅客送去了食品和矿泉水，将2名重伤员和2名轻伤员送到了克州人民医院。

26号凌晨1点多，K888次列车返回阿图什车站。凌晨3点多，出事地段的铁路修复，90%的旅客乘K888次列车继续赶往乌鲁木齐，10%的乘客退票返家。26号早晨，记者在阿图什火车站看到，K888次列车的3号、4号和5号双层硬卧车厢因卡车撞击受损，停留在车站。受损最严重的2号车厢仍滞留在事故现场。

据了解，自南疆铁路开通以来，在阿图什境内的铁道与公路的交叉路口已经发生过四起重、特大交通事故。

用动词，用短句，用短段落叙事有助于清晰叙事。在新闻报道中，经常看到“竟”“不幸”“成功”“普通”“一定”这些词语被滥用的现象，动辄就说“竟然破口大骂”“不幸失败”“成功抓获犯罪嫌疑人”“普通农民”“他取得了一定的铉”，推敲一下就知道，这些修饰词可以删除。不用模糊的词语，如“不久”“旋即”“很快”“一会儿”“马上”等。所以，清晰的语言需要记者在修改稿件时果断使用电脑的delete键。语言不清晰与记者逻辑思维能力不足有关系，例如：

程正发是个不折不扣的“报迷”。早在十二三岁时，他就迷上了报纸；到现在，看报、集报36年从未中断过。他1973年收集的一本剪报，至今仍光亮如新。为了收集一张需要的报纸，他常要坐火车到南京去购买。没有了工作，过着艰苦的生活，他却依然全身心地收集报纸、举办报展，竭尽全力为呼吁创立“世界报刊日”而奔忙。为了宣传报刊文化，他已先后在安徽、江苏、浙江三省六地成功举办了6次报展，参观者达5万人之多，展出报纸共3200张，征集观众签名25000多人，受到社会各界的好评。目前，他在上海、江西的报展也正在联系之中。

整篇消息读完之后，疑窦丛生：这个人不工作，整天痴迷于集报，为什么？作者没有借主人公之口告知受众。主人公是何年何月何日开始集报的？直接说36年让受众还得自己掰着手指头算，多麻烦。报纸放久了会发黄，用"光亮如新"合适否？而且报纸不是金属，如何光亮？他难道天天乘火车从芜湖去南京买报纸吗？来回花费多少钱？多长时间？他何时没有工作的？他曾经干过什么职业？为何失去工作的？他"过着艰苦的生活"能否说具体点？抽象的表达让受众无法感知，看不清楚事实的来龙去脉，传播效果自然不佳。消息清晰易懂首先是叙事语言没有迷雾。俗话说，好文章是改出来的。编辑岗位的作用不能低估，经验丰富的编辑不可或缺。

大河网2007年8月31日消息《河南彩票大奖得主"全副武装"现身领奖》中有一个片段是这样写的：

省体彩给大家算了一笔账，4170万元如果都换成百元大钞，摞起来有60米高，首尾相连的话有60公里长，通过郑汴大道从郑州铺到开封还用不完。

按照国家的要求，这笔大奖要扣除20%的偶然所得税，即使如此，税后中奖人也能得到3336万元。

这段文字体现出了新闻语言的特点：通俗、清晰、形象。它有清楚的消息来源，且身份权威，陈述的事实可信度高，用形象化的比喻描述了这笔巨款的抽象概念（让读者感觉得到），最后还交代了上税的比例（让读者了解中大奖后的权利和义务）。

用短句，用动词，语言平实精准，见字如画，直观具象，无冗言，无套话，无空话，有时代气息，用说话的方式写作；另外，报道的事实令人没有疑惑。叙事如行云流水，无断点、无断裂；还有，结构上过渡自然，段落短小，可读性好。一句话，叙事语言的清晰来自记者的知识修养和勤奋实践，事实的清晰源自专业的采访，"采集到的信息素材的质量决定了制作出的新闻报道的水平。”①

第三节　完整

以传播信息为主的消息用简短的篇幅，以白描的叙事手法呈现完整的事实，压缩时空，凸显新闻价值。新浪浙江2016年12月23日消息《在杭一男子翻看老婆的聊天记录发现她常去宾馆开房》堪称典型的不完整消息：

> 广西人小孟今年28岁，和妻子小李有一个四岁的女儿。小孟说，妻子的一些行为让他越来越不放心，甚至危及了这段婚姻……
>
> 丈夫小孟告诉老娘舅，从今年年初开始，他发现妻子经常到宾馆开房，他觉得这个家已经维持不下去了。
>
> 妻子小李解释，因为丈夫小孟经常无缘无故辱骂她，她一生气就独自到宾馆开了房。
>
> 可小孟表示，他查看了妻子的QQ聊天记录，觉得开房一事另有蹊跷。
>
> 妻子小李说，今年年初她在杭州萧山找了一份分拣快递的工作，丈夫说的这个男人是她的同事，属于普通朋友。
>
> 小李表示，夫妻俩早在去年就有了矛盾。当时她在丈夫小孟的老家带孩子，也查过丈夫的聊天记录……

它是一条社会新闻，当事人双方各说各话，记者只是简单地把二人的话记录下来。消息的基本要求是事实准确，还原真相，重构现场，而这篇连事实都没有核实清楚，仅仅凭借双方的争议记录就公开传播，结尾如同小说一样，没把事实陈述完就突然用省略号结束了，整个事件的真伪不明，记者没有核实、验证，没有第三方新闻来源，结尾留下悬念，让受众自己去猜，这完全违背了消息报道应完整的写作规范。

该消息的消息事实要素也不完整，比如它在内容中提及“老娘舅”，这是一档电视谈话节目吗？如果是，应该表述成“《老娘舅》节目”。这样的

① 奎恩．融合新闻报道［M］．张龙，等译．北京：北京大学出版社，2015：178．

消息来源才准确清楚，信息才完整。还有，故事发生的时间，即当事人何时参与《老娘舅》节目的？男主人公在哪里工作？什么职业？女主人公究竟发生了什么事？男主人公出现了什么事？男主人公在妻子的QQ聊天记录里看到了什么内容？女主人公开房的日期？多少次？一个人？和谁一块？女主人公来自哪里？他们的孩子多大了？几个孩子？男孩还是女孩等等。该新闻的事实都是残缺不全的，来龙去脉不清楚，从局部到整体的事实都不完整。如果涉及法律问题，记者还得采访专业领域的权威信源，提供相关法律知识。一篇消息应是一个完整的事实，每一个要素也是完整的。同时，它的结构也是完整的，有标题，有导语，有主体，有结尾，有消息背景，有消息来源。这样才能传播准确、清晰的信息，才能让受众满意，达到传播者预期的传播效果。

第四节　客观

消息也被称之为“纯新闻”，意指其客观地报道事实，不带有记者的情感和观点。消息要恪守客观性准则，这是全球新闻界认可的报道规范。19世纪30年代，美联社为了赢得市场竞争发展出超党派、价值中立的新闻报道方式，逐渐衍生出强调事实与意见分开、排除个人价值、新闻报道仅限于客观事实的理念。该理念在当时被模式化为“5W1H”的导语格式和倒金字塔结构，成为世界新闻业遵循的规范。新闻记者从20世纪开始使用“客观性”这一术语，它“表达的是不仅要保证公正无私，而且要保证如实反映世界，不带任何偏见或歪曲。”①

在新闻采访报道中，所谓客观就是排除先入为主、虚构想象、情感好恶、感觉猜测、道德绑架、直觉臆断、片面武断、偏执固执、偏见歧视、刻板印象等主观意识干扰，尊重人的政治态度、民族文化、宗教信仰、风俗礼仪的多样性，正视人的世界观、人生观、价值观的差异性，以追求社会公平正义为理想，以真实公正为信念，以公众代言人为宗旨，以推动社会文明进步为动力，以调查取证为基础，以全面事实为依据，理性、宽容、正直，遵守职业道德，“用事实报道事实”。

① 斯蒂芬斯．新闻的历史［M］．陈继静，译．北京：北京大学出版社，2014：191．

1．记者不在消息中表达观点

消息是真实的，是对客观存在的事实的报道，那么，它就不能掺杂记者个人主观的意见。因为主观的意见是观点，是个人的意识和信念，记者只负责报道事实，把评价的意见留给受众。中国航天报社获得中国新闻奖二等奖的消息《中国全面掌握交会对接技术》的结尾是记者的观点表达。

> 从无人到有人、从一人一天到多人多天、从舱内活动到出舱行走、从自动对接到手控对接，中国载人航天工程实施20年来，让世人一次又一次看到了中国航天迈出的坚实步伐。在这一天，“蛟龙”号载人潜水器成功突破7000米深度，再创我国载人深潜新纪录。“可上九天揽月，可下五洋捉鳖”，中国科技工作者将梦想照进现实。

在消息写作中，我们应恪守客观性准则，呈现事实，不表达记者个人的观点。如果消息需要对事实做出评价，记者可以引用消息来源的意见。环球网2016年9月14日消息《韩媒关注中国游客“打架”风波　我使馆：涉事双方都是中国人》的结尾是：

> 辽宁省社科院研究员吕超13日对《环球时报》记者说，济州岛是韩国著名的旅游品牌，在韩国整个旅游收入中占比很高。赴济州岛的中国游客数量逐年增加，遇到个别素质不高的游客，就一棒子打死抹黑全体中国游客，甚至上升到中国人的“高度”，这并非为商之道。济州岛方面应该关切中国游客的诉求，思考如何能让中国游客有宾至如归之感。另一方面，对国人来说，有些游客确实应该注意提高素质。出国旅游，要时刻想着自己是中国人，代表中国人形象去其他国家做客，应该做符合自己身份的事情。

2．记者不在消息中抒发情感

消息写作的难点之一就是节制情感，这是新闻客观性法则的要求，即所谓“零度情感”，具体来说，就是记者恪守新闻采写职业精神：忠实地呈现事实，不预设立场，客观、真实、准确、公正、平衡，在语言表述中用中性词语，不用带有情感和倾向性的形容词、副词，采用第三人称，在写作手法上以叙述为主。《法制晚报》2017年11月23日消息《男子杀妻藏冰柜105天》有如下两段话：

> ▲在杀死妻子的三个多月里，朱晓东疯狂的刷杨倆萍的银行卡、信用卡，消费近20万，无耻的朱晓东竟还拿妻子的身份证与多名女性开房。（形容词带有主观情感，应删除）
>
> ▲杨倆萍在朱晓东一无所有时嫁给他，不求富贵，与之共苦，没有换来朱晓东的感恩，得到的却是一次次的背叛。在朱晓东将双手伸向妻子颈部时，我们可以想象杨倆萍的绝望、无助，“我为你倾其所有，你害我却蓄谋已久”。（记者表达了内心的情感，倾向性鲜明）

《新快报》2014年2月9日消息《押钞员命丧配枪　当爸爸才5个月　疑俯身捡手机时枪支走火》的结尾是：

> 最令人唏嘘的是，波仔的女儿才出生5个月大，等到她大一点的时候，可能才会意识到为什么自己没有爸爸，家人该如何向她解释爸爸去哪儿了？这辈子对于父亲的思念，也许只能通过照片来想象了。

消息写作忌讳文学抒情笔法，需要记者克制自己的情感，遵循客观性原理的准则，冷静、理性地还原事实真相即可。实际上，这部分仅用一句“波仔的女儿才出生5个月”这样表面上不带情感，看似冷漠，其实具有穿透力的语言就能掀起受众情感，在其心中泛起涟漪，这是最智慧的煽情，还有什么力量比事实本身更有力量？所谓于无声处听惊雷，于平淡中见奇崛，这才是高明的写作。记者把事实全面、客观、准确、真实地呈现出来，让受众看了报道后自己感慨。消息中的情感表达还体现在称谓上，当下一些消息在写作上记者对当事人的称呼不科学、不客观，比如有记者在报道中以“大爷”“大妈”“大叔”“大哥”“小伙”“姑娘”等称呼新闻当事人，带有情感色彩，另外这样的称呼是从记者个人的辈分确认的，对于年龄各异的受众而言，这样的辈分是不准确的。值得注意的是，在当下的微信客户端新闻写作中，作者为了拉近与受众的距离，有意借鉴网络语言表达方式，以虚拟的“朋友”角色活跃在报道中，以此获得自己人效应，如人民日报海外版微信公众号“侠客岛”在文章中自称“岛叔”“岛妹”，环球时报的微信公众号记者自称“耿直哥”“环环”等等。这种话语表达营造了与受众在情感上的接近性，但需要警惕的是：记者要力避以主观情感代替事实。

3. 记者不在消息中臆断对方心理

《钱江晚报》2017年9月16日消息《男子撞死女孩后隐姓埋名甘做上门女婿17年后被抓》的导语是：“当警察找上门来的那一刻，他有种说不出来的感觉。是长时间积累的悔恨？还是对妻儿的愧疚？或许两者都有吧，他不知道。但他知道的是，17年了，这一天终究还是来了。”这是一种文学的想象，不符合新闻客观性的准则。1953年5月18日在《人民日报》发表的郑大藩的报道《伟大的战士邱少云》中有一个关键的片段曾经引发争议：

> 火焰已经延烧到了他的头上。在这个生死关头，邱少云紧握着压满子弹的冲锋枪，看看前面不远的敌人，很想冲上去和敌人拼了，但是他没有这样做。烈火继续在燃烧着，烧烂了邱少云的皮肤。邱少云忍受着难以想像的肉体痛苦，咬着牙，把两手深深地插入泥土。然后猛地抬起头来，用微弱的声音向离他最近的战友李士虎说：“胜利是我们的，但是我不能完成爆破任务了，这个任务交给你去完成吧！”说完，他又痛苦地把被烈火烧着的身体更紧地贴到地上，一直到牺牲时，也没动一下。

记者凭借自己的所谓“合理想象”虚构了主人公邱少云的心理活动，这就违反了消息客观、真实的基本原则。其实，记者可以通过采访邱少云身边的多位战友（现场目击者，第一手材料），借他们之口，还原现场的细节和场景，写作时记者交代消息来源，使用引语，由此多角度、全面地呈现消息事实。在消息写作中，记者如果扮演这种全知全能的叙事角色就会使消息偏离客观，引发受众的疑惑。消息叙事须每一个事实都是从消息来源那里获得的，可以追根溯源进行查证的，不能用推测、想象代替事实。在互联网融合媒体报道中，多元呈现事实也有助于新闻“客观性”的可信度和媒体的声誉。总之，不把个人喜好带入报道中，避免有明显价值判断的词语，以中性语言中立态度平衡呈现事实，有可靠的消息来源多方验证事实，信息源自采访，把完整的真相提供给受众由他们自己判断，这是新闻客观性的技术路线，至今也没有过时。

第五节　公正

媒体是社会公器，记者是公众的代言人。所谓公正指的是记者在报道中不预设立场，不带有成见和偏见，对涉事的当事人都进行采访报道，不选边站，以独立的立场报道事实。2017年5月17日《都市热报》消息《供养妻子六年成女博士　她如今多次出轨闹离婚》（标题前半句缺少了主语）讲的是重庆渝中区一家医院的医生邓富国（化名）曝光博士妻子黄悦（化名）“出轨多个男人”的故事。该报道转述男主人公的话呈现女主人公出轨的证据是：

1．有一次暑假，妻子从杭州回来，行李中还有很多他从来没见过的（情趣）内衣，直觉告诉他，他的妻子已经出轨。

2．邓富国说，妻子亲口告诉他，她不仅在杭州已经出轨，还在寒暑假以及待业在家期间，等邓富国出去上班后，和自己在重庆的大学同学出了轨。

3．邓富国向记者出示了妻子承认自己出轨的聊天记录和录音。在聊天记录上，黄悦承认出轨，还说自己在杭州的出轨对象希望黄悦给他生一个孩子。黄悦还责怪邓富国不应该去找她的出轨对象，把事情闹大。

针对男主人公陈述的这三点“证据”，记者应该找到女主人公进行核实。毕竟一方的说辞仅仅是第二手材料，不核实、不验证，难以自证真实。记者获得该消息线索后，在采访前就应该明确报道思想，制订采访计划时对采访涉及的人排列顺序，对双方都要采访。针对双方不一致的说法，还要找知情者如当事人的父母、邻居、同事等进行对质，力求事实真实可信，符合事物的原貌，不为任何一方站台，用事实呈现真相。遗憾的是，该报道的记者仅仅采访了男主人公邓富国，压根儿就没有采访女主人公。如何令人信服呢？记者是公众的代言人，不是男主人公邓国富的代言人，公众需要事实全面的新闻报道，以此来认识世界。消息只提供当事人双方中一方的事实，偏听偏信，选边站队，违反了中立立场和独立调查的职业规范，极易导致消息失实，这实际上是不公正，也不专业的采访报道写作。西方记者从职业经验中总结出核实事实的方法是，面对一个当事人、目击者提供的事实，只要通过另外三个独立的消息来源进行核实求证，即可得出一个真实公正的结论。这种质疑和验证的专业主义精神在任何时候都有助于消息的客观、真实、公正。

这篇报道引发的舆论风波提醒我们：做新闻要在采访报道的理念上牢固树立职业精神，采访要全面，对任何听来的事实都要经过验证，力戒刻板印象，不要选择性相信一面之词。

第六节　平衡

平衡与公正紧密关联。它包括：1. 对报道涉及的当事方公平地进行采访报道，呈现各方提供的事实，让受众自我判断真相，不选边站；2. 报道中所有当事人都有表达意见或说明的机会，抵近真相，保护每个人的权益，不偏不倚；3. 在报道中平等对待冲突性和对立的各方意见，不厚此薄彼。近年来不断出现热点新闻的“反转”现象，使得舆论场发生忽左忽右的偏转，使得受众愈发看不清真相，其中就有记者采访报道不公正不平衡的原因。

新加坡联合早报网2018年2月2日刊发消息《中国总理请黄渤等文体育界人士到中南海开会》仅仅截取了文艺界代表黄渤一个人的发言摘要和李克强总理的回复。对于事实涉及的另外8名代表只字不提，对于出席会议的其他领导也一个没提，甚至连数字都没有，这就无法让受众知道全部事实信息，没有呈现事物的全貌。这违反了消息客观、真实的基本原则。

有不少消息在报道一个重要的会议或者一次活动的表决时结尾会这样写：“大家纷纷表示”“大家一致认为”，但记者并没有提供清晰准确的消息来源，是记者在现场看到的事实经过了核对？还是听谁说的？如果都没有，那就是记者有意用自己的主观意念来下结论，所谓的“民意”被记者代表了。这样的宣传思维成为程式化的表达对于记者和公众是有弊端的，因为变成了一种套路后，人们就懒得思考，懒得调查验证了，凡事都觉得“应该是这样的”，其实有时恰恰会出现意外的形势。在消息报道中，针对有争议的事实，记者不能只选择一方的意见而有意忽略另一方的意见，这样会误导受众，误导舆论。

当然，对于消息平衡报道不能拘泥于操作规范而刻意为之，例如，假如一方的意见是客观公允的，也有深刻见地，而另一方的表达乏善可陈，陈词滥调了无新意，虚与委蛇没有见解，不一定非得与前者的意见并列呈现。

第七节 集中

消息主题被称为报道的灵魂，在消息写作中，主题要集中、单一，不能叠床架屋，不能有枝枝蔓蔓。面对繁芜茂密的消息材料，记者要果断地砍掉枝叶，只保留树干。

1．一事一报

消息写作主题集中的要点之一是一事一报。消息篇幅短小，容量有限，必须对材料提纯浓缩，简明扼要，一篇消息一个主题，一篇消息写清楚一件事。

香港艺人黎明代表联合国儿童基金会向巴楚地震灾区捐款200万港币

时间：2003年3月4日 记者：武斌 节目：新疆台新闻60分、新闻联播

下面请听本台特派记者武斌从巴楚地震灾区琼库恰克乡发回的报道：

今天上午，香港艺人黎明代表联合国儿童基金会香港委员会向巴楚地震灾区捐款200万元港币，同时还捐赠了价值10万元人民币的物品，慰问了地震受伤儿童。

在目睹了地震重灾区琼库恰克乡5村、18村的居民区和学校的灾情后，黎明告诉记者，看到在国家和政府的援助下，灾民们住进了帐篷，衣食无忧，感到很欣慰。他说，灾区孤儿在灾难面前所流露出的平静表情给他留下了深刻印象。

黎明表示他返回香港后，将向香港市民介绍灾区的情况，再多募捐一些钱。

标题就是消息全文的焦点，即主题。拟定了一个准确、简洁的标题，就等同于找到了消息的中心思想，写作就应该从头到尾围绕标题收放自如，聚焦于一件事，力求写清楚一件事。

2. 主体和结尾要围绕导语展开叙述

导语是对消息最重要事实的概括，这是消息惯用的倒金字塔结构的范式。导语是消息六要素中最重要的“何事”要素（包含结果）的呈现，其后的主体到结尾都是围绕着导语展开的，是对导语中事实的具体补充和延伸。导语中提及的“何事”就是整篇消息的中心，其句子的宾语就是全文的关键词，主体和结尾脱离了这个关键词就是分散了主题。扬子晚报网2017年5月1日消息《南京江宁一市民在野外意外捕获“中国火龙”》在写作上主题不集中。

该消息导语中的“何事”要素是：南京市民蔡先生捕获了五条俗称“中国火龙”的保护动物蝾螈。在这句话中，“蝾螈”是关键词，是整篇消息的核心。其后的段落都是围绕“蝾螈”来补充叙事的。而在上述消息的主体中却有384字是在讲“娃娃鱼”，这就与标题和导语的关键词“蝾螈”无关了，而消息恰恰就像一根笔直的树干，不能有树杈（其他非密切事实），更不需要树叶（事实过程中的细节），所有的材料都得与“蝾螈”紧密关联。导语（通常是第一自然段）之后的叙事如果脱离了“何事”要素的关键词，主题就不集中了，消息的魂就散了。另外，用俗语“中国火龙”代替“蝾螈”不科学、不严谨。

第八节　简约

简约是消息文化之美，是消息的本质特征。作为一种“文化快餐”，消息注重新、快、奇、短，用最快的速度、最易读的文本、最有价值的信息、最高效的传播方式、最便捷的接受模式抵达受众的眼睛和耳朵。简约是这一切传播目的得以实现的最佳路径，尤其是在当下信息时代，人们的生活节奏越来越快，时间越来越宝贵，海量信息如波涛汹涌，简洁的文字、简短的句子、简明的叙事、简单的结构符合人们在移动的空间中碎片化浅阅读的需求。消息是实用文体，注重的是有用有益，时效性要求高，简洁的文风有利于强化信息时代的传播速度和传播效果。如：

肯尼迪遇刺身亡

路透社达拉斯（1963年）11月22日电　急电：肯尼迪总统今天在这里遇到刺客枪击身亡。

总统和夫人同乘一辆车中，刺客发三弹，命中总统头部。

总统被人紧急送入医院，并经输血，但不久身亡。

官方消息说，总统下午1时逝世。

副总统约翰逊将继任总统。

如此震惊美国、轰动全球的重大事件，记者只用了五句话，五个简洁的句子，93个字符。一句话一个段落。每句话都有具体的信息，一字不多，一字不少，恰到好处。该消息还有形象结构之美，如果你轻点鼠标“居中对齐”会惊讶地发现，原来“她”的体形正好就是一个倒金字塔结构！令人啧啧称奇。西方记者在消息写作上精益求精的工匠精神值得我们学习。1969年7月20日，美国宇航员阿姆斯特朗成了第一个登上月球的人。美联社的导语是：“美国星际航行员阿姆斯特朗今天晚上格林尼治时间2时26分成了第一个登上月球的人。”合众国际社播发的新闻中，用了一个更简洁、更有力的导语，这个导语是：“人类登上了月球！”中美建交时，日本时事社在15分钟内从华盛顿发出了6条快讯，其中最长的22字，最短的只有13字。

中国青年报资深摄影记者贺延光1998年8月7日16时5分至8月8日零时45分在江西九江抗洪一线用手机连续给报社发了8条简讯《九江段4号闸附近决堤30米　两千余军民奋力抢险》，这组第一时间动态跟踪报道前线抗洪抢险的消息每篇100多字，最长的一篇不过300余字，以时效性和重要性荣获1998年第九届中国新闻奖特别奖。在生活中人们总结的消息传播规律是：字数越少信息量越大。的确，信息的影响力是由其本身的价值高低所决定的，而不是由字数决定的。所谓言简义丰正是体现了信息的传播特点。新华社新闻客户端2018年12月1日消息《美国前总统乔治·赫伯特·沃克·布什去世》的消息只有一句话：“美国前总统乔治·赫伯特·沃克·布什办公室11月30日晚发表声明证实他于美国中部时间当晚10时去世，享年94岁。”这一句话新华社动用了一名监制、四名编辑，可谓字斟句酌、惜字如金、精准洗练、字字珠玑，阅读量当天超过了10万，点赞达3205人次。这也印证了那句老话：话不在多在于精。废话一箩筐也没人听。

在当下数字传播时代，所谓“人人都有麦克风”，移动阅读条件下的受众更希望现在的事现在报道。消息的时效性要求更快、更及时。传播学大师施拉姆（1994）曾设计了一个数学公式来说明受众如何通过选择信息来满足自己的需要。这个公式是：选择的或然率=报偿的保证÷费力的程度。意思是说，预期报偿（满足需要）的可能性越大，而费力的程度越低，选择某种传播渠道讯息的或然率越高；相反，预期的报偿很小，而费力的程度很大，那么选择的或然率就很低。他说：这个公式是相当灵验的[①]。施拉姆的这个公式启示我们：消息最重要的功能之一是传播信息，越是生动有趣的消息越能满足受众的“预期报偿”，越是简洁明了通俗易懂的文本越能减少受众的“费力程度”，做好这两点，才能赢得受众的关注，优化传播效果。

我们应该学习法国雕塑大师罗丹，当他发现自己雕刻的巴尔扎克像的双手受到参观者称赞时，毫不犹豫地挥起斧头将雕像精美的双手砍掉了，从此，吸引人们目光并引发人们思考的是巴尔扎克像的头颅，他的头发、他的眼睛、他的面部表情……雕像因为线条简洁了，它所要表达的思想和艺术境界变得清晰明确了。我们要让消息短下来，变得简洁有力，就要善于使用有表现力的语言，简洁明快，简短明晰，令人一目了然。学习罗丹吧，写完之后，听听别人怎么说，对冗余的词汇、句子和段落，对修饰词、模糊不清的词、生僻冷硬的词、空洞陈腐的词……毫不吝惜地删除。好消息是改出来的。我记得自己当记者的时候，一篇消息有时要花一天时间反反复复地修改，一字一句地推敲。然后提交，还要接受把关人的再次修改，直到没有瑕疵才结束。写长了免不了掺杂冗言。我的经验是，写完消息后，从头到尾读出声来，你就知道叙事是否得体了，不符合简洁标准的字、词、句、段落，修改、重写或删除，最后再读一遍，看是否朗朗上口，直到它变得简明扼要，逻辑顺畅。什么是消息之美？借用中国古人的话，那就是：“咫尺之内，而瞻万里之遥。方寸之中，乃辨千寻之峻。”简言之，以少少许胜多多许。

---

① 邵培仁．传播学：修订版［M］．北京：高等教育出版社，2007：290．

第九节　通俗

通俗意味着用接近日常口语的文字写消息，这样，没有文化的人听得懂，有点文化的人看得懂。下面这两段消息文本因充斥着专业术语，除了专业人士，普通人根本无法看懂，也不会感兴趣：

上海电信千兆宽带的最高速率为1024Mbps，也就是说，如果下载一部2GB的高清电影，只需16秒。如此快速的家庭网络，还将有效用于高清IPTV、家庭安防、智能家居等领域。

记者获悉，2016年底，上海电信将完成269个小区的千兆宽带接入，2018年实现千兆宽带全市覆盖，千兆宽带接入用户突破百万级，平均接入带宽将从目前的超过50Mbit/s提升至280Mbit/s，用户可感知的下载速率从13Mbit/s升至突破100Mbit/s，上海也将成为首个在三年内实现千兆宽带全覆盖的城市。

据介绍，千兆宽带采用的是对称10G–EPONFTTH（光纤到户）技术，在带宽和技术成熟度方面领先于其他技术制式。上海电信将投资超过10亿全面部署、扩容设备，2018年，实现千兆宽带全市覆盖。

上述消息语言中含有大量的专业术语（数据），这让受众很难读完整篇消息，因为不懂相关知识。消息不是专门给专业人士读的论文，它是大众文化快餐，记者应该有受众本位意识，尽量在保证科学、准确的前提下，对大众难懂的科技术语通俗地做出解释，或者用比喻、对比等修辞手法使之形象化，让其变得通俗易懂才有传播效果。新华社2013年11月1日消息《浙江大学研制出了六边形玻璃“隐身衣”，使铅笔、金鱼和猫成功隐形》称：

记者从浙江大学“电磁波隐身衣机理及实验研究”项目团队了解到，根据用坐标变换方法设计隐身衣理论，“让光线像溪流绕过石头一样”，他们用普通玻璃制造出了隐身器具。

第二个引号里引语是比喻，这样就增加了报道的可读性，也使消息变得通俗易懂。《科技日报》2018年12月3日消息《国产22纳米光刻机治不了中国的“芯”病》写得也比较通俗，例如：

> 十几年前，国际上开始对表面等离子体（surface plasma，SP）光刻法感兴趣。中科院光电所从2003年开始研究，是较早出成果的一个团队。所谓SP，光电所的科学家杨勇向笔者解释：拿一块金属片和非金属片亲密接触，界面上有一些乱蹦的电子；光投影在金属上，这些电子就有序地震荡，产生波长几十纳米的电磁波，可用来光刻。

通俗与易懂常常并列在一起使用，难解难分，可见它在思想文化传播中的重要性。我们要学习唐代诗人白居易，据说他每写一首诗都会读给老妪听，如果对方一听就懂，他就不再修改了。新文化运动的开创者胡适先生1917年1月在《新青年》上发表《文学改良刍议》：“一曰，须言之有物。二曰，不摹仿古人。三曰，须讲求文法。四曰，不作无病之呻吟。五曰，务去滥调套语。六曰，不用典。七曰，不讲对仗。八曰，不避俗字俗语。”其中，第六、七、八条都与通俗相关。新文化运动的另一位旗手陈独秀同年2月在《新青年》发表的《文学革命论》提出了更鲜明的“三大主义”：“推倒雕琢的、阿谀的贵族文学，建设平易的、抒情的国民文学；推倒陈腐的、铺张的古典文学，建设新鲜的、立诚的写实文学；推倒迂晦的、艰涩的山林文学，建设明了的、通俗的社会文学。”他们提倡白话文，反对文言文，其实就是倡导平易通俗的写作。陶行知先生说得更平实直白：“文章好不好，要问老妈子。老妈子看得懂，可以卖稿子；老妈子看不懂，只能当废纸。”上述名人倡导的写作风格是针对文学的，消息作为大众的快餐文化，是最贴近平民百姓的写作，更应该通俗。

值得注意的是，通俗不意味着所有的称谓表达都口语化，例如口语中粗俗的俚语、骂人的脏话、歧视性语言、费解的地方方言、容易产生歧义的俗语、表述不科学的口头禅等等。网络用语中流行的粗俗、低俗的词汇或段子也不应该出现在消息写作中。消息是大众媒介产品，要当心通俗、低俗与粗俗仅一墙之隔，消息写作须有文化品位，传播文明，讲究雅俗共赏。

第十节　溯源

溯源指的是记者坦诚告知受众写入报道中的材料从何处（爆料人、受访者、机构、媒介、资料等）获得的，即建构消息的事实之源头在哪里，记者应提供清晰线索，好让媒体把关人和受众可以追根溯源进行查证核实，对于记者而言这也是一种职业自律的提示。“一般来说，除非来自记者的直接观察，否则就要交代信息来源。”[①]信息来源，也叫新闻来源或消息来源，还可以简称信源。交代消息来源是消息写作的操作规范。

美国商业内幕网站12月12日报道《印度花20亿元租世界最空闲机场　不为赚钱只为盯着中国》的消息来源交代清晰、准确，有权威性。该消息的消息来源比较权威，这提示我们，专业问题应找专家。该消息主题是关于印度计划租下世界上最空闲的机场——马塔拉·拉贾帕克萨国际机场，借以限制中国在印度洋地区的影响力，记者必须为这个涉及国际问题的报道主题提供支撑，让受众信服，因此消息来源选择了澳大利亚国立大学的印度洋战略专家戴维·布鲁斯特，他是研究相关领域的专业人士，比较权威，有说服力。该报道清晰地告诉受众，记者是从澳大利亚《解读者》上获得布鲁斯特的信源的。准确、清晰的消息来源（身份+真实姓名）是消息真实可信的标志，也是消息写作不同于其他文体的一种标识。当下不少国内的消息报道却做不到这一点，如：

山羊偷溜进屋吃掉15万现金　屋主把它做成了烤肉

2018年12月7日　来源：新京报即时新闻

据媒体近日报道，塞尔维亚贝尔格莱德一户人家的2万欧元现金（约合15.7万元人民币），被一山羊几乎吃光。据这家女主人表示，这些钱本来用于买地，山羊趁着门没关偷跑进来，连啃带吞把钱给“吃没了”。据了解，这家人最后将山羊做成了烤肉。

该消息因为戏剧性、冲突性和反常性而受到关注，但它没有提供是哪个媒体报道的？何时报道的？当事人的姓名？实际上，它没有提供任何一个可

① 门彻．新闻报道与写作［M］．展江，主译．北京：华夏出版社，2004：52.

信的消息来源。地点要素也不精准，还缺乏旁证。这样不规范、不专业的消息真实性存疑。以下是笔者1999年路过新疆大学时偶然碰到的一件事，经过采访，搞清了事实，提供了多个清晰的消息来源：

新大校门设坎 的士进门五毛

时间：1999年6月14日 作者：武斌 来源：都市消费晨报

本报讯（通讯员 武斌）“我只按计价器上的数字付钱！”新疆大学的刘老师对出租车司机吕军辉怒吼。吕军辉耐心地与刘老师交涉了几分钟后，无可奈何地按计价器收了费。他们争论的焦点是：新疆大学门卫对进入大学的机动车一次收取5角钱，这5角钱究竟该谁掏？

“我们这是合理收费。”新疆大学公安处治安科科长鄂志明向笔者出示了一本收费证明。鄂科长对“校内停车场”的解释是：大学院内就是停车场，只要营业性车辆进入一次就算停车一次。

新疆物价局收费处的赵副处长认为：如果校园内设有停车场地，收费是合理的。新大让门卫收费不对。类似的情况在火车南站广场也存在，只要出租车一停，就得交停车费。而投诉中心的才先生则认为，这是经自治区物价局批准的行政性收费，其他人不好出面干涉，最好由新大自己协调解决。

乌鲁木齐市统管办的刘新军科长说，按行业规定，这种收费应该由乘客付。

新大门卫一年要收多少钱呢？鄂志明科长对此讳莫如深。钱都流向何处了？鄂科长答道：“全都上交新大计财处了。”

这篇消息405字，笔者采访了6个人，花费了一天时间。现在看它也有不足，比如应交代一下新大收费的票据是不是正式发票、有无公章？哪个单位的公章？还可以给新大财务处打个电话问一下，每年“停车费”收到多少？做什么用途了？可见，写作一篇消息并不容易。消息来源是消息写作中重要的一个环节，不可或缺，它是消息材料的源头，是消息客观真实的表现形式，除非涉及当事人隐私或出于保护其权益不受侵害，记者可以匿名处理（但匿名信源的材料须经过验证真实可信）。记者亲眼所见的消息来源最好，其次是有名有姓的消息来源。交代清楚消息来源也有利于维护记者和媒介的声誉，例如消息来源提供的事实信息不准确，记者和媒体可免于承担责任。

第十一节　逻辑顺

“逻辑”一词是生活中常用的，它是1902年严复在翻译《穆勒名学》时从日语音译成汉语的。逻辑指事情的因果规律，逻辑学就是关于思维规律的学说。日常对话中，我们奉劝对方要“讲逻辑”，实际上是委婉地提醒对方在思维上前后矛盾或者没有顺理成章，难以自圆其说。写消息也需要记者有清晰的逻辑思维，符合人们认识事物的规律，比如因果关系等。在写作中，有的记者没有吃透材料就贸然下笔，不知道“写什么”就开始写了，自然在“怎么写”这个环节栽了跟头。

《信息时报》2004年7月5日消息《东莞市厚街镇东溪村公园悬挂禁止外来工入园公告牌 有关负责人称是为了加强治安管理需要》是一篇舆论监督报道，引人关注。

仔细看报道配发的现场照片会发现，那块牌子上写的是：“公告：溪头小学拟申报省一级小学。现将东溪公园划入学校管理区，外来人员（溪头村人除外）未经批准不得随意进入，违者罚款100元，谢谢合作。”明明是“外来人员未经批准不得随意进入”，哪里是“禁止外来工入园”？一字之差，谬之千里。如此草率马虎的记者！按照逻辑常识，这属于偷换概念。新浪育儿2018年12月2日发表自媒体人写的《2岁男童吃鸡蛋后肾衰竭！妈妈痛哭：“是我不该这么做”》，读完后发现导致孩子肾衰竭的真正元凶是盐，母亲让孩子蘸盐或就咸菜吃煮鸡蛋造成盐超标伤肾，媒体用如此刺激的标题渲染“鸡蛋之害”背离事实真相。从逻辑上说，这种指鹿为马的叙事是混淆概念，危言耸听。逻辑思维是一种抽象思维，它考验人们能否对看似纷繁复杂的事实进行清晰的归纳、推理和分析，理清头绪，找到规律，精准传播，它对于任何人都有益。对于记者而言，掌握逻辑学的基本规律如同一律、矛盾率、排中律等同样很重要。因为记者是知识的分享者、文化的传播者，确定的、有条理、有根据的叙事才能获得受众认同。丰富的知识和阅历，慎思笃行的性格都有助于记者的逻辑思维，其好处是，避免看问题“见树不见林”

或陷入错误的泥沼。

消息写作篇幅短小，信息需要提炼浓缩，脉络要清晰，来龙去脉、因果关系要清楚，不能让受众疑惑。消息的叙事逻辑就像植物密集有序的纤维连接茎叶一样，看上去脉络分明，文章内在的肌理使得每个片段在统一的主题引领下自然衔接起来，形成一个整体，文脉清晰自然，局部与整体符合思维的规律，顺理成章，符合受众的阅读习惯。内在逻辑不清晰的消息再短也会让受众的阅读体验不佳，影响对信息的准确理解，形成传播学理论所称的“噪音”，干扰了信息的顺利到达。讲究逻辑的消息文脉畅通，符合人类的思维规律，令人赏心悦目，入脑入心。写作消息既要快还要好，这就需要记者有过硬的业务素养，有很强的叙事能力，写出来的文字明明白白，简洁好读，逻辑顺畅，通俗易懂。

第十二节　节奏快

节奏是一种有规律的、连续进行的完整运动形式，如文学作品的叙事节奏通常包含铺垫、冲突、高潮、结尾等阶段性变化，营造一种曲曲折折、鸟鸣山更幽的艺术效果。有人误将这种文学艺术起承转合的阶段性变化的慢节奏带入了消息写作，这就进入了一个叙事的误区。近两年，有的都市报消息从导语到结尾从获得采访线索起笔，将采访过程，大段的引语，一直到采访结束都写入报道中，几乎就是采访笔记的原生态呈现，这种对材料不加提炼的写作节奏缓慢，令人不堪卒读。

消息写作节奏快首先是导语要直接展示最重要、最吸引人的核心事实，让受众看到最有新闻价值的信息。导语写作决定了全篇的结构，需用心构思。采用倒金字塔结构是传播信息节奏最快的形式。例如：

杭州一女子见老公回家泪流不止　家里60万元没了

2017年12月12日 07：57　钱江晚报

一到年底，像胡先生这样的生意人，总是最忙碌的时候。

胡先生和妻子在杭州萧山定居已经有很多年了，不过，胡先生的生意大多在南昌，因此这几个月，胡先生都是待在南昌多些。

11月27日，胡先生好不容易抽空回家一趟，却发现家里的气氛有些不对劲。一贯脾气温和的妻子这回一开口便流泪不止，问胡先生："你是不是不相信我？"

妻子这一问可是让胡先生一脸茫然了，仔细问发生了事，妻子却怎么都不愿意说。妻子不愿意说，那便去问问邻居朋友啊，可是一圈问下来，大伙儿也都是不明所以。

一直到回到南昌，胡先生依然是为这事牵肠挂肚，思来想去，胡先生突然想起一件事来。

今年8月5日，胡先生的妻子曾经遭遇过电信诈骗。骗子以网购退款的名义，骗取了妻子5万多元。

"会不会又是骗子找上了门？"胡先生说，妻子也已经45岁了，不像年轻人那么能频繁接触到新的讯息，加上在医院工作，生活圈子也比较小，面对骗子的套路，抵御能力不足。

胡先生连忙拜托在萧山的朋友们多多留意，尤其是碰到胡先生妻子开口借钱的话。

果不其然，……

该消息853字，其中424字多余。作者在消息写作的节奏上照搬了文学的叙事手法，缓缓推进，这是对消息的误读，它是一篇没有导语的消息。消息导语要短，最好一句话突出最要紧的新闻要素，如美联社1945年8月14日消息导语"日本投降了"。消息导语要直奔主题。

消息写作在主体部分要压缩时空，浓缩精华。主体部分是对消息导语的补充和展开，是整篇消息结构中内容最多的部分，要力求叙事准确、清晰、完整，同时又没有冗言，需要记者具备洗练的文笔。

（1）主体不要重复导语中的内容。例如：

俄防长：俄军现代化武器装备比例已达61.5%

2018年12月25日 04：42　新华网

新华社莫斯科12月24日电　俄罗斯国防部长绍伊古24日说，目前俄罗斯军队现代化武器装备所占比例已达61.5%。

俄新社24日援引绍伊古的话报道说，目前俄军现代化武器装备所占比例已达61.5%，在这一领域处于世界领先水平。

绍伊古表示，俄军换装计划正在按计划进行。

根据俄罗斯军队换装计划，到2020年，俄各军种新型武器装备的比例应不低于70%，个别部队将达到100%。

该消息149个字，其主体第一段（第二自然段）多数文字是对导语的重复。其导语和标题都没有突出最核心的事实信息，即绍伊古宣称：俄罗斯军队现代化武器装备比例处于世界领先水平。

（2）记者在主体交代事件过程中应提炼出关键信息，予以概括呈现。澎湃新闻2018年12月5日消息《陕西男子持刀劫持人质被狙击后死亡 警方披露细节》的主体部分长达1126字，对事件过程原生态呈现，叙事琐碎冗长。

实际上，删除无关紧要的细节，保留关键事实信息，这个主体部分只需要356字即可。

（3）主体叙事部分要始终围绕主题，内容紧凑，材料集中，不要横生枝节。《都市快报》2018年12月8日消息《杭州1货车撞翻79岁骑电动车大伯　颅内出血有生命危险》主体部分插入了一个不相干的片段，这109字纯属多余：

像这种因为“他停你不停”导致的事故出过多起，今年9月23日晚上6点多，长乐路和玉兔路交叉口，一辆出租车在路口处停下让行一个8岁多的男孩，但出租车左边的黑色大众轿车没停，原速通过，把孩子撞出3米多远，所幸孩子没有生命危险。

（4）主体使用引语时要简洁，一般不宜大段引用。《都市快报》2018年12月7日消息《杭州萧山发生惨烈车祸　两车相撞致1死1重伤》有个段落是：

王阿姨的小吃店离事发点不到一百米。她说，晚上9点多，她听到一声巨响，就像炸弹爆炸一样。“太惨了，那辆白色车活生生被大卡车撞到墙边，大卡车司机自己下车的，看起来四十来岁，整个人吓傻了，我看他走路都有点软了。后来消防赶到，还救出了一个坐在后排的男的，我看他手在微微地动。驾驶员是最后救出来的，一动不动，估计不行了。”王阿姨说。

这个段落的引语就有113字，拖慢了报道的节奏。引语有助于消息的真实客观，也有助于活跃文风，令人联想到场景，但需要精挑细选。

最后，消息叙事节奏快，要在叙事语言上体现变化。如下面这篇消息：

印度少年牙疼难耐　开刀从嘴中取出232颗牙

2014年7月25日11：17　中国新闻网

中新网7月25日电　据外媒24日报道，印度一位17岁男孩一个月前右下颌肿痛难耐，父亲带他去孟买大医院求诊，结果医生从他嘴里取出232颗牙。

这位名叫伽瓦伊（Ashik Gavai）的男孩一年半前开始“牙疼”，村里的医生怎么都找不出原因，不得已去孟买的一家医院。

那里的医生发现伽瓦伊破了“世界纪录”，因为他的病十分罕见，是一种良性肿瘤。

正常成年人一般有32颗恒牙。伽瓦伊的牙龈里却长出许许多多牙齿。

手术台上，“像小白珍珠一样的牙一粒粒滚落出来”，最后一数总共232颗。

现在伽瓦伊嘴里剩28颗牙。医院耳鼻喉科专家说，根据医学资料，曾经有过一起类似病例，医生从患者上颌的肿瘤中取出37颗牙。

伽瓦伊的肿瘤不但埋在下颌深处，包藏的牙齿数量也多得多。

该消息的叙事节奏主要以一句话建构段落，文风轻快活泼，可读性高。第四自然段有了变化，使用了两句话作为段落。第五自然段也有一个变化，使用了引语，不足是没有交代这是谁说的。第六自然段变化更大一点，有两句话，其中第二句句子比全文其他段落的句式都要复杂一些，也显得更长一点。这种细微的变化其实是作者调节消息叙事的节奏，如同音乐节奏有快有慢，协调搭配更富有艺术表现力一样，消息叙事在句式长短搭配，适当插入引语的融合中，呈现文风活泼与平稳的起伏，错落有致，带给受众丰富的阅读体验，增强消息叙事的审美感知，使其获得预期的传播效果。

消息作为一种简洁明了、一事一报、迅捷传播信息的体裁，其突出的特点是直截了当、开门见山，必须是快节奏，突出其传播效率，不要使用文学叙事的铺陈、渲染、煽情，积极修辞等手法。我们始终要记着，消息最突出的叙事节奏就是按照新闻价值从高到低安排材料，把叙事的高潮安排在开头的导语中，把最不重要的事实放在结尾。从开头到结尾都以一个焦点为中心，不写空话、套话等陈言滥语，不写与主题无关的事实，字字句句都是实实在在的“干货”，为表现一个主题而服务。

在语言建构上要以动词和短句来强化消息的叙事节奏。修饰词、长句会放慢这种节奏感。节奏在音乐创作中表现出旋律的急缓、快慢、高低、抑扬等，借以调动听者的情绪，唤起耳朵的聆听。写作同样如此，动词和短句的节奏快，易懂，易感，有利于调动受众的阅读兴趣，适合用之于消息写作。好莱坞电影《精灵鼠小弟》原著作者埃尔文·布鲁克斯·怀特在回忆自己的老师斯特伦时，这样写道：

> 在课堂上讲到要简洁，他身体前倾，倚靠讲坛，拽着大衣翻领，用带有阴谋意味的沙哑嗓音说道：“第17条规则——删掉不需要的词！删掉不需要的词！删掉不需要的词！”①

这段话都是短句，每个短句都用了动词，引语也是短句，是以动词为主建构的短句，读起来轻松，令人联想到了一幅幅动感的现场画面，印象深刻。

第十三节　角度巧

谈及消息写作的角度问题，实际上是借鉴了摄影的术语。众所周知，摄影角度与造型效果有直接关联。在摄影实践中，拍摄者选择的几何角度和心理角度决定了一幅摄影作品的艺术审美效果。不同的角度具有不同的表现功

---

① 平克．风格感觉：21世纪写作指南［M］．王烁，王佩，译．北京：机械工业出版社，2018：3.

能。消息写作的角度与摄影异曲同工，它是记者在对报道对象综合考量之后权衡如何表现主题、如何贴近受众、如何赋予报道新鲜感的一种写作技术，是记者对事实选择的一个切入点，这个点宜巧，即新、奇、小。应“少写静态写动态，少写历史写现实，少写全程写一瞬，少写整体写一斑”。同样的事实，从不同的角度切入，报道的效果截然不同，以反映改革开放给人们带来的变化为例，要报道这样的题材，可以从正面、侧面、反面等多个角度做出新闻报道策划，可以大开大合，也可以以小见大。可以从宣传的角度，也可以从受众的角度写消息。浙江在线2017年8月29日消息《浙商在挪威签下两亿美元海鲜大单　挪威三文鱼新鲜抵杭》的导语是：

当地时间8月28日下午，在挪威举行的舟山与北挪威省合作协议签署仪式上，省内最大的远洋渔业企业——浙江大洋世家股份有限公司与挪威第二大三文鱼公司赛马克渔业股份公司签署三文鱼中国销售经营权和贸易合作协议，每年进口一万吨；同时，舟山国际水产城也与前进海洋公司签署贸易合作协议，每年进口三文鱼和鳕鱼各5000吨。据介绍，两份协议价值总计两亿美元左右。这次合作是深化浙江与挪威经贸合作的成果之一。

此导语较啰唆。记者对首批进口三文鱼的数量没有呈现。在接下来的三个段落里，根据导语从浙江大洋世家股份有限公司如何做成这笔生意的角度来写的，体现的是宣传思维。其实，消息应该从受众本位意识来提炼主题，确定报道的角度。毕竟，我们传播的对象是受众。要让受众在乎你的消息，就得把受众放在心上。应从为受众提供有用信息的角度写消息。该消息可以改写为：

首批挪威三文鱼29日抵杭

今年首批挪威三文鱼29日抵杭。

挪威三文鱼是海鲜界的明星产品。这批三文鱼是26日从挪威捕上来的，加工后随即上飞机空运，经过48小时的飞行到达杭州萧山国际机场。“鱼的鲜度会非常好！”身在挪威的浙江大洋世家总经理曾岳祥告诉记者。

当地时间8月28日下午，在挪威举行的舟山与北挪威省合作协议签署仪式上，省内最大的远洋渔业企业——浙江大洋世家股份有限公司与挪威第二大三文鱼公司赛马克渔业股份公司签署三文鱼中国销售经营权和贸易合作协议，每年进口一万吨。

同时，舟山国际水产城也与前进海洋公司签署贸易合作协议，每年进口三文鱼和鳕鱼各5000吨。据介绍，两份协议价值总计两亿美元左右。

记者从相关部门获悉，近两年来，受货源规格大小不稳定、物流成本高等多种因素影响，挪威三文鱼进口一度暂停。

挪威三文鱼占全球出口总量一半以上，深受中国消费者青睐。

曾岳祥告诉记者："未来，我们将会每周三次从挪威空运新鲜三文鱼到杭州。"

经验证明，报道角度巧，记者能够从被人忽视的细节入手、侧面切入或反面折射事件的意义和价值，或者采用事实鲜明反差的对比手法，这样的消息容易获得受众的好感，比如报道改革开放的宏大主题从身边看变化、从标志性的人物入手就更有贴近性，让受众感觉亲切。传播要看对象，面向受众就得替受众考虑，有服务意识，有用户意识，如同生产物质产品一样，精神文化产品同样要符合消费者的心理需求，上述消息内容并没有多大差异，只是因为从宣传角度转换到受众角度，阅读体验就大不一样了，令受众感觉消息离自己近了。面对一个不新鲜的题材，记者在报道时尤其需要活用自己的知识和经验，千方百计选择好角度，这样会带给受众眼前一亮的新意，使报道的传播价值和传播效果得以彰显。

清代美学家刘熙载说："正面不写写反面，本面不写写对面、旁面，须知睹影知竿乃妙。"意大利著名画家列奥纳多·迪·皮耶罗·达·芬奇也说过："如果没有阴影，物体就不能将它的形状的品质传给知觉。"这些话值得我们深思，它们的启示是：写作消息也要善于从摄影、绘画等艺术创作中借鉴经验，善于从最佳的角度精妙地呈现报道内容。虽然消息写作结构有套路，如倒金字塔结构是程式化的、刻板的，但每个写作者在报道的角度上是可以创新的，是自由的。

一些脍炙人口的消息都体现了记者对新闻角度的思考，如新华社上海1956年2月25日消息《上海最后两辆人力车进了博物馆》，新华社乌鲁木齐

1980年1月17日消息《从邮局看变化》，中新社1985年6月14日消息《华罗庚的最后一天》，新华社2002年3月19日消息《内蒙古拉善右旗：做个牲畜好辛苦》（从当地沙尘暴肆虐导致90%以上草场退化，牲畜难以吃上柔软青草折射环保大主题）等都是值得我们学习的短消息。香港《明报》2018年12月2日消息《莫迪在G20峰会左右逢源　网上贴文见亲疏》从印度总理莫迪在（Twitter）的贴文内容切入，莫迪称与美日领导人三边峰会为“JAI”（日、美、印三国英文首字母）在印地语（Hindi）中有“胜利”的意思，言外之意明显。不仅如此，莫迪的贴文内容盛赞这次三国领导人会晤的语言也较多。但5小时后，莫迪与中、俄领导人会晤，他在Twitter（推特）上的发帖内容简短、平和。由此，受众可以想象莫迪主政的印度的国际关系战略。这种以小见大的消息一叶知秋，可以看出记者的新闻敏感、观察能力、知识修养和消息写作能力。

第十四节　段落小

当下的记者用电脑写消息，最好多用Enter（回车）键。需要提醒的是，跳笔并不意味着段落之间是彼此分裂的。实际上，消息的段落细分是为了方便受众阅读。段落再小，彼此之间的衔接是紧密的，在叙事逻辑上是连贯的，不能出现上下段落之间的断裂和无序，要让受众感觉得到叙事的前后有一根看不见的线把彼此段落紧密地连接着，不然，因为费解，受众看两个段落就会觉得杂乱无章，放弃阅读。1959年海明威去西班牙旅行丢了钱包，《纽约时报》的消息是这样的：

海明威请求扒手归还钱包

合众国际社马德里9月16日电　今天海明威向扒手呼吁归还他的钱包，这是上星期在马德里看斗牛赛时被扒的，钱包里有150美金。

他说那个钱包是他的儿子帕特里克送给他的礼物，帕特里克是东非坦噶尼喀殖民地的职业猎手。

海明威在《人民》报广告上声明：“我请求你寄还我的皮夹，里面有圣克里斯托芬的圣像。至于里面的9000比塞塔（150美元）是你的技巧应得的奖励。”

该消息仅151字，一事一报，新闻要素清晰，用短句，段落小，使用了引语，可读性极佳。分段是为了使得全文的结构清晰，每一个段落包含一层含义，整篇文章张弛有度，开合自然，受众读起来不觉得累，感觉有趣，这就引发了受众的好感，有阅读的欲望。小段落适合当下的轻阅读习惯，如同诗歌一样排列，错落有致，层次分明，看上去显得文字少，脉络清晰，受众可以快捷地扫视，不会产生阅读障碍，阅读过程中不会觉得眼睛累，对于现在使用手机作为阅读平台的公众而言，这样的消息容易看懂，容易被记住，实现传播效果的最优化。在报道动态消息时，西方记者喜欢用诗行一样的节奏跳跃地展现事实，段落简洁到一句话一段，可读性好，这被称为“跳笔”写法。

在写作的时候，你的心里得始终装着读者，一篇消息一件事，一个段落一层含义，一句话一个意思。词、句和段之间融合为一个整体，自然和谐，浑然天成，焦点清晰，思想明确，这才是好的写作。

第十五节　信息实

消息的首要功能是通风报信，即传播信息，事件消息最重要的段落导语常见的模式是：何时+何地+发生了何事（结果）。1948年，美国数学家、信息论的创始人克劳德·艾尔伍德·香农（Claude Elwood Shannon）在题为“通讯的数学理论”的论文中指出：“信息是用来消除随机不定性的东西。”

世界这么大，人们不可能凡事都亲自到现场去查看，我们通过新闻媒体，通过记者的报道来建构我们对世界和他人的了解。在阅读中，我们获知了周边、国内、国际上各个民族、不同的宗教和习俗、不同制度下的人民，也了解了正在发生或刚刚发生的各种或大或小的事件真相，消除了我们因对世界认知的不足而产生的“随机不定性”，这就是消息传播信息的功能。

1935年9月22日，中央红军长征在到达岷县（今属甘肃宕昌县）的哈达铺时，正是从国民党军队那里缴获的报纸上毛泽东发现，原来陕北有一个刘志丹创建的红军根据地，这个消息给历尽磨难、几近绝境的中央红军带来了历史性的契机，于是红军才绝处逢生。在我们的媒体上，不时会看到冗长的、空洞的、无趣的消息，味同嚼蜡，不堪卒读，原因就在于它们违背了消息的基本规律，把没有信息含量的空话、大话、套话堆砌在了消息中，例如某校报消息《我院新生军训圆满结束》：

本报讯 炎炎烈日，口号阵阵。2010年9月14日至19日，我院2010级新生进行了为期六天的军事训练。经过严格训练，新生们精神面貌为之一变。19日下午，2010级新生在学院操场上以饱满的热情、昂扬的士气接受检阅。

标准有力的动作、响彻天空的口号、神采飞扬的笑容，同学们用自己的汗水为此次的军训进行了完美的诠释。大家认为，军训让大家亲身了解、体验了军营的生活，磨练了自己的意志，提高了吃苦耐劳的能力，促进了德智体美劳的全面发展，为自己今后的专业学习以及步入社会打下了坚实的基础。

这条消息有如下不足：首先是标题用副词“圆满”显得比较主观，有把个人观点硬塞给读者的意念；其次，导语缺乏提炼，过于啰唆，应突出消息的时效性，突出最重要的事实“军训结束”，将背景后置入主体中；主体部分缺乏对事实的清晰交代，都是作者个人概括性的叙述，没有提到一个人名。在缺乏事实依托，没有故事的前提下，用一句“大家认为”这种模糊的消息来源表达了作者自己的观点。一般而言，消息要求提供清晰的消息来源，体现新闻客观真实原则，同时，消息应陈述事实，与观点分离。该消息最大的问题是，连最基本的新闻要素都不全面，如“谁检阅了军训新生”“新生有多少人”等。

该文作者偏爱用形容词和副词，这种文风不符合消息的客观性准则，语言不简洁、不具体，句子缺乏表现力。以“赤日炎炎”为例，这种表述空洞、抽象，不如写成“今天的气温是34摄氏度，地面温度超过了35摄氏度，阅兵开始前，记者在现场看到汗珠从同学们的脸颊滑落……”，后者才是消息语言，具体、准确、平实、清晰、形象，让读者仿佛“看到”画面。再以“口号阵阵”为例，究竟参加阅兵的同学喊的什么口号？应用引语来代替，让读者“听到”现场的声音，这样，不用记者自己絮叨，受众自然可以得出“饱满的热情、昂扬的士气”的结论。

动态的事件本身就有现场感，记者应该用白描手法，不带主观感情色彩，简洁地表现出来，用事实打动受众，感染受众。记者的责任是客观呈现事实，把评价留给受众，不要自己下结论。如最后一个长句评价军训的意义，应该通过采访提问，借用一个同学的嘴说出来，交代消息来源，用其引语，如某同学说，军训“磨练了自己的意志，提高了吃苦耐劳的能力”。

消息主要是传播信息，应简明扼要，把“六要素”交代清楚，一事一报，主题突出，事实完整，无空话套话，去陈词滥调。实际上，上述消息只有一句话是实实在在的新鲜信息：

新生军训结束

本报讯 19日下午，2010级新生在学院操场上接受了军训检阅。从9月14日至19日，东方学院新生进行了为期六天的军事训练。

我们在写消息之前就应该思考“写什么”，先把主题想清楚，意在笔先，然后推敲“怎么写”，确立文章的结构和具体内容，之后就可以动笔了。写完之后，读一下自己的每一句话，看是否呈现了清晰、具体的信息，可以“消除随机不定性的东西”，如果做不到，那就证明你的消息写作有问题，要修改或重写。

第十六节　用活引语

记者要写好一篇消息，应擅长用活引语。怎样获得好的引语呢？采访中记者要聆听受访者的讲述，捕捉有个性、有特点、有含义的句子，及时将其准确记录下来，筛选最有表现力的、最精彩的引语，用于消息之中。例如录音新闻：

美国农民保罗·狄金森在洛甫县收获的20多吨洋水果俏销喀什、和田

时间：2012年12月27日　记者：武斌、金磊　节目：新闻联播

请听新疆台记者武斌、金磊采制的录音新闻《美国农民保罗·狄金森在

洛甫县收获的20多吨洋水果俏销喀什、和田》。

12月27号，美国农民保罗·狄金森踏着皑皑白雪，来到了自己在洛甫县那瓦乡承包的面积达400亩的果园。望着自己培育的果树，他欣喜地告诉记者：今年收获的20多吨油光桃、法国洋梨和黄桃已经全都批发给了喀什、和田的经销商，与美国同类产品的批发价相比较，每公斤要高出0.5美元。

16年前，保罗·狄金森从美国加利福尼亚州来到新疆学习维吾尔语和汉语。从那时起，他就深深地爱上了中国新疆这块神奇的土地。他告诉记者：（出录音）

“我来到新疆的时候，22岁吧。我在新疆交了不少朋友。在新疆也跟我爱人认识了，（笑）现在回美国，怎么说呢？感觉不太习惯了。”（录音止）

1997年，美国太平洋农业发展有限公司看中了中国新疆的南部地区，因为这里的土壤气候与盛产水果的美国加利福尼亚州相像。于是，太平洋公司在新疆成立了分公司，聘请了曾经在新疆生活多年的美国人保罗·狄金森、白浩天和麦金森在洛甫县和英吉沙县分别承包了400亩和640亩的土地，开始种植美国加州的80多个品种的高档水果并培育高级苗木。

保罗·狄金森告诉记者：（出录音）“到现在没有人干我们准备干的事情。这两个地方的人民政府也支持我们的项目，支持我们的发展。我们比较满意。我们从来没有不舒服的感觉。”（录音止）

和田农民阿不利孜·艾合买提告诉记者，他帮美国人干了一年活，学到了很多东西。（出录音）“我们的果园每亩地只种100棵果树，而美国人采取滴灌，一亩地种200多棵树苗。另外，美国人种树前改良土壤的时候，土里配比多少石膏，用秤称，然后拌匀了才让你回填。”（录音止）

今年，美国农民保罗·狄金森和同伴在洛甫县种植的果树除已经挂果的之外，其余长势良好，在英吉沙县开发的土地也已经改良成熟。他对前景充满信心。（出录音）

“你看，从去年开始，外国公司投资越来越多，而且你看这个新疆人民的生活越来越好。如果你在新疆不发展的话，你在什么地方可以发展?！美国西部打开的时候，我们美国人民用了差不多100年。你看中国，两三年以内发展到了什么程度呢？我个人觉得，新疆很有前途，南疆更有前

途。”（录音止）

现在，不仅保罗·狄金森喜欢新疆，他远在美国的父母也喜欢新疆。（出录音）“今年我的老父母，来到新疆看我们的生活，他们说，哎呦，新疆好，中国好。我们都喜欢新疆。（大笑）”（录音止）

广播新闻的现场录音和电视新闻的同期声是它们的传播优势，能够呈现现场，让受众感知画面，仿佛置身于场景之中，产生共时的体验。在文字消息写作中用活引语同样能够增强其表现力，活跃文风，凸显新闻价值。同时，引语能唤起受众的联想，重构现场，让受众如闻其声如见其人，获得难忘的阅读体验。此外，好的引语具有潜在的信息含量，能够体现说话人的性别、职业、年龄、身份、心理、情感、修养、思想和性格等个性特征，带给受众丰富而细微的审美体验。好引语拉近了消息文本与受众的心理距离，是消息写作中不可忽视的要素。引语可以是事实补充，可以是情感表达，也可以是鲜明的观点。

《美联社新闻写作指南》指出：“即便是初出茅庐的记者也会很快地认识到，引语是不可缺少的。它使新闻具有真实感。引语能在力所能及的范围内使读者同人物发生直接联系。没有引语的新闻，不论篇幅长短，都像月球的表面一样贫瘠荒芜。”美国密苏里新闻学院写作组编著的《当代新闻采访与写作教程》指出：“引用直接引语，能为报道增添色彩，使消息看来更为可信。记者也通过使用直接引语，使读者如同在直接接触采访对象，就像一封私人信函一般，直接引语会产生个人联系效果。报道中引号的出现，等于向读者宣布：请注意，下面将有些特别的东西出现。记者在报道中想改变一下步调，调整一下情节的进展时，都可以插几句引语，作为缓冲；此外，几句引语也可以在密集叙述一大堆内容之后，给读者喘一口气的机会。”①

新华社记者刘其中曾对美联社和路透社2002年10月1日的发稿做过一次调查，结果发现：美联社当天共发有实质内容的稿件81条，其中使用了直接引

① 密苏里新闻学院教授群．当代新闻采访与写作［M］．李利国，黄淑敏，译．台北：周知文化出版，1995：101．

语的共48条，占当天该社播发的有实质内容的稿件的60%。路透社当天共发有实质内容的稿件155条，使用了直接引语的稿件有106条，占当天该社播发的有实质内容的稿件的68%[①]。

第十七节　用第三人称

消息为显示“纯新闻”客观、真实的特质，惯用第三人称叙事。如录音消息：

别被漂亮的包装迷住双眼

时间：2001年3月16日　记者：武斌　节目：新闻联播、新闻60分

请听本台记者武斌采制的录音新闻《别被漂亮的包装迷住双眼》。

各位听众，昨天（3月16日）上午，一位名叫路芳的消费者向乌鲁木齐市鲤鱼山工商所投诉：3月6号，她在亿联超市花90元买了一盒包装精美的特级龙井茶，没想到，回去打开包装盒一看，茶叶已经发霉了。更让她想不到的是，连续三次找商家退货都遭到了拒绝。（出录音）

“我来换来了，他们的服务员态度不好，他们的经理说，这属于食品，不可以换，也不可以退。”（录音止）

鲤鱼山工商所消费者权益保障办公室主任付冠军受理投诉后，和消费者路芳一同来到了亿联超市。营业员态度依然强硬：（出录音）

“只要没有假的，可以不退，只要货是真的。”“质量问题呢？”“质量问题可以退。但我们这里没有质量问题。”

（付冠军）“说食品不能退是不对的。如果确实质量有问题，都可以退掉。这是我们《消法》上有规定的。”（录音止）

经销商卓某闻讯赶来之后，声称自己经销的茶叶遍及乌鲁木齐市各大商场，不可能有质量问题。但是，他打开茶叶罐一闻，立即承认茶叶发霉了，不得不给消费者退了货。

鲤鱼山工商所副所长黄春生赶到现场后，发现卓某经销的30多种包装

---

① 程道才. 西方新闻的写作特色［J］. 采写编，2003：4.

精美的“铁观音”“龙井”和“碧螺春”等名茶没有密封，里面分装的茶叶罐上没有生产日期和产品合格证。

更可疑的是，这些价格昂贵的名茶都来自于浙江杭州的梦龙公司和福建福州的永昌公司。两地相隔千里，但是印在包装盒上的日期却都是2001年10月15号，而且字体、颜色等完全相同。黄春生当即决定封存这26盒可疑的茶叶。他同时也提醒消费者：购买商品的时候，千万不要被漂亮的包装迷住双眼。

第三人称叙事最大的优点是，写作者可以从全知全能的角度叙述“他”的故事，不受时空局限，可以出现在任何叙事场景中，“他”可以讲述自己的故事，也可以讲述他人的故事，宛如掌握着话语权的“神”，进退自如，因此第三人称叙事最为活跃，给写作者带来了一个广阔的话语空间，其最大优势是，写作者可以从“第三只眼睛”观照事实，洞察真相，保持距离，客观理性。但它也有危险，叙事者不受时空约束，用文学的虚构手法，直接用自己的想象代替“他”抒发情感、发表意见，描述其心理活动，这其实是记者混淆了“我”“你”“他”的三个维度的边界。

记者对第三人称叙事防控失实风险最有效的方法是：清晰准确地呈现信源的身份和姓名；对于自己非亲眼所见的第二手、第三手材料用两个或多个清晰准确的信源为真相作证；记者以旁观者的视角抵近现场观察；不介入消息事实之中，不带入个人的情感倾向，屏蔽个人的成见和偏见，力求用独立、全面的调查采访获得事实真相；冷静客观地呈现事实，把结论留给受众。

第十八节　易读

易读也称“可读性”，来源于英文“readability”，台湾学者将其译为“适读性”“易读性”。Dale·E.和Chall·J. S.（1949）曾就教科书提出了广义的可读性概念，即指印刷文本材料所包含的影响学生有效使用的所有要素及其之间的相互作用，所谓“有效使用”是指学生能够以适宜的速度阅读、理解其内容，并发现其有趣的程度。它包括概念难度（尤其是那些以熟悉的、简短的词汇呈现的复杂的概念）、文本组织与结构、观点的难度与密度、包括插图等图表特征，以及具有重要影响作用的读者带进文本中来的已有知识、兴趣等①。

消息能否对受众产生影响，可读性是衡量其传播效果的重要指标。

消息宜简洁、通俗、小段落、有信息含量、逻辑顺畅等其实都与传播的易读性有关联。在写作中，叙述语言是准确地解释或说明事实原貌的基础，在消息写作中，尤其要善于使用准确、通俗、简洁、具体的叙述语言，用主—谓—宾结构的简单句，不用冷僻隐晦、佶屈聱牙的词汇，不用模糊不清、含混歧义的词语，一句话一个意思，一个段落一个中心，上下句、前后段环环相扣，衔接顺畅，自然连贯，所有的语言都围绕一个主题。

用词不准确、语言表达模糊不清，还有错字、病句、词语搭配不当、欧式长句、语法错误等都会影响易读性。其次，段落过大也影响易读性，有的800多字的消息只有两个或三个段落，显得页面十分拥挤，给受众的第一感觉不佳，其移动阅读体验就更差了。还有，消息的易读性需要记者从受众本位的意识出发，对人们可能不熟悉、不了解的人物、地点、事件、术语等做出简洁、清晰的说明或解释，提供新闻背景，使受众不用查找资料、不用咨询就毫不费力地看懂消息，没有任何障碍或疑惑。写作者需要对行话、术语、缩略语保持警惕，能不用就不用，要站在受众角度思考写好每一个词、每一句话和每一个段落。另外，消息写作宜短，留下干货，拧干水分。还有，别写干瘪枯燥，空洞乏味的八股腔。例如：

天津商人聚众与国家安全机关及警方僵持1小时

2014年8月29日 16：16：56 来源：天津日报

本报讯 国家法律的严肃性不容亵渎，国家安全机关依法执行公务不容侵犯。近日，本市国家安全机关依法对故意聚众阻挠依法执行公务的融商物流（天津）有限公司总经理朱志强、部门经理郭雍实施行政拘留处罚。

8月20日上午，市国家安全机关工作人员在本市津汇广场执行工作任务

① 肖莹莹. 教科书可读性评价研究［D］. 济南：山东师范大学，2012.

期间，融商物流（天津）有限公司总经理朱志强、部门经理郭雍以种种借口故意阻挠国家安全机关依法执行公务，在此期间，朱志强、郭雍无视国家安全机关的再三劝诫、警告，并对公安110巡警百般刁难，无理纠缠，朱志强还抢夺国家安全机关人员的警官证并推搡干警，郭雍则纠集该公司十余名员工聚众与国家安全机关、公安机关对抗、僵持一个多小时之久，引起津汇大厦内企业、机构的工作人员及过往群众围观。

朱志强、郭雍无视法律，公然聚众阻挠国家安全机关人员依法执行工作任务的恶劣行为，严重干扰了国家安全机关依法执行公务，造成极坏影响，触犯了《中华人民共和国国家安全法》。为维护国家法律的严肃性，确保国家安全机关执法的不容侵犯性，国家安全机关依法对朱志强、郭雍处以拘留十五天的行政处罚。

该消息是对公文的浓缩，不符合消息的范式。公文属于说明文一类的文体，注重逻辑严谨、用词刻板，体现政治话语的严肃和庄重，带有浓厚的意识形态，突出宣传功能，属于组织传播，针对特定的人群，具有指令性、强制性。它与体现大众传播和人际传播的新闻作品存在着天然的分野，前者抽象、生硬，后者具象、可感。

公文表达讲究程式，有固定的模式，语言表达比较生硬，有鲜明的倾向性，有明确的观点，而新闻传播讲究平等，注重沟通和交流，传受双方是平等对话关系，它力求用通俗、准确、简洁、具体的语言传播事实，不带有记者个人的观点，不显露倾向性，以示客观、真实、公正、平衡，要以受众为中心，将信息完整地、全面地叙述清楚。公文材料是记者获取新闻线索的来源之一，记者要善于从中发现有新闻价值的事实并按照新闻的传播规律进行改写。即便是政府部门提供的“通稿”，为了良好的传播效果和新闻媒体的信誉，媒体也有责任将其转换成新闻文本。记者如果简单地摘录公文作为新闻发表，那它的易读性肯定不会好，因为你的心里没有受众，也不在乎受众的感受。那么，受众更不在乎你写的消息，现在人人都是传播者，人人都能在社交媒体上发表消息。碰到较真的网民，会毫不客气地跟帖留言指正谬误。如凤凰网2018年11月4日转载《新京报》新闻《卧室装监控偷拍县委书记 陕北4人获刑》，编辑将标题改成了《陕西一县委书记不雅视频曝光　牵出

5000万敲诈勒索案》，有网民指出凤凰网编辑修改的标题不对。的确，原标题不吸引人，但凤凰网修改的标题有歧义，根据报道内容应改成《不雅视频曝光延安两干部被敲诈5000万旧案》。

对于消息写作，不了解其真谛的人有一个误解，认为平时看到很多消息写得干巴巴的，空话套话多，如同总结报告，误以为消息易读性差主要是没有使用文学语言，这个思路是错误的。消息作为最重要的新闻体裁，客观真实是其本色，文学语言使用积极修辞、主观想象固然读起来生动形象，但这是虚构的事实，或者说，经过了艺术加工。而新闻是不允许任何“合理”想象的。实际上，如果把消息写得短、活、新、实、巧，不用陈词滥调，同样具有可读性。当然，更重要的是，我们要认识到这两种文体的不同传播价值，新闻的主要功能是传播信息，而文学侧重于艺术审美。

北京大学特聘教授周晓林认为：“导致文章晦涩难懂的核心问题不是语法，而是思想与写作的逻辑。作者只有明确知道这一点，才能从根本上解决写作问题”①。本书认为，周先生所指应该是，我们在着笔之前，先要思考清楚：我要写给谁看？我要写什么？我该怎么写？站在受众的立场考虑这些问题，写作的结构和表述才会顺理成章，让受众易读，令受众满意。从事新闻职业首先得有一流的叙事写作能力。

美国认知科学家史蒂芬·平克认为，写作应该将写作的古典风格发扬光大，他欣赏的风格是：“作者看到了读者没有看到的东西，引导读者的视线，使读者自己发现它。写作的目的是呈现不偏不倚的事实。当语言与事实一致时，写作便成功了；成功的证据便是清楚和简洁。”②那么，平克倡导的古典风格具体是怎样的呢？我们不妨把目光拉回到300多年前的1660年，那时，英国皇家学会成立伊始，“要求全体会员用一种紧凑、朴素、自然的说话方式，正面表达、意思清楚、自然流利，一切尽量接近数学般的清楚，

---

① 平克. 风格感觉：21世纪写作指南［M］. 王烁，王佩，译. 北京：机械工业出版社，2018.

② 阳志平. 古典风格：聪明人的写作原则//平克. 风格感觉：21世纪写作指南［M］. 北京：机械工业出版社，2018.

宁用工匠、乡下人、商贩的语言，不用才子、学者的语言。”[①]这个要求对于今天我们写消息依然有参考价值。作为新闻人，过硬的文笔永远是一项基本功。在互联网时代，写作能力变得更重要了，为什么？因为你发表的每一篇消息都会在网络上保存下来成为档案，随时会有人看到并被评头论足。所以，在你动笔之前，请慎重地写下每一个字。

① 阳志平．古典风格：聪明人的写作原则//平克．风格感觉：21世纪写作指南［M］．北京：机械工业出版社，2018.

参考文献

一、专著

徐宝璜. 新闻学纲要［M］. 上海：上海书店出版社，2011.

任白涛. 应用新闻学［M］. 上海：上海书店出版社，2011.

方延明. 新闻写作教程［M］. 北京：高等教育出版社，2005.

沈爱国. 消息写作学［M］. 杭州：浙江大学出版社，1997.

李希光，孙静惟，王晶. 新闻采访写作教程：第1版［M］. 北京：清华大学出版社，2011.

方延明. 新闻与文化研究［M］. 北京：社会科学文献出版社，2007.

刘海贵. 中国新闻采访写作学［M］. 上海：复旦大学出版社，2012.

武斌. 新闻写作案例教程：范例、思路与技巧［M］. 广州：南方日报出版社，2014.

武斌. 融媒体背景下的新闻采访［M］. 北京：电子工业出版社，2017.

武斌. 新闻采访与写作［M］. 杭州：浙江大学出版社，2019.

辜晓进. 重走美国大报：美国报业转型：颠覆与重生［M］. 广州：南方日报出版社，2018.

郑贞铭，廖俊杰，周庆祥. 新闻采访与写作［M］. 台北：威士曼文化事业股份有限公司，2010.

周庆祥，方怡文. 新闻采访写作［M］. 台北：风云论坛出版有限公司，2003.

郭光华. 新闻写作［M］. 北京：中国传媒大学出版社，2016.

丁柏铨. 新闻采访与写作：第三版［M］. 北京：高等教育出版社，2014.

黎勇. 发现独家：新媒体时代的独家新闻采写之道［M］. 广州：南方日报出版社，2016.

杨兴锋. 南方报业采编经典案例：第一辑［M］. 广州：南方日报出版社，2011.

杨兴锋. 南方报业采编经典案例：第二辑［M］. 广州：南方日报出版社，2012.

邵培仁. 传播学：修订版［M］. 北京：高等教育出版社，2007.

科瓦齐，罗森斯蒂尔. 真相［M］. 陆佳怡，孙志刚，译. 刘海龙，校. 北京：中国人民大学出版社，2014.

科瓦齐，罗森斯蒂尔. 新闻的十大基本原则［M］. 刘海龙，连晓东，译. 北京：北京大学出版社，2014.

华莱士，诺伯尔. 光与热：新一代媒体人不可不知的新闻法则［M］. 华超超，许坤，译. 北京：中国人民大学出版社，2017.

门彻. 新闻报道与写作：第9版［M］. 展江，主译. 北京：华夏出版社，2003.

里奇. 新闻写作与报道训练教程［M］. 钟新，主译. 北京：中国人民大学出版社，2004.

莱特尔等. 全能记者必备：第7版［M］. 宋铁军，译. 北京：中国人民大学出版社，2010.

施瓦茨. 如何成为顶级记者：美联社新闻报道手册：第1版［M］. 曹俊，王蕊，译. 北京：中央编译出版社，2003.

克雷默，考尔. 哈佛非虚构写作课：怎样讲好一个故事［M］. 王宇光，等译. 北京：中国文史出版社，2015.

萨利赫. 新闻写作的艺术［M］. 陶娟译. 北京：中国人民大学出版社，2017.

密苏里新闻学院教授群. 当代新闻采访与写作［M］. 李利国，黄淑敏，译. 台北：周知文化出版，1995.

塔奇曼. 做新闻［M］. 麻争旗，刘笑盈，徐扬，译. 北京：华夏出版社，2008.

佛里德曼. 媒体的真相：致年轻记者［M］. 梁岩，王星桥，译. 北京：中信出版社，2007.

柯罗茨. 融合新闻学实务［M］. 嵇美云，译. 北京：清华大学出版社，2016.

平克. 风格感觉：21世纪写作指南［M］. 王烁，王佩，译. 北京：机械工业出版社，2018.

斯蒂芬斯. 新闻的历史［M］. 陈继静，译. 北京：北京大学出版社，2014.

莫里斯. 新新监狱的玫瑰匠［M］. 张纯，胡群芳，译. 广州：南方日报出版社，2016.

阿德尔斯坦. 东京罪恶［M］. 曾光，译. 广州：南方日报出版社，2013.

金，福斯曼. 非凡旅程：拉里·金自传［M］. 朱丽丽，吴海峰，王景婷，译. 北京：中信出版社，2010.

亚当斯，希克斯. 新闻采访：第一线采访手边书［M］. 郭琼俐，曾慧琦，译. 上海：上海三联书店，2004.

哈尔卡普. 新闻学原理与实务［M］. 董素兰，顾淑馨，译. 台北：学富文化事业有限公司，2011.

巴川. 如何撰写新闻［M］. 彭玲娴，译. 台北：台视文化公司，2001.

奎恩. 融合新闻报道［M］. 张龙，等译. 北京：北京大学出版社，2015.

法拉奇. 风云人物采访记II［M］. 杨顺祥，乐华，嵇书佩，译. 南京：译林出版社，2014.

二、媒体

凤凰网、新浪网、联合早报网、参考消息网、搜狐网、人民网、新华网、央视网

三、期刊

青年记者、中国记者、中国出版、新闻战线、传媒观察、新闻与写作、采写编

四、博客

武斌的博客：http：//blog.sina.com.cn/wubin1965

后 记

在当下数字媒体传播时代，融合新闻聚合传统媒体的所有传播特点，将文字、图表、视频、音频等融为一炉，它有助于在新传播生态环境下满足不同人群对信息的需求和满足，视频集声画合一传播优势，直观、形象、感性，更容易吸引受众。因此，今后的消息在融合形态上将会打破文字配图片的简单模式，更注意在文字消息中插入现场的精彩短视频、音频，与文字消息、图片等形成呼应、对照、印证的互动关系，使得消息呈现立体化传播的态势，赢得更多受众的青睐与关注。随着人工智能技术与大数据、云存储、虚拟/增强现实等新兴科技的迭代与创新，未来的消息生产将会越来越多地应用机器人写作去完成程式化的突发事件、财经消息、体育消息、会议消息等报道，以秒杀的速度时时更新，使得消息与事件同步，将记者从烦琐、单调、重复的消息采写中解放出来，集中精力参与需要情感、思想的特稿、深度报道的采写，以优质的新闻内容重建新闻业的光荣与梦想。同时，媒体将需要更多经验丰富的新闻编辑密切跟踪新媒体即时报道的动态新闻，对其进行整合，挖掘其内部的新闻价值，使得消息的写作质量和传播效果更优更吸引人。我相信，人类社会需要新闻业，在经历了颠覆、动荡之后，重生的新闻业凤凰涅槃，优质的新闻写作必将引领新闻人重塑职业精神。

不管时代如何变迁，准确、清晰而高效的消息写作技能不仅仅是职业新闻人必备的素养，也是公民素养的组成部分，政府公关危机发布信息同样离不开它。对于我们每个人而言，在一个快速变化的时代里，要高效地表达思想和与人沟通，倒金字塔结构的文化仍旧是有价值的。

非常感谢清华大学李希光先生、南京大学方延明先生、浙江大学沈爱国先生和深圳大学辜晓进先生对本书的推荐。他们的专著是我成长的营养。尤其感恩方延明老师的谆谆教诲。

感谢我的父母、家人、亲朋和好友多年以来的关爱和支持。感谢本书编辑刘志一先生的热情鼓励。感谢所有支持和帮助过我的人们。读者朋友可用本人实名查阅我的新浪博客，浏览更多关于新闻写作的资料。本人邮箱：1392185299@qq.com，欢迎您对本书提出宝贵的意见和建议。

感谢中国海洋大学新闻学院2017级武子琳，浙江越秀外国语学院网络传播学院2017级新闻学专业蓝佳惠、汪雪、金昊、李俊缘、张瑜、徐惠文、章智超、杜娟、耿慧宁、李楚楚、冯玲玲、张钿、刘焕葵、夏乙司、王赛、张莹莹、陈徐来、金婷婷、黄晴、刘羽洁、陈伟民，以及2019级传播学专业李文萱等同学为本书校对做出的贡献。

最后，感谢杭州师范大学钱江学院的李继卫副教授在温州平阳县西部的南雁荡山为我拍摄的封面勒口处的照片。感谢暨南大学新闻与传播学院教授、博导甘险峰先生为本书英文翻译提出的宝贵建议。

武斌

2018年2月9日初稿

2019年8月8日定稿